浙里文荟

《浙江文化和旅游》精选汇编

徐继宏◎主编

浙江摄影出版社

责任编辑：张　磊
装帧设计：巢倩慧
责任校对：朱晓波
责任印制：汪立峰

策　　划：徐继宏　朱倩倩

图书在版编目(CIP)数据

浙里文荟 ：《浙江文化和旅游》精选汇编 / 徐继宏主编. -- 杭州 : 浙江摄影出版社, 2021.9
ISBN 978-7-5514-3455-3

Ⅰ. ①浙… Ⅱ. ①徐… Ⅲ. ①文化史－浙江 Ⅳ. ①K295.5

中国版本图书馆CIP数据核字(2021)第188639号

ZHELIWENHUI
浙里文荟
——《浙江文化和旅游》精选汇编

徐继宏　主编

全国百佳图书出版单位
浙江摄影出版社出版发行
地址：杭州市体育场路 347 号
邮编：310006
电话：0571-85151082
网址：www.photo.zjcb.com
经销：全国新华书店
制版：杭州真凯文化艺术有限公司
印刷：广东虎彩云印刷有限公司
开本：710mm×1000mm　1/16
印张：24.25
2021 年 9 月第 1 版　2021 年 9 月第 1 次印刷
ISBN 978-7-5514-3455-3
定价：128.00 元

前　言

以文化和旅游魅力增强“重要窗口”文化自信

褚子育

在“两个一百年”奋斗目标的历史交汇点，在统筹推进疫情防控和经济社会发展的关键时期，习近平总书记考察浙江并赋予浙江“努力成为新时代全面展示中国特色社会主义制度优越性的重要窗口”的新目标、新定位。

浙江省委十四届七次全会深入学习贯彻习近平总书记考察浙江重要讲话精神，提出要努力建设好10个方面“重要窗口”，加快形成13项具有中国气派和浙江辨识度的重大标志性成果。对于全省文化和旅游系统来说，认真学习贯彻习近平总书记考察浙江重要讲话精神和省委十四届七次全会精神，就是把“窗口”意识、“窗口”标准、“窗口”担当贯穿文化和旅游工作全过程，切实增强“重要窗口”文化自信，以浙江文化和旅游发展的特色与优势，为我省“重要窗口”增添文化底色和旅游魅力。具体来说，着力形成八个方面的特色与优势。

一是加快形成文化和旅游“整体智治”的特色与优势。以“整体智治、唯实惟先”为理念，统筹推进数字技术应用和制度创新，对文化和旅游治理的理念、机制、工具、手段进行系统性变革。通过数字赋能，省文化和旅游厅将实施打造“整体智治”现代机关，建设文化和旅游“一张网”“一朵云”，实施景区“限流预约错峰”常态化，建设文化和旅游大数据监测系统，率先建成现代文化和旅游治理体系，成为全国数字文化和旅游领航地、文化和旅游现代化治理标杆地。

二是加快形成弘扬优秀文化、激扬文化自信的特色与优势。实施“文化基因解码工程”计划。挖掘、研究、阐释优质“文化基因”，对全省文化资源进行全面梳理，构建文化基因库，描绘浙江文化基因图谱，使浙江文化价值体系更加清晰，着力建设好浙江的传统文化、革命文化和社会主义先进文化。首先，实施好优秀传统文化“活化”计划，进一步擦亮西湖、京杭大运河、良渚古城遗址等世界文化遗产，打造诗路文化、良渚文化、越文化、南宋文化、南孔文化、和合文化、丝瓷茶文化等浙江标志性文化旅游目的地品牌。实施文物保护利用项目，推进“千年古城”复兴计划、“拯救老屋”行动、博物馆美术馆“非遗”馆景区化行动。充分挖掘“非遗”资源，培育10个文化传承生态保护区、100个“非遗”旅游景区、1000个“非遗”体验点。充分利用浙江历史名人辈出的优势，打造阳明故里、书圣故居、刘基故里、西施故里等历史名人故里（故居）主题旅游线路和研学旅游目的地。其次，实施好革命文化和“红色基因”传承计划，发展红色旅游，创建一批富有感染力和震撼力的“浙里红”红色旅游项目、景区和教育基地。再者，实施好社会主义先进文化弘扬计划，开展“三个地”文艺精品创作，打造具有重大影响力和标志性的文艺精品佳作。不断挖掘和丰富温州、义乌等地改革开放实践中凝聚的改革文化，安吉余村高质量发展中体现的“绿水青山就是金山银山”理念等，推动新时代浙江精神的传承发展。

三是加快形成文化和旅游深度融合的特色与优势。推动文化和旅游在资源开发、产业发展、市场消费、公共服务、对外交流等方面深度融合，使“三个地”的文化自信进一步增强，浙江文化在中华文明中的地位与作用进一步凸显，浙江成为全国文化和旅游融合发展标杆地。重点是打造璀璨“明珠”，省市合作培育100张文化和旅游融合“金名片”，推出100个具有全国影响力的文化和旅游融合IP，讲好文化故事，引领文化和旅游资源融合。培育文化和旅游融合产品，提升旅游景区文化内涵，提供一批有温度、有记忆的文化旅游特色景区、专题文化旅游线路，开发文创产品，形成“浙江有礼”旅游购物特色品牌体系。培育文化和旅游消费热点，重点培育5个设区市、15个县（市、区）成为省级文化和旅游消费试点，培育5个左右国家级夜间文化和旅游消费集聚区。实施“诗画浙江·百县千碗”工程，打造民宿集聚区、旅游演艺集聚区。培育文化和旅游新业态，推动旅游与学校文化、体育文化、科技文化、康养文化、会展等深度融合，创新推出研学、体育赛事、科技博览、养生养老、商务会展等旅游新业态，延长文化和旅游产业链。培育文化和旅游融合发展平台，打造四条诗路文化带、十大海岛公园、十大名山公园、“绿水青山就是金山银山”文化发展示范带、生态海岸带等重大平台，拉动文化和旅游产业发展。

四是加快形成“诗画浙江”全域旅游高水平发展的特色与优势。努力在“十四五”期间完成全域旅游示范省创建。5年内创建培育20个国家级全域旅游示范区和60个浙江省全域旅游示范县；实施百城千镇万村景区化工程建设计划，使全省100%的县（市）达到景区城标准、90%的镇（乡、街道）达到A级景区镇（乡、街道）标准、70%的村达到A级景区村庄标准。实施旅游高品质2.0版建设计划，通过数字赋能、标准赋能、科技赋能、绿色赋能、文化赋能，到2022年升级一批未来景区、未来酒店、未来民宿和未来博物馆、美术馆、艺术院团等“未来系列”市场主体，引领新时代发展，提高品质，抢占制高点。培育旅游产业创新发展平台，探索建设三门湾湾区旅游试验区、山地度假旅游试验区、红色研学旅游试验区、绿色全域旅游发展试验区、民宿带动乡村振兴试验区、滨湖度假旅游试验区、夜间旅游经济发展试验区、城市休闲旅游试验区、影视演艺旅游试验区、邮轮游艇旅游试验区等十大旅游产业创新发展试验区，通过改革，集合资源，创新发展新模式。

五是加快形成现代文化和旅游公共服务体系的特色与优势。着眼人民群众的美好生活新需求，加大优质文化和旅游公共服务产品供给。全面提升文化设施，建成之江文化中心等文化地标。2020年全省实现基本公共文化服务标准化，并及时制订标准化2.0版，接续做好提升工作。制订实施旅游公共服务意见，推进景区道路、旅游交通码头、游客中心、无线信号、公共厕所、标志标识、矛盾调解等旅游公共服务标准化。

六是加快形成"绿水青山就是金山银山"理念文化和旅游转化的特色与优势。立足浙江作为"绿水青山就是金山银山"理念发源地，助力打造"美丽浙江"品牌，努力建成具有国际影响力的生态旅游目的地。将文化和旅游产业作为"绿水青山"转化为"金山银山"的主渠道，将生态优势转化为发展优势。"十四五"期间，争取文化和旅游产业增加值占GDP的比重均超过8%，成为全省经济的主导型产业，把着力点落到以县域为单位的文化和旅游产业增加值占GDP比重上，扎实推进。重点支持新时代浙江（安吉）县域践行"绿水青山就是金山银山"理念综合改革创新试验区建设，打造具有全国影响力的"绿水青山就是金山银山"理念文化和旅游实践样板地，成为全面展示新时代美丽中国的县域窗口。协同长三角地区浙江周边省市，共同实施一批具有国际影响力的重大工程，打造杭黄世界级自然生态和文化旅游廊道、浙皖闽赣国家生态旅游协作区、环太湖生态文化旅游圈。丰富生态旅游产品，大力发展山地旅游。

七是加快形成"世界看浙江"浙江文化和旅游对外交流传播的特色与优势。用独具地方特色和文化内涵的浙江语言，既要"走出去"，更要"走进去”，建设“世界看浙江”闪亮传播窗口。构建“浙江窗口”全球网络，借助驻各国使领馆、文化中心、孔子学院等渠道，合作设立宣传推广浙江文化和旅游特色与优势的“浙江窗口”；在重要国家、重点城市和国际友城，布局浙江境外文化和旅游推广中心；搭建浙江文化和旅游网上“浙江窗口”；聘选培育浙江文化和旅游国际“代言人”与“宣传员”。建设体现浙江特色、代表中国形象、具有国际影响的人文交流基地。提升“美丽中国·诗画浙江”品牌，重点打造“丝路之绸”“丝路之茶”“丝路之瓷”三大交流品牌，做强“浙江文化旅游年（节）”“诗画浙江与世界对话”等一批品牌交流活动，推进浙江“文化印记”海外宣传。

八是加快形成文化和旅游创新活力竞相迸发的特色与优势。深化改革，推动“最多跑一次”改革向公共文化和旅游服务各相关场所、领域延伸扩面，促进公共场所服务大提升。支持自贸区文化和旅游改革发展，探索利用自贸区政策，形成文化和旅游新的增长点。探索“文教结合、校团合作”模式，优势互补、资源共享、共同提高。坚持问题导向和效果导向，深化文化和旅游系统企事业单位体制机制改革，激发活力，增强单位核心竞争力。改革人才“引、育、管、用”机制，建强文化和旅游人才队伍。推进文化和旅游标准化改革，全面提升文化建设和旅游发展质量和水平。

目录

调查研究篇

传统文化篇

公共服务篇

群众文化篇

非遗研究篇

文化礼堂篇

队伍建设篇

调查研究篇

浙江业余文艺团队建设对策思考

刁玉泉

业余文艺团队是以和谐为思想内涵，以文化活动为表现方式的一种文化。加强业余文艺团队建设是落实科学发展观，推进社会主义先进文化繁荣的必然要求，也是构建基层公共文化服务体系的重要内容和目标。

目前，业余文艺团队建设正在浙江各地逐步推进，且呈现良好的发展势头。在浙江文化大发展大繁荣的发展形势下，应尽快加强和推进业余文艺团队建设，使业余文艺团队的发展逐渐步入良性循环。

领导重视是确保业余文艺团队健康发展的关键。业余文艺团队建设是文化事业发展中不可或缺的重要一环。但许多地方特别是基层农村和偏远山区，业余文艺团队“无经费、无人管、无场地、无保障”等现象仍比比皆是。针对这一状况，除考虑客观因素外，更多的应该从政府层面尽快纠正这种倾向，使业余文艺团队在基层公共文化服务体系建设中得以和谐发展。

大胆创新是增添业余文艺团队内在活力的基础。改革开放以来，人民群众的生存环境与生活方式发生了巨大变化，尤其是近几年农村人口大规模地向城市“移民”，使得农村文化与城市文化在一定程度上得以融合，这既为业余文艺团队的创新与和谐发展创造了条件，也为传承传统特色文化，增添文艺团队的活力提供了坚实的基础。

建设业余文艺团队重在创新。我们须以内涵和外延的综合视角，解构业余文艺团队的发展动力，从业余文艺团队与专业文艺的矛盾中寻求发展之道，不能仅仅满足于一些形式上不适合现代需求的文化格局，可以“迎进来”，也可以“走出去”。一些有条件的地方业余文艺团队或文化部门，可以请大都市的一些艺术家来演出，请一些著名的书画家到地方上来办展览；业余文艺团队的一些优秀文艺节目或书画作品也可以到大城市去，在参与中得到启迪和提升。

建设业余文艺团队重在特色。从目前各地的实际情况看，以传统文化为核心内容的民间艺术业余表演团队在各地层出不穷。许多团队，如长兴的百叶龙表演团队、绍兴的莲花落表演团队、海宁的灯彩制作团队等，所融合的地方民风民俗、文化传统、群众素质、人文环境等，无不反映着业余文艺团队所在地的文化形象。这既是当地内在素质、发展潜力和软硬件建设的外在表现，也直接关系到业余文艺团队的全面、协调和可持续发展。所以，业余文艺团队不能只局限于单一的唱唱跳跳，而应该从发展中寻求自身的特色和个性。

机制体系是确保业余文艺团队高效运转的保障。构建一个结构合理、发展平衡、网络健全、运营高效、服务优质的覆盖全社会的业余文艺团队网络体系，需要我们对业余文艺团队的服务设施、服务方式、服务机构、队伍建设，以及业余文艺团队的数量、布局和种类进行统筹规划和系统建设，争取在运行机制上确保业余文艺团队的高效运行。

构建业余文艺团队的设施体系。公共文化设施是业余文艺团队开展文艺活动最基本的场所，只有形成一个以公有设施为主导，社会团体、民办文化设施作为补充的，遍及城乡集镇、合理布局、公平准入的公共文化设施网络，才能实现业余文艺团队和谐持续发展的目的。

构建业余文艺团队的运行体系。业余文艺团队的运行机制，是直接作用于服务对象的运行体系。只有这一体系正常运转，才能保证有源源不断的群众参与其中，也才能保证有源源不断的公共文化产品提供给业余文艺团队的参与者，让他们真切地感受到文化权益的实现和文化需求的满足。所以，各地文化部门和文化工作者应该从业余文艺团队的运行机制上多下功夫。笔者认为，要确保业余文艺团队的高效运转，首先要有制度的保障，其次要有提炼载体，再次要建立健全投入机制。一个良好的投入机制是业余文艺团队运行体系的血脉，各地应通过投入机制的市场化和资金投入的社会化，来保障业余文艺团队的良性运作。

构建业余文艺团队的指导体系。一要建立起业余文艺团队的服务网络，二要发挥好业务部门的职能职责，三要强化艺术指导的目标任务，四要构建业余文艺队伍的培训平台。实施“业余文艺团队培育工程”，在当地建立起一支庞大的群文辅导员队伍，因地制宜地指导和协助学校、企业、村落、社区、部队建立文艺团队，并广泛开展业余文艺团队人才培训活动。

以人为本是促进业余文艺团队和谐发展的土壤。和谐文化是以人为本的文化，以人为本是我们党的执政理念和要求。业余文艺团队通过开展各种文化活动，吸引各方面的人员参与其中，并通过活动交流，达成互相协作与默契的配合，有利于互相了解，互相沟通，互帮互助，和睦邻里关系，提高群众的归属感和认同感，大大增强群众的凝聚力。

业余文艺团队的发展要强调和谐共鸣的文化。业余文艺团队的发展反对单一的声音、单一的性格、单一的样式，要求多样化的统一，要求文化的不断创新与发展、完善，寻求“八音齐鸣”的效果，寻求百花齐放、万紫千红的文化景观。所以，在发展业余文艺团队的过程中，我们应该鼓励各种风格、各种流派、各种样式的活动项目，艺术类别及参与群体的出现和参与，并要根据其自身的特点加以健康引导。

业余文艺团队的发展要强调和谐理念的支撑。一个群体也好，一个团队也好，要想事业成功或持续稳定地发展，都必须要有团队合作精神与以人为本的和谐理念来支撑。业余文艺团队的人才队伍是由参与业余文艺团队的专业干部、公营和民营文化团体，以及业余文艺团队的普通参与者、管理者和辅助人员组成的业余文艺团队的人才体系。一个完整的业余文艺团队的人才体系，不仅包括参与其中的各种文化人才，更重要的是要建设一整套吸引人才、帮助人才创出成果、实现权益的良好的人才制度与理念，为人才的发展创造良好的环境，这样才能使和谐的理念真正地为业余文艺团队的发展起到支撑作用。

业余文艺团队的发展要强调和睦意识的引导。改革开放后，人们的生产、生活、思想、行为方式多姿多彩，生活方式的多样化带来了文化需求的多样化。业余文艺团队在建设过程中，会有不同的文艺爱好者参与其中，且每个人的生活理念、价值观念都各不相同。所以，业余文艺团队的发展既要体现“公共”的和谐理念，更要给参与者灌输和睦相处的思想意识，特别要继承和弘扬农村传统民间文化“和为贵”“和为美”的理念和体现强烈的民族、民间、地域特色以及亲和力、凝聚力的特征，增强业余文艺团队的渗透力、感染力和吸引力。

普及、平衡是业余文艺团队发展繁荣的目标。业余文艺团队通过求知、求美、求乐活动，提高参与者的综合素质，通过参与者自我娱乐、自我表现来满足人们的审美意识和娱乐需求。它能够激励群众的参与意识和进取精神，并通过举办各种活动，有效地宣传党的方针政策和先进思想。参与者一方面接受了社会化的再教育，一方面又传播了先进文化的建设成果。所以，在推进业余文艺团队的发展过程中，我们要注重做好群众的参与性、普及性和平衡性。

建设业余文艺团队要提高群众的参与度。一是要把群众性始终贯串于业余文艺团队建设的全过程；二是业余文艺团队的文化活动要从量的扩张转向质的提高，要根据当地群众的生活观念、生活方式、生活质量、生活内容，开展与之相适应的有较好质量的文化活动，以此使许多高素质的文艺人才也能参与其中；三是在开展节庆活动、传统节会活动、集中性文化活动与经常性文化活动时，要尽可能地为业余文艺团队创造登台的机会，让他们在布点搭舞台、流动送舞台、竞赛摆擂台等过程中，感受专业文化所能享受的各种机会和平台，帮助他们出成绩、出成果，以帮助广大文艺爱好者在业余文艺活动的参与中实现自我价值的提升，以鼓励更多的人参与其中；四是要确立谁拥有大批文艺骨干，谁就真正拥有群众的观念。

建设业余文艺团队要区别文化的需求性。从目前业余文艺团队的人群参与情况来看，建设业余文艺团队要区别对待不同人群的文化需求。一是要在业余文艺团队中发展相对高格调的文化。这部分参与者往往是有较高文化修养、审美情趣的专业文艺人才或老干部、老知识分子，这部分文化活动将对业余文艺团队其他层次的文化活动具有强大的导向作用，决定着业余文艺团队的发展方向。二是要在业余文艺团队中发展好通俗文化。这部分参与者通常是业余文艺团队中覆盖面最广的、文化素质较低的普通人群，而且在整个团队中占大多数。所以，我们要根据这部分人的实际文化需求，就近就简，开展他们所喜爱的文化活动，并应适当采取倾斜政策，注意发展大众化、通俗化的业余文艺活动，以适应普通文艺爱好者的审美情趣和消费能力。

建设业余文艺团队要注重发展的平衡性。业余文艺团队是专业文化向大众文化渗透的重要途径，也是城市文明向农村文明施加影响的主要渠道，它在吸纳现代文化的同时，又将现代文化传导给广大群众、广大村落。同时，业余文艺团队具有直接接触群众、服务群众的特点，是专业文化的延伸，也是专业文化创作灵感的源泉，是专业文化得以发展的基石。所以，各地应针对本区域的个性特点和发展状况，平衡发展各种各样的业余文艺团队，力求通过团队的均衡发展，实现百花齐放的效果，并以此推进业余文艺团队整体协调发展。

（作者单位：浙江省文化和旅游厅）

探析生态文化与旅游产业和谐发展之路

潘　金

文化和旅游如影随形，相得益彰。文化是旅游的灵魂，旅游是文化的延伸。发展生态文化旅游，发展旅游文化产业，就是要打好文化牌、走出特色，贯通和谐之路。

在推进旅游文化产业发展的过程中应切实加强文旅之间的互融互动，要积极构建以生态文化旅游品牌为主线，以整合区域旅游资源为载体，以生态保护和开发旅游相结合为原则，以开发特色生态旅游项目为重点，以改善和建设旅游基础设施为基础，以创新体制和机制为动力的发展格局，争取生态文化旅游产业的更大发展。

认识生态文化，把旅游规划摆上重要地位。众所周知，旅游是当今世界范围内的一项重要社会经济活动，是集观光、休闲（度假）、商务等多功能于一体的综合性产业。而作为对传统旅游业的反思和矫正，以“认识自然、享受自然、保护自然”为核心的生态文化旅游正悄然兴起。生态文化旅游业者主打的卖点，就是既可以让人亲近大自然，又能达到环保的理想。同时，要把“文化要先行”的思想贯穿到旅游规划和乡村规划中，以全面立体发展为战略，用生态文化意识指导旅游开发的全过程。因此，大力发展生态文化与旅游产业和谐发展有积极的现实意义。

整合文化旅游，形成资源合体发展机制。在休闲消费文化大行其道的背景下，文化和旅游出现了更多的交集，没有文化的旅游和没有旅游的文化都难以更好地发展。这就决定了文化和旅游部门很有必要组成一个紧密的联合体，旅游文化产业发展要依靠高度集中的管理体制和完整的市场体系来完成。整合文化旅游资源，在整合上下功夫，形成资源合体发展机制。把景观资源、人文资源，转化成为有特色、有品位、有市场的旅游资源。只有整合了，文化旅游资源才能由潜在的价值上升为现实的产品，把单一、分散的特色集中提炼成为整体、系列的优势。要搞好文化旅游整合，要抓好三个方面。一是加强系统规划。以科学的规划为基础，有效地保护和开发资源，缩短旅游产品的成熟期。把旅游业引导到科学发展轨道上来。二是整合完善政策。从某种意义上讲，政策就是生产力，政策就是竞争力。旅游业要享受与其他产业平等的鼓励和扶持政策，在继续加大财政资金投入的同时，从规划、用地、税收、信贷等方面进行全方位的扶持，特别是对重点旅游建设项目，要在用地指标上给予优先安排。在政策导向上，要坚持政府引导，降低市场准入门槛，放宽准入条件，吸引企业尤其是民间资本参与旅游项目开发、建设和保护，这是解决投入不足问题的根本出路。在倾斜重点上，支持重点旅游产品建设，努力打造一批精品景区景点。同时，要充分整合各种政策资源，生态公益林建设、新农村建设、扶贫开发等专项资金的使用，都要与旅游产业的培育和发展有机统一起来。三是创新体制机制。旅游是经济产业，作为产业就必须走向市场，参与市场竞争。

提升文化内涵，打造“唱得响”的旅游品牌。旅游经济是“眼球经济”“知名度经济”，牌子响才能人气旺。搞旅游必须树立“一分资源、二分策划、三分打造、四分促销”的新理念，大胆创新，大声“吆喝”，大范围造势。经验表明，旅游发达地区旅游业收益越来越不依靠人数的增加，更多的来自多元文化含量的旅游产品和文化宣传；旅游与文化交融结合程度越高，旅游文化因素越多，旅游经济越发达。因此，生态文化旅游要以特色文化为内核，不断培植特色项目。在品牌定位上，要体现特色，做好旅游总体形象以及各景区景点形象的设计，打响旅游品牌。在具体实践中，要重点打造好以下三大平台：媒体平台，抓好旅游文化项目；文艺平台，抓好精神文化产业；节会平台，抓好旅游产品建设。

要树立生态文化产业意识，着力打造以“乡村旅游休闲文化节会”为重点的节庆文化活动，注重提升节庆文化内涵，丰富节庆活动内容，增强节庆活动吸引力，以节庆活动带动旅游业发展。要突出节庆活动的重点、亮点、热点和卖点，既要展示综合文化又要凸显特色文化，同时还要注意突出亮点，抓好热点，结合文化特色设计创造一些让人兴奋的生态体验项目。

（作者单位：开化县文化馆）

关于开发培育农村特色文化的思考

邵美琴

2007年浙江省首届农民文化艺术节上，一曲由安吉递铺镇铜管与竹乐队吹奏的铜管乐吹打《安且吉兮》，以其土洋结合的独特形式和激情奋进的旋律赢得了在场专家和观众的好评，笔者也由此感慨颇多。

重特色，求创新，弘扬本土文化

安吉盛产竹子，居竹、用竹、食竹、穿竹是这里世代相传的习俗，因此也形成了特有的竹子文化。从20世纪80年代县文化馆创作的第一个舞蹈作品《竹乡春早》开始，这里的群文工作者就把弘扬竹文化视作己任，抓精品创作，以竹为题材创作的音乐、舞蹈作品在历年的省、市、县各类会演中都取得了非常好的成绩，尤其是1992年创作的竹农具敲打进京参加群星奖比赛获得二等奖后，更是让以竹为题材的文艺作品在形式创新上取得了突破性的进展，其后创作的竹子打击乐《农家乐》在全国首届民间打击乐比赛中获得金奖，并参加了第46届法国旅行商联合会闭幕式演出和第七届中国艺术节。随后递铺镇宣传文化中心又创作了递铺竹鼓《竹语山风》，参加全国四进社区演出又获金奖，并接受了多家报社和电台采访。去年，又探索性地将竹乐器和西洋铜管结合在一起创作了《安且吉兮》，并再次获得成功和好评，至此，内容不同、形式各异、各具特色的竹乐器演奏作品获得省级以上大奖的就有5个了。这些作品之所以好评连连，就是因为它们有独创性、有新意、有特色。

重特色，求创新，繁荣农村文化

从精品创作重特色、求创新中得到启示，抓新农村文化建设，组织策划各类群文活动，同样应该走特色文化道路，力求破旧创新。因为，快速发展的经济使农村物质生活条件有了明显提高，精神生活也相应得到改善，农民对文化的需求也从饮渴型转为选择型，因此，只有多样性、丰富性才能满足他们各方面的文化需求。如高坞岭村，历史上出过大官，这个村一直以来因可以出双龙而引以为豪，“双龙出会”是身份和地位的象征，所以这项民间艺术形式得以代代相传，虽然“文革”期间遭遇冷落，但还有传人健在。文化站人员通过民间艺术普查，发现了这一地方资源，便积极地挖掘和培育，利用民俗节气、节庆活动和民间艺术踩街等活动为其搭建展示平台，使沉睡的“龙”再次跃起，成了高坞岭村的文化特色项目。最具影响力的是兰田村的铜管乐，这是民间的一支文化产业队伍，务农外，他们靠替别人操办婚丧事来贴补家用。与其相邻的几个村也有人经常三五成群地邀在一起揽些生意，但是他们大多不识谱，仅靠耳朵从广播、电视中听几个曲子自己瞎琢磨而成。文化站人员觉得在提倡移风易俗办婚丧事的今天，发展这一产业未必不是一件好事。与其任其无序发展，不如把他们组织起来进行培训，一方面以提高他们的业务水平来提升文化品位，另一方面也为农民求富、致富提供实质性的帮助。这一想法很快得到了各村支部的大力支持，于是，2006年3月，文化站全员出动，将前来报名的一百来人组织起来分成四组，再请来县文化馆的音乐老师下村辅导，从简谱乐理到吹奏指法，进行了历时两个多月的系统培训。这次培训不仅提高了这批农民的吹奏水平，还使他们在组织纪律、仪表着装、行为习惯上大有改观。农民乐了，村镇两级领导更是给予了充分的肯定。此后，适逢省里召开全省农村文化工作会议，要选拔节目参加演出，文化站全体干部都认为这是一次不可多得的机会。于是，文化站同志积极与省里的专家取得联系，为这支乐队量身定制了一曲《安且吉兮》，最后如本文开头所述那样，取得了圆满成功。后经报纸、电台一宣传，这支乐队更是名声大振，前来请他们演奏的人不仅来自县内，还有外县甚至外省的，经济收入也由此节节攀升。

有了以上的经验，开发培育特色文化已使递铺镇文化站一干人都认为，朝这个方向一直努力，以后还会有书画村、象棋村、戏曲村等特色村涌现，村村有品牌、村村有特色将不再是梦。有了各具特色的村级文化，群众文化活动的多样性也就应运而生了，可以办展览，可以搞球赛，可以唱戏跳舞，可以游艺踩街……形式上可以穿插进行，样式内容可以不断翻新，再加上文化干部联村指导，社区与农村文化结对，城乡互动等一系列措施推动，相信我们的农村文化一定会繁荣兴旺，异彩纷呈。

（作者单位：安吉县递铺镇宣传文化中心）

正确处理“八对关系”　扎实推进农村文化建设

张樟庆

当前，在推进文化大发展大繁荣的时代背景下，农村文化建设进入了新的发展阶段。如何进一步推进农村文化建设，进一步丰富农民群众的文化生活，使农村文化建设与经济社会建设相适应、相协调，这是文化工作者需要积极探索的重要课题。分析当前农村文化建设中存在的问题，本人认为要扎实推进农村文化建设，有必要妥善处理好“八对关系”。

“大”与“小”的关系，即要把握好广义文化与狭义文化的关系。文化是一个综合性概念，涵盖思想、政治、历史、经济、科技、管理、信息等领域，对国家经济社会的发展和人民群众的生活质量有着深远影响。而有些人，甚至是从事文化工作的人，往往认为“文化就是唱唱歌、跳跳舞么”，这种理解是非常狭义的“小文化”概念。文化不仅仅在于搞几次活动，更多地体现为一种引导和教育作用。因此，要从促进人的全面发展的角度，树立“大文化”的概念，从广义上理解文化的内涵与外延。

“重”与“轻”的关系，即要把握好“经济”与“文化”的轻重关系。尽管对于农村文化建设上级有要求，群众有需求，但一直以来，在农村基层领导层面，还不同程度地存在“重经济、轻文化”的理念，认为经济出成绩出效益，文化只投入不产出，因此在具体工作中，存在着“文化说说重要，做做次要”的现象，导致政府对农村文化推动不力、宣传不够、扶持不大，导致文化难以真正扎根于农村。在广大农民层面，由于文化素质和收入水平普遍较低，农民花钱买文化消费的意识还不够，一生的花费主要集中在建房、婚丧嫁娶、子女上学等少数几件大事上，“重物质消费、轻精神消费”依然是目前农村基本的消费行为特征。因此，有必要适当加强观念的引导，改变重经济轻文化和重物质轻精神的现状。

“硬”与“软”的关系，即要把握好硬件建设与软件建设的关系。硬件是基础，硬件不硬，阵地薄弱甚至落后，就无法满足农村群众正常的文化生活需求。当前在村级文化设施中，尽管个别比较先进，但是总体落后的面貌还没有从根本上改变，因此，当前及今后一个相当长的时间内仍然需要把设施建设放在基础地位。当然，单有硬件保障还不够，软件提升才是关键。丰富的文化活动内容，多样的文化活动形式，才能使文化阵地真正成为“用武之地”。农村文化建设需要“软硬兼施”，二者相辅相成，缺一不可。

“官”与“民”的关系，即要把握好政府主导与群众主体的关系。加强农村文化建设，是政府的重要责任。因此，各级党委政府要在农村文化建设中发挥主导作用，从实际出发，科学建立健全繁荣农村文化的工作、投入、激励、考核、优化等工作机制，努力确保农村文化发展持之以恒。广大农民群众是文化的建设者、享受者和主体参与者，要通过多途径、多形式吸引，引导广大农民群众参与到各类文体活动中来。

“种”与“送”的关系，即要把握好培育文化与输送文化的关系。当前农村文化生活相对贫乏，通过开展多种形式的文化下乡活动，对于满足广大农民群众的文化需求，起到了积极的作用。然而，仅有的几次文化下乡活动，始终难以满足广大农民群众日益增长的精神文化生活需求，需要加大对农民自办文化的扶持力度，积极鼓励民办文化的健康发展，由“送”文化向更多的“种”文化方向发展。

“旧”与“新”关系，即要把握好传统文化与现代文化的关系。一方面，广大农村蕴藏着大量丰富多彩的民族民间文化资源，大量的民俗文化需要加以抢救和保护；另一方面，现代的农村、现代的农民更需要时尚的文化形态，而且时尚的文化元素更容易让农民接受。因此，发展农村文化不仅要挖掘、继承好固有的优秀农村文化资源，大力弘扬优秀民族传统文化，更要不断融入富有时代气息的现代时尚元素，紧贴时代脉搏，紧跟时代潮流，紧扣群众需求，开展具有现代气息的“种文化”活动。特别是要坚持本土性、需求性和适应性原则，找准切入点，把农村文化与农民健身结合起来、与流行时尚结合起来，培育一批深受农民喜爱、能吸引群众广泛参与、能促进农村经济社会协调发展的文化种子，真正确保文化旺盛的生命力和较强的吸引力。

“同”与“异”的关系，即要把握好核心文化与个性文化的关系。当前，在农村文化公共产品的供给上，无论形式还是内容，“大一统”“一刀切”现象还比较突出，不能很好地适合群众的实际需求，直接导致群众参与文化的积极性不高。要增强群众对文化的吸引力和文化对群众的感染力：一方面，要用充分体现国家意志和民族精神的和谐文化统领全体人民；另一方面，要充分尊重个体的多样化需求。要从不同性别、年龄、层次的人群实际需求出发，进行内容、形式、方法上的创新，着力推出一批适合不同群体需求的文化活动。

“优”和“劣”的关系，即要把握好提倡健康文化与剔除糟粕文化的关系。在当前文化多元、思想多元、信息多元的时代，如果先进的文化不去主动占领，就很容易被糟粕的文化所占领。因此，一定要加强优秀文化的引领和熏陶。发展农村文化就好比农民播种子，有的种子虽然很易成活，但有可能长出来的是稗草，不是理想的种子；也有的种子，理论上虽行得通，但实践中基层很难种活、推广和普及，这同样不是理想的种子。因此，繁荣农村文化过程中必须精心挑选既优良又理想的好种子。

（作者单位：嵊州市谷来镇广播电视站）

对农村文化资源不足与闲置并存的思考

罗友虎　叶凌燕

社会主义新农村文化建设是一项惠及亿万农民的历史任务。党中央提出建设中国特色社会主义新农村的奋斗目标，文化是一个重要方面，搞好农村文化建设，发展农村文化事业，对丰富农民文化生活，提高农民思想道德素质和科学文化素质，促进农村经济发展，实现小康和社会全面进步，有着深远的历史意义和现实意义。

我们身处经济欠发达地区，在下乡辅导、培训、调研期间，经常听到这样的呼声：农村文化基础设施匮乏，文化资源严重不足，希望政府加大对农村的文化投入。为此，在每年的地方两会上，人大代表和政协委员都极力呼吁，积极建言，各级文化部门也做了大量工作。虽然近几年情况有所好转，但并未根本改观。与此同时，我们也发现，欠发达地区农村文化资源被闲置现象不少。在下乡过程中，看到许多乡镇文化有站无所，行政村或无文化室无书，或有文化室无书，文化基础设施匮乏，农村文化建设相当滞后，远远满足不了广大农民群众的文化需求。在多个“东海明珠”与“金走廊”乡镇（这些都是欠发达地区农村的文化示范模板），文化基础设施大都达到相应要求，电影院、图书室、阅览室、棋牌室等硬件也都一应俱全。走进图书室，内有图书少则几百册，多则上千册，可书架上的书大都蒙上了灰尘，阅览室零零散散的有几份报刊，也无人光顾。问其原因，说是“青壮年大都外出打工挣钱了，留守的老弱病残又大都文化低，几无求知的需求”。所以，这些书报只好放在这里摆摆样子，起对付检查汇报的作用。

农村文化资源不足当然是因为文化投入少，至于农村文化资源闲置的原因则复杂许多，青壮年外出打工挣钱固然是一个客观原因，但事实上，在青壮年外出打工较少的乡镇，同样存在文化资源闲置现象。以图书资源为例，大凡“东海明珠”乡镇和“金走廊”乡镇，图书的数量都已达到了要求，但书的种类却令人失望。本人对某个乡镇的图书室做了粗略统计，其中武侠、言情小说约占40%，中小学辅导类占20%，政治类包括当地一些部门自印的宣传资料、领导讲话约占20%，真正适应农民群众需要的农村实用技术方面的书只占很少一部分，而且这些图书都少有新的添置和更新。这样结构的图书怎能激发农民群众的阅读兴趣？怎能发挥资源的最大效用？之所以出现这种结果，“政绩”冲动是一个原因。一边是为了通过“工程”验收，而一边又因为缺钱或者有钱也不愿意投入，便采取动员各方捐赠的办法，东凑西集，只要是书，就都“拿来”，至于是否适合农民阅读，则没有去认真考虑。

农村文化资源不足与闲置并存也表现在对农村文化人才的挖掘、培养利用上。在农村这块土壤里，实际上既有许多优秀的民间文化，又生活着许多有专长的乡土文化人才。如果我们花大力去挖掘、培养、利用，不仅可以保护和传承优秀的民间文化，而且因为贴近农村优势，还可以更多地吸收农民群众参与到文化活动中来。

一直以来，缺少有力的农村民办文化政策支撑也是造成农村文化资源不足与闲置并存的原因。农村有大量的非物质文化遗产，以常山县为例，已被列为县级“非遗”保护的有120余项，市级“非遗”保护项目30余项，正在申报省级“非遗”保护的有近10项，这些都是极其珍贵的农村文化资源。如果我们不以申报为终极目标，而是在深入挖掘、整理的基础上制定相应的政策扶持，把这些文化资源打造为具有本地特色的文化产业，不仅可以使宝贵的文化资源不被闲置，还可以使之成为传播先进文化的有效载体，并通过这些载体有效地实现农村文化的创新，从而催发农村文化的大发展大繁荣，最终达到以文化人、以文育人、以文塑人的目的。

（作者单位：常山县文化馆）

农村文化建设探索与实践

周弋瑛

农村基层文化作为先进文化的一个重要内容，只有不断宣传、不断做深做大，才能在农村传播、扎根、不断发展，才能拥有更广阔的舞台和空间，发挥更大的作用，有效促进经济社会和基层文化的协调发展。

江山市淤头镇通过理论研讨，结合具体实践，将古城文化建设、基层文化创新摆上议事日程。针对淤头镇基层文化建设薄弱的现状，如何发挥基层文化优势，推动乡镇事业全面发展？从2009年开始，淤头镇党委政府大胆创新，通过健全组织队伍、巧借外力、资源整合、找准结合点等一系列措施，重磅出击，使淤头镇基层文化工作冲破束缚，焕发了盎然生机。他们的做法是：

强化领导，配备精干。基层文化是一项具有实践性和探索性的工作，需要各级领导的重视和支持。淤头镇党委把文化工作摆在了重要位置，把文化工作纳入乡镇党委议事日程，几年来已先后召开多次专题研究会，并配备精干力量，按照年初制订的计划，全力抓好农村基层文化工作。

健全制度，完善网络。淤头镇党委政府建立完善文化网络，制定理论知识学习培训制度、基层文化工作目标管理制度、民族宗教管理制度，从而使该镇的文化工作不断规范化、制度化。不断完善乡镇、村、企业三级文化网络建设，行政村指定一名两委成员、企业指定一名中层负责宣传、文化工作。

创新载体，发挥古城文化优势。借助古城庙会文化固有阵营，强民生、增和谐。2009年12月，淤头镇举行了“江山市首届古城文化节”活动，充分利用礼贤古城文化、礼贤城隍庙会文化，深化推进淤头镇“中国幸福乡村”创建工作。依托礼贤城隍庙会等原有基础，丰富群众的娱乐生活，讴歌社会主义和谐新农村；采用书法、绘画等形式，表现礼贤古县城的文化底蕴，展示淤头今天的发展成就，憧憬淤头明天的美好前景；通过搜集淤头历史名人的故事、典故、事迹、文章等资料，挖掘古文化，提炼精华，丰厚文化底蕴，利用文化积淀，倡导淳朴的乡风民风；同时，积极营造镇域平安稳定氛围。“礼贤古城文化节”活动将每年一届持续地举办下去，成为淤头镇基层文化建设的品牌活动。

同时，淤头镇不断推进三大特色文化建设，提升区域文化软实力。

一是礼仪文化。推进“礼仪淤头伴我行”系列活动，大力弘扬慈孝、睦邻、感恩、行善等新农村文化，通过举办农村夜大、春泥学堂、妇女培训班等，宣传推介夫妻礼仪、长幼礼仪、手足礼仪、睦邻礼仪、职场礼仪等礼仪知识，倡导干群争做“热心人”，结合“三民工程”建立农民培训档案，通过系统化的分批轮训，切实达到“以文化人”的积极作用。

二是古城文化。挖掘姜学信逸事等非物质文化遗产，保护整修物质文化遗产。2009年和2010年连续举办了第一、第二届礼贤古城文化节，通过面向社会公开征集礼贤牌楼楹联与碑记、承办江山市礼仪歌曲“十强”赛、举办“中部之美”摄影比赛、礼仪讲坛等系列活动，面向社会宣传推介古城文化，提升礼贤的知名度和美誉度。

三是恐龙文化。该镇陈塘边村金交椅发掘出了距今已有一亿多年的恐龙化石，被专家命名为“礼贤江山龙”，为全世界独一无二的新属品种。该镇立足深入包装并推介“恐龙第一镇”，结合集镇和工业平台开发及营销，宣传推介恐龙文化；建立恐龙文化学习基地，宣传推介本镇的恐龙文化，以此进一步提升区域文化的软实力。

（作者单位：江山市淤头镇文化站）

以队伍建设引领农村文化繁荣和发展

周笙乐

农村文化队伍建设是社会主义群众文化事业建设的重要基础，是农村精神文明建设的重要内容，其水平的高低、质量的好坏，是衡量区域文化综合实力的重要标志之一。

近年来，各级党委和政府抓机遇、谋发展，积极实施重大文化建设工程，城乡文化建设取得显著成效，文化惠民能力得到显著提高，初步建立起以广大人民群众为服务对象、以政府提供服务为主导方式的公共文化服务体系。以平阳县为例，全县29个乡镇综合文化站已达标或完工15个，在建11个，另外3个近期完成招投标工作。目前已建成省级东海明珠工程1个，市级金海岸文化工程8个，省级文化示范村5个，市级文化示范村25个，村级文化活动室200多个，有利于出精品、出人才、出效益的文化发展环境正逐步形成。

但也不能不看到，随着公共文化服务体系的逐步健全和完善，农村文化队伍建设与人民群众日益增长的多层次、多方面的精神文化需求相脱节问题已越来越严重，成为制约农村文化建设的瓶颈问题。一是缺乏机构保障，农村文化队伍文化作用被削弱。平阳全县只有2个乡镇还保留着文化站机构，其他乡镇文化站在乡镇机构改革中被撤销，文化员归属乡镇政府统一管理和使用，日常文化建设职能作用的发挥十分有限。二是缺乏有效管理，农村文化队伍专业资源难整合。乡镇文化员专职不专干的现象屡见不鲜，平阳全县115名文化员，专职从事文化工作的只有17人，其他文化员基本上都是兼职的。三是缺乏经费投入，农村文化队伍工作热情难调动。

针对这些问题，笔者认为应做好如下工作：

完善管理机制。各级党委和政府要同步发展文化设施的建设和文化机构的重建，以乡镇综合文化站为龙头，以村级文化阵地为基础，把文化队伍纳入文化职能部门统一规范管理，把农村文化队伍建设纳入重要议事日程，纳入经济和社会发展规划，纳入财政预算，制定切实可行的考核办法，加强农村文化队伍建设工作的督促和考核评估，进一步建立健全农村文化队伍建设评价机制，将服务农村、服务农民作为人才培养工作的重要考核内容，推动农村文化队伍建设的经常化、规范化和制度化。

拓宽投资渠道。要逐步建立国家、集体、个人、社会相结合的农村文化建设多渠道投入体系，切实保证农村文化队伍培训经费和文化活动开展经费。一要发挥地方财力优势，不断加大农村文化队伍建设的投入；二要积极吸纳社会民间资金，出台政策鼓励企业参与农村文化建设。只要农村文化活动开展的环境好转了，条件改善了，自然会有一大批专业文化工作者和业余文艺爱好者去从事文化工作。

创新引进方式。应努力创造条件，尽可能吸引专业对口的大中专毕业生参加农村文化工作，更新农村文化队伍的知识结构，提升服务水平。实行灵活多样的招人录人方式，优化人才资源配置，使乡镇文化员有充足的时间专门从事文化工作，及时调整业务水平不够、态度消极、业绩平庸的文化员，逐步建立能上能下、能进能出的用人机制和科学合理的人事制度。

拓展服务体系。不断拓展人才服务体系和层面，努力形成一支社会性、全民性的文化队伍建设。一方面，充分发挥工会、共青团、妇联、文联、科协等团体的组织引导作用，广泛开展文化志愿者活动，鼓励各艺术协会成员和离退休文艺工作者、教师以及热心公益事业的各界人士为农村提供文化志愿者服务，构建县级文化志愿者服务体系；另一方面，要发挥乡镇文化员的引导作用，要花大力气培养农村文化的后备队伍，充分调动农村文化管理员、非遗项目传承人和业余文艺骨干等的工作热情，建立队伍的长效机制，使农村文化的发展形成规模持续发展。

大力发展农村文化事业，加强农村文化队伍建设是农村文化发展的当务之急，是推进新农村建设与构建和谐社会的迫切需要，更是加强农村精神文明建设的有效载体和生动体现。

（作者单位：平阳县文化馆）

加强农村文化志愿者队伍建设思考

傅仙琴

随着文化惠民政策的进一步落实，各级加大了乡镇文化建设的投入，纷纷办起了村文化室和综合文化中心。文化志愿者是充分利用现有文化资源、组织辅导各地开展丰富多彩文化活动的主力军，是做好农村群众文化工作的关键。

关于如何发挥文化志愿者的功能，加强文化志愿者队伍建设，本人有以下建议：

宣传发动，加强领导。参与文化志愿者服务既是帮助他人、服务社会，同时也是在传递爱心和传播文明。文化服务个人化、人性化的特征，可以有效地拉近人与人之间的距离，减少疏远感，对缓解家庭、社会矛盾，促进社会稳定有一定的积极作用。因此，各级党委、政府要大力宣传发动，积极帮助、支持、引导文化志愿者，从而将文化志愿者开展的各类文化活动与繁荣社会主义新农村文化建设更好地结合起来。

开展多样化的培训方式。由于文化志愿者文化素质、技能参差不齐，为提高农村文化队伍素质，将这支文化志愿者队伍打造成业务精湛、素质精良、乐于奉献的农村文化队伍，近年来，遂昌县文化馆分期举办音乐、排舞、摄影等文化志愿者培训班：一是举办文化志愿者文艺作品加工会；二是举办村、社区文化志愿者（文艺骨干队伍）培训班；三是举办文化志愿者（村级文化管理员）培训班。通过一系列的培训，提升了文化志愿者的文化素质，使他们享受到培训所带来的知识、智慧和技能，更新了观念，创新了思路，以便今后更好地开展农村文化活动，为建设社会主义新农村服务。

为文化志愿者搭建平台，展示才艺。为文化志愿者提供自我参与、自我展示、充分发挥作用、施展才艺的空间，提供一个能够为繁荣文化事业献身的舞台。一是遂昌县文广新局、文化馆经常举办各类文体活动，丰富群众的文化生活。如汤显祖文化节系列活动、全县排舞比赛、家庭才艺表演、邻居节、踩街活动等，形式不拘一格，深受当地群众欢迎。这些活动的开展充分展示了遂昌县文化志愿者的风采。二是遂昌县文广新局、文化馆经常组织全县文化志愿者参加省、市各类演出、比赛活动，与兄弟县、市文化志愿者同台打造了一场场文化盛宴。文化志愿者从中进行相互学习、提高，加强了相互间的交流和合作。三是遂昌县文广新局、文化馆为文化志愿者提供资料和信息帮助。近几年，经文化馆干部牵线搭桥，文化志愿者经常往返于遂昌县各社区、乡镇，辅导学员学军鼓、腰鼓、排舞等，充分发挥骨干和“领头雁”作用，进一步推动社会主义新农村文化建设。

推进文化活动的常态化，壮大文化志愿者队伍。文化志愿者队伍是密切联系群众的纽带，要壮大文化志愿者队伍，我们可以尝试以下几个做法。一是经常开展丰富多彩的农村文化活动，扩大覆盖面，让广大人民群众普遍参与。努力让广大基层文艺爱好者成为文化活动的主角，从而使文化志愿者队伍不断壮大。二是发动健身爱好者积极参与广场舞。近几年来，遂昌县各地逐渐兴起的广场舞蹈丰富多彩。在文化部门的支持下，个人捐一点，各单位补助一点，买来音响设备，组织群众跳排舞。渐渐地，在各活动点负责人的带动下，有更多的文艺爱好者加入了这支队伍。为此，参与广场跳舞的人越来越多，从原先的十几人增加到现在的四五百人，大家从中跳出了健康，跳出了快乐。正是有这些热心的文化志愿者，才使得遂昌县城乡各地的文化活动氛围越来越浓，使我们的生活更加和谐美满。

农村志愿者服务是一项大有可为的崇高事业，更是一项需要长期坚持的事业。大力支持、引导、培养造就一支数量庞大、素质优良、结构合理、管理规范的农村志愿者队伍，在推进农村精神文明建设中具有重要意义。

（作者单位：遂昌县北界镇文化站）

新农村建设与古建筑保护的思考

黄丽芳

中华民族五千年的文明史，给我们留下了许多弥足珍贵的历史文化遗产，尤其是古建筑，它是中华民族精神文化财富之一，是民族历史文化和精神情感的根。2010年全国文物普查中，位于建德东部的三都镇查出古建筑86栋，在公示普查结果前，已被居民自行拆除4栋，经两年多保护和维修，现尚存古建筑79栋。古建筑保护是新农村建设急需解决的问题。

随着岁月流逝，新农村建设不断推进，有些地方认识不足，许多弥足珍贵的古建筑已被破坏。笔者痛惜之余，认为务必应该做好以下几方面工作：

建立保护组织　健全保护机制

新农村建设是个系统工程，古建筑保护更是一项功在当代、利在千秋的伟大事业，需要坚持不懈、年复一年地抓。建德市出台了古建筑保护办法，三都镇各级领导高度重视古建筑保护工作，与各行政村签订古建筑保护责任状，各行政村与古建筑户主签订保护责任状。镇政府整合和利用社会各方面资源和力量，专门成立保护古建筑工作小组，将古建筑遗产保护列入政府重要议事日程，纳入经济和社会发展总体规划，建立古建筑遗产保护定期通报制度、专家咨询制度以及公众和舆论监督机制，推进古建筑保护工作的科学化、民主化，使古建筑保护和新农村建设得到有机的结合。

加快普法进程　增大执法力度

国家出台了《文物保护法》，但该法在民间的普及率不高。为了加大《文物保护法》的普法进程，近年来，三都镇政府多次组织村负责人学习《文物保护法》，并在“五下乡”、普法宣传日等活动中，宣传《文物保护法》相关知识，让更多百姓知道古建筑保护的重要性；撤销了相关单位做出的与法律、行政法规相抵触的决定，并对一些违反古建筑保护有关法律、行政法规的行为做出了必要的处罚；严厉打击了破坏古建筑的各类违法犯罪行为，重点追究因决策失误、玩忽职守而造成古建筑被盗、被拆或被破坏的责任人的法律责任，使古建筑保护执法力度得到强化，做到执法必严，违法必究。

落实保护资金　加强队伍建设

古建筑遗产保护工作面广量大，内容繁多，时间跨度长。三都镇政府建立了古建筑保护中心，将古建筑保护纳入本级财政经费预算，保障重点经费投入；制定和完善了有关社会捐赠和赞助的行政管理措施，调动社会团体、企业和个人参与古建筑保护的积极性；加强古建筑保护管理机构和专业队伍建设，加强古建筑维修技术的研究，培养古建筑保护和管理所需的各类专门人才。2010年以来，三都镇共组建古建筑保护志愿者宣传队一支，古建筑保护志愿者维修队一支，有队员20余人，并请专家培训队伍。两年来，志愿者共出队服务10余次，为三都镇的古建筑保护作出了积极的贡献。

加大宣传力度　营造保护氛围

为使全社会更加了解古建筑，进一步认识古建筑遗产保护深远的历史意义和现实作用，古建筑保护中心经常举办展示、论坛、讲座等活动，使群众更多地了解古建筑的丰富内涵；积极举办多种形式的古建筑保护宣传活动，提高群众对古建筑的保护意识；并大力宣传古建筑保护的先进典型，及时曝光破坏古建筑的违法行为及事件，发挥舆论监督作用，在全镇形成了保护古建筑的良好氛围。

新农村建设是一项系统工程，古建筑保护工程涉及专业多，工作任务重，我们要抓住新农村建设这一良好机遇，认真切实做好古建筑保护工作。切不可重犯以往城乡建设中忽视文化遗产保护的错误，决不允许在新农村建设中拆迁毁坏不可再生的、弥足珍贵的历史文化遗产。

随着文化立法的不断推进，保护法规的不断加强，科学把握保护与开发、继承与发展的关系，新农村建设和古建筑保护工作必将迎来美好的春天。

（作者单位：建德市三都镇政府）

文化礼堂与村落传统文化的传承发展

戴东明　杜根虎

2013年初，省委、省政府做出了“建设农村文化礼堂，共筑群众精神家园”的重大决策部署，要建设1000个农村文化礼堂，并把此项工作列入2013年省政府的十件实事之一，这是一项切实改善民生、满足基层文化需求、构建农民精神家园的重大举措，也是我省建设物质富裕、精神富有的现代化浙江的一件实事。

文化礼堂是实现精神富有，打造精神家园的重要载体。文化礼堂建设的定位既然是“精神家园”，那么它就要承载传播现代文明、弘扬主流价值、展示村庄形象、传承村庄文化、传承先贤精神、学习身边楷模、普及实用知识、学习先进文化、促进邻里和睦、凝聚党群关系、举办重大活动、丰富文体生活等诸多功能。

金华市金东区的农村文化礼堂建设从一开始就提出“三重三忌”原则，即重资源整合忌单打独斗、重精神内涵忌形式主义、重特色创新忌生搬硬套。整体建设突出以“精神回归”为重点，整合现有资源，做到借力聚力。不仅与美丽乡村建设相结合，还与居家养老建设、军民共建文化示范村建设、“大手拉小手、精神共富有”宣传教育品牌建设和志愿服务建设相结合，更主要的是渗透融入了村落传统文化的元素，激发引人入胜、崇德向上的无限生机。

在内容建设上，把握好共性内涵和地方特色相统一的关系。各级“新农村”“美丽乡村”都要在固有的基础上，继续深入挖掘资源，突出地方特色，注重内容展陈。通过村史村情、乡风民俗、崇德尚贤、美好家园等方面的展陈布置，来缅怀先人启迪后人，增强村民的归属感、自豪感、凝聚力。金东区的农村文化礼堂前期四个样板村建设，就是依据各村的历史、文化、风俗等人文特征来分类建堂的，彰显个性魅力。

澧浦镇下宅村文化礼堂展陈内容以“孝德文化”为主，文化礼堂建设与居家养老服务中心进行了有机结合，把村里的寿星、孝星、尊老爱幼、四世同堂的和睦家庭都评选出来，在孝德文化长廊“孝悌榜”上集中展现。孝顺镇下范村是北宋著名文学家、政治家范仲淹后裔的居住村，也是全国文明村，素有“忧乐文化”遗风。文化礼堂建设十分重视挖掘传承“志存高远、先忧后乐”的文化精神个性，展陈内容特色鲜明，有“忧乐文化”墙体壁画、范氏祠堂《岳阳楼记》字画和大弄小巷“忧乐文化”墙画等，处处激励引导村民谨记“志存高远、先忧后乐”文化精髓，打造范仲淹“忧乐文化”传承发展高地。

在功能运用上，把握好思想教育和载体实践相统一的关系。农村文化礼堂建设一定要因地制宜，做到资源整合，整合村庄原有礼堂、书堂、祠堂等，可以在原有基础上进行改建、扩建或拆建，使之成为我们农村传承村落传统文化的活动场所。但一定要突出思想教育，注重礼仪活动，体现群众主体，来实现“一村一品”“一村一景”等农村文化建设新境界。

澧浦镇下宅村的敬老风尚是远近出名的，其文化礼堂活动载体的设计就紧扣这一主题，村民自编自演展示的是“孝亲敬老礼”；孝顺镇下范村文化礼堂建设定位于千年忧乐文化，选择的是“七岁开蒙礼”，先后传承展示了“正衣理冠、三拜恩师、朱砂启智、开笔启蒙、诵弟子规、赠聪明蛋”等传统礼仪；

塘雅镇前蒋村文化礼堂，结合中国梦和核心价值观的打造，把寻梦融入礼堂，通过追梦来完成圆梦，把文化礼堂建设成为追逐梦想的家园，致力传承“十八成人礼”；澧浦镇长庚村喜好婺剧表演由来已久，中华人民共和国成立前该村剧团就已声名远播，且“迎白灯”（白天板凳龙）也是该村的特色，所以该村就将“乡村大舞台”作为文化礼堂建设的主体，选择举行“祈福迎新礼”。

上述四大礼仪活动无疑成了金东区农村文化礼堂建设的点睛之笔，蕴含着优秀的道德价值、丰富的文化内涵、深刻的教育意义，突出了“礼为德媒、礼为堂魂”的理念。同时，每个礼仪都由老百姓本色传承演绎，看得见、摸得着，实现了村落传统文化的活态传承，产生了良好的社会效应，不仅极大地丰富了群众的业余文化生活，增添了农村文化艺术气息，更成为农民展示艺术的平台。

（作者单位：金华市金东区文化馆）

培育新型农民文艺群体思考

沈美芳

按现阶段我国农民的职业划分来说，“新型农民”主要是指居住在农村的、愿意并且能够将自己的智慧融入新农村建设过程中去的农民，主要包括农业劳动者阶层、农民工阶层（不包括常年外出务工者）、工商服务业劳动者阶层、智力劳动者阶层、管理型劳动阶层以及其他劳动者。

2012年8月，省文化厅印发了《浙江省群文创作精品与群文创作群体“八个一百”评选办法》。群文创作群体包括美术、书法、摄影这三个群众文艺领域，这是我省为促进“种文化”“创文化”“送文化”活动的有效开展和良性循环，推动全省群众文艺团队建设，不断培育特色文艺群体，提升浙江群众文化活动在全国的影响力、辐射力、示范力，推进浙江群众文化事业大发展、大繁荣的一个新举措。

我省的群众文艺团队建设其实起步很早。早在20世纪70年代末，丽水就形成了具有较大影响力的“巴比松油画创作群体”和“摄影创作群体”。20世纪80年代初，杭州成立了“F1摄影沙龙”等具有较大影响力的群众文艺团队。而在嘉兴，自20世纪80年代初至今，陆续培育和形成了“秀洲农民画群体”“嘉善姚庄农民画群体”“秀洲农民摄影公社”“王店村嫂摄影队”等农民的群众文艺团队，这在浙江省是一个非常独特的现象。由此也带来一个思考：到2020年全面建成小康社会的进程中，基层文化馆如何进一步积极培育新型农民文艺团队，让我省的农民真正实现“两富”。同时，在评选美术、书法、摄影三个板块的创作群体中，对申报的新型农民文艺团队如何实行扶持倾斜。

牢固树立“发展农民”新理念，着力培育新型农民创作群体。思想是行动的先导。培育新型农民要从提高认识入手，从服务方向入手。必须充分认识到农民在新农村建设中的价值和作用，坚持把培育造就新型农民文艺团队，提高农民文化艺术素质作为新农村建设的战略任务来抓，切实担负起新型农民文艺团队的培训、培育重任，从促进“人的全面发展”的高度出发，对新一代农民进行人力资源开发，促进人力资本的积累和释放，推进新型农民文艺团队培育工程。

近几年来，我省各地的文化馆、文化站、美术馆在公共文化服务和免费开放服务中，在双休日开办了许多面向公众需求的辅导培训班。而远在乡村的农民因交通问题和职业关系，无法享受到像城里人那样的文化服务，但新一代的农民也渴求文化馆、美术馆在书法、美术、摄影方面的辅导与培训，这就要求文化馆、美术馆的专业人员放下身段，走出馆门，到乡村去面对面辅导培训。如嘉兴美术馆、嘉善县文化馆自2011年起联手在嘉善县姚庄镇开办为期3个月的新农民画创作班，形成了一支70多人的农民绘画群体，2012年8月，农民的画展办到了省城杭州的西湖文化广场，让城里人频频竖大拇指称好。

整合培训资源，建立新型农民文艺培训制度。一是各级政府和文化部门应当采取积极主动的态度，加大宣传力度，使广大农民逐渐认识到艺术和技能培训的必要性和重要性。二是整合培训资源，形成文化部门和成人职业教育部门并行、联手的培训办法，逐步扩大农民文艺培训的数量和规模，满足农村文艺人才培训的需要。三是优化培训资源配置，采取公开招标的办法，认定一批农民文艺培训基地，进行重点建设和扶持，充分发挥它们的示范带动效应和培训主力军作用。

提高农民组织化程度，不断培育农民文艺群体主体意识。这是新时期农民文化艺术素质全面提升的强大内在动力。拥有真正的主体性，是新型农民与传统农民的区别所在。改革开放以来，特别是社会主义新农村建设，农民的主体性逐渐增强，在新农村建设中发挥着越来越明显的主体性力量，为从整体上向当代新型农民过渡奠定了厚实的基础。当前，必须不断地强化这种主体意识，并通过有效途径将农民中有文化、有艺术特长、爱好书法、美术、摄影的人组织起来，进行骨干培训，逐渐让农民中的文艺人才脱颖而出，使其引领好本地的文艺团队，实现自我活动、自我管理、自我发展。同时，在活动中组建社团，积极开展跨区域交流活动，不断提升和实现自身的社会价值和自我价值。

（作者单位：嘉兴市文化馆）

浅谈我省农村群众戏剧创作的现状与对策

汪仙珍

当前，我国进入了崭新的历史发展时期。经济腾飞、社会安定，呈现出一派欣欣向荣的景象。在物质生活条件得到极大改善的同时，人们的精神文化生活也得到了很大的提升。作为文化生活繁荣标志的群众文化活动得到了蓬勃发展。具体表现在城乡基层文化设施建设逐步完善、群众自发性的文体活动空前活跃、企业文化、社区文化、校园文化丰富多彩，这些都是有目共睹的不争事实。但让人深感忧虑的是，农村群众文艺创作尤其是群众戏剧创作却出现了严重的萎缩和倒退现象：高质量、高品位的戏剧作品奇缺，戏剧创作队伍青黄不接、后继无人。这严重影响和牵制了农村群众文化活动的发展，也引起了社会各界和各级领导的关注。

一、现状

群众戏剧创作是指由业余戏剧作者为主体的、以戏剧体裁为创作形式的群众性的创作活动。它是指通过在戏剧舞台上唱、做、念、打的表演来宣传作者需要表达主题的文学样式和行为艺术，属于演唱文学的范畴。与其他文学样式相比，戏剧创作最大的不同在于它的动作性、表演性、故事性。它不仅诉之于人的视觉，还诉之于观众的听觉和其他的感观刺激。除了表演者自身的表演外，还依赖舞台、灯光、音响、布景等其他条件的辅助和配合。也因此，它比小说、诗歌、散文等纯文学样式更为复杂，创作也更为艰难。

而这群众戏剧创作，是群众文化（尤其是农村群众文化）活动中最为群众喜闻乐见、最不可缺少的文学样式。个中道理其实也很简单。众所周知，群众戏剧是伴随有关人类社会活动的产生发展而与之俱来的最古老、最为群众喜闻乐见的草根艺术。在几千年文化历史的长河里，植根在群众文化的土壤中，它以独特的艺术形式赢得了观众的喜爱，对广大观众起到潜移默化的教诲作用。我们可以毫不夸张地说，我们每个人都是在一定的戏剧氛围中接受教化并长大成人的。再从群众文化工作职能来说，群众戏剧也是重要的宣传载体和工具，虽然戏剧之外的文学创作也一样需要担负宣传的重任，但与之相比，群众戏剧更具形象性、可看性、直观性，更能及时地、生动地宣传党在不同历史时期的中心任务、方针政策。随着近年来城乡群众文化活动的蓬勃开展，特别欢迎能反映农村、企业、社区等工作或生活题材的节目，这就需要创作大量的戏剧作品，满足广大群众文化生活的需要。

毫无疑问，戏剧作品来自戏剧作者的辛勤创作，然而从目前群众戏剧创作队伍来看，却很不尽人意。笔者曾对本地的戏剧作者队伍做过调查，发现当今能坚持戏剧创作并有一定创作实力或影响的戏剧作者寥寥无几，而且即使现存的戏剧作者也大都老龄化，观念落后，题材狭窄，创作手法陈旧，因此创作出来的戏剧作品档次和品位较低。即便是从全省范围内来看，稍有影响的戏剧作者也是屈指可数。

这就造成了这样一种尴尬的局面：一方面是广大群众尤其是农村群众对戏剧演出活动的急切渴望，而另一方面是群众戏剧创作队伍的奇缺。戏剧作品的供与求两者形成了很大的剪刀差，需求和产出出现了严重的脱节。这就导致不少地方在群众性文艺演出活动时，乡镇文化站或业余剧团缺少演出脚本、“等米下锅”的窘况。虽然有时不得不请外地专业剧团来演出，但剧目缺少地方特色，千篇一律，可看性不强。更为糟糕的是，有时昂贵的票价让农村观众望而生畏，上座率不足。

二、原因

从主观原因来说，戏剧作者自身创作观念的落伍，创作热情的消失是主要的原因。戏剧创作的成功取决于两方面的条件：一是戏剧作者是否具有丰富的生活积累，二是戏剧作者能否娴熟地掌握戏剧创作的技巧。两者缺一不可。我们在调查中发现，那些坚持了几十年戏剧创作的老作者们虽然有着丰富的生活阅历和深厚的生活基础，但由于新时期生活节奏的加快，人们对传统戏剧审美需求的多元化，现代戏剧的创作技巧较难把握，因此他们创作的剧目容易与时代脱节，不被观众所看好。而那些年轻的戏剧作者许多是从上戏、中戏等大专院校科班出身，虽然文化基础较扎实，专业理论知识和写作技巧丰富，但又因缺乏深厚的生活底子或对生活的洞察力，找不到或找不准戏剧创作的题材，创作出来的剧目内容较苍白，缺少生活性和感染力，有的甚至难以在舞台表演，因此也就很难产生戏剧精品。

从客观原因上分析，一是当今社会进入了市场经济时代，受经济利益的驱动，人心普遍较浮躁，表现在创作领域也是如此，不少戏剧作者也往往急功近利，退出戏剧创作的圈子。因为与其他文学创作相比，戏剧创作的经济效益和社会效益要小得多。诗歌、小说、散文等纯文学作品一旦在报纸刊物上发表，便实现了其某些方面的价值，而戏剧作品必须在舞台上演出后才能显示社会和经济效益。而且要接受观众的评头论足，有时还出力不讨好，于是，有的戏剧作者纷纷跳槽转行，戏剧创作人才锐减。二是文化主管部门的领导对待戏剧创作存在一定的浮躁心理，认为戏剧是综合性的艺术，投资大，困难多，不如抓其他文艺创作见效快，来得容易。因此不愿意花大力气去扶持或扶持的力度不大，未对群众戏剧性创作给予足够的重视，挫伤了群众戏剧作者的创作积极性。

三、建议

要重振群众戏剧创作雄风，笔者认为：

一是要克服急功近利思想，真正提高群众戏剧创作重要性的认识，把群众戏剧创作队伍建设列入重要的议事日程。二是要总结经验教训，恢复和推广20世纪七八十年代有利于农村群众戏剧队伍建设的优良传统和必要的措施，如定期举办不同类型的群众戏剧创作培训班，开展一年一度的农村群众戏剧创作调演，编印群众戏剧刊物，为群众戏剧作者提供创作园地和平台，关心群众戏剧作者的工作和生活，为他们的创作提供条件，组织采风、下基层、到农村体验生活等。三是理顺群众文化业务部门的体制，大力改革人才制度，不拘一格引进戏剧创作业务人才，以加强对农村群众戏剧作者的辅导，不断提高创作水平。只有这样，新时期我省的群众戏剧创作队伍才能得到壮大和发展，农村群众文化活动才能出现真正繁荣昌盛的局面。

（作者单位：开化县文化馆）

新时期老年文化建设思考

周福明

当代中国已进入人口老龄化快速发展时期，资料显示，2013年，我国60岁以上老年人口将突破2亿。人口老龄化是中国的基本国情，积极应对人口老龄化是一项关乎国家长治久安的战略任务。

近年来，党和政府高度重视并采取一系列政策措施，着力推进老年文化建设，老年文化事业得到较快发展，老年文化活动蓬勃开展，老年人精神文化生活得到较大改善，基本文化权益得到较好保障。但老年文化建设与人口老龄化发展和老年人日益增长的精神文化需求还不完全适应，仍然存在诸多问题。对此，笔者依据所在地域实情，探析新形势下的老年文化建设。

正视人口老龄化社会现实，树立积极的老龄化理念。将老年文化纳入社会主义先进文化的重要组成部分，成为社会主义精神文明的重要内容。各级政府部门和群文工作者只有树立积极的老年文化观，弘扬中华民族的传统美德，营造敬老爱老助老的良好氛围，以积极的态度、积极的政策、积极的行动应对人口老龄化，才能准确把握当今时代文化发展的新趋势和老龄化社会精神文化建设新要求，进而把老年文化融入社会主义核心价值体系建设的过程。

加强老年文化基础设施建设，保障老年人基本文化权益。进一步建立与完善老年人文化设施，是加强老年文化建设的重要手段。新一代老年人重视科学、追求长寿、爱好文体活动，向往高质量高品位的文化生活。对此，应充分考虑人口老龄化发展趋势，将老年文化建设纳入基本公共文化服务体系和城乡规划。以公共财政为支撑，按照城乡文化设施用地要求，遵循公益性、基本型、均等性、便利性的要求，加快老年文化基础设施建设，增强城乡公共文化设施的适老功能，提高基本公共文化服务均等化的可及性。新建或改建的文化设施，须符合涉老工程建设标准和无障碍设施建设标准，能根据老年人的生理特点和特殊需求，配备老年人的文化体育用品，为老年人参加文化体育活动提供便利，切实保障老年人的基本文化权益。

加大老年人公共文化服务供给，满足老年人文化生活需求。只有为老年人特别是农村老年人开辟更多的文化活动场所，增加更多的文化服务项目，让老年人享有更多场所的免费服务，各公共场所因地制宜为老年人开展活动提供便利，才能不断满足老年人日益增长的文化生活需要。

开展老年人文化娱乐活动，丰富老年人精神文化生活。目前，建德市老年人主要集中在广场、公园等开展舞蹈、健身操、扭秧歌等文化娱乐活动，但各种组织开展的文化休闲娱乐活动缺乏持续性、周期性，尚未从真正意义上体现关爱老年人、关注老年人的精神文化生活。为此，必须加强公共设施和文化娱乐场所建设，加强对老年人文化活动的指导、辅导与培训，定期开展文化讲座，提升老年人的文艺素养；组建老年舞蹈队、戏剧队、腰鼓队、健身操队、器乐队等形式多样的老年文艺团队，积极创造条件，为老年人开展文艺活动搭建平台，经常性地开展适合老年人特点的知识型、休闲型、保健型文化教育活动，通过举办形式多样、丰富多彩的文化活动，满足老年人日益增长的文化需求，丰富老年人的精神文化生活。

建立老年文化建设长效机制，促进老年文化事业稳步发展。一方面必须从构建社会主义和谐社会的高度，做好老龄工作，使老年人更好地服务于构建和谐社会的大局；另一方面则通过重视老年文化生活，逐步加大对老年文化设施建设的投入，扩大老年人文化供给范围，举办形式多样的老年文化活动，积极推进公共文化服务均等化和城乡一体化建设，不断丰富老年人的晚年生活，帮助他们实现老有所为、老有所学、老有所乐，让每一位老年人都能享受多姿多彩的晚年时光。

（作者单位：建德市文化馆）

关于特色文化乡（镇）村创建情况的思考

潘咏霞

在深入学习贯彻党的十九大精神，高歌猛进新时代的大好形势下，2017年，杭州市淳安县在取得经济和社会各项事业快速发展的同时，特色文化乡（镇）、村的创建工作也如雨后春笋般与日俱增。

据统计，2017年乡镇一级主办或承办各类大型文化节庆活动的有22个乡镇，占全县23个乡镇的91.3%；其中在全县范围内取得一定社会影响力的有19个乡镇，占全县乡镇的82.6%。各个乡镇所举办的特色节庆活动，大体分为两类：第一类是具有淳安地方特色的非物质文化节庆活动，第二类是具有淳安地域特色的以农特产品为主体的物质文化节庆活动。

横观2017年各乡镇节庆活动的主题，大体可分为三类：第一类是在原有品牌创建基础上着力于巩固提升，第二类是借助系列节庆活动积极创建自身的特色品牌，第三类则是有关积极规划未来的特色品牌创建。

2017年，淳安县各乡（镇）村顺应时代趋势，着力打造特色文化品牌，各乡（镇）、村各展身手，成效显著。各乡镇在致力于打造特色文化品牌的同时，依托千岛湖得天独厚的生态环境和传统文化资源，积极培育提升其他有知名度和影响力的可持续发展品牌。各乡镇在打造特色文化品牌时，注重强化政府服务，积极探索农业、农村与农民的转型，创建群众满意的农村转型发展品牌。

当然，特色文化乡（镇）、村的创建工作虽呈现了大好的发展势头，但也存在一些问题。特别是特色文化品牌创建过程中举办的各类文艺演出活动，除了要避免单一、雷同、各自为营互不相干的现象，还需要高度重视文艺的政治属性问题，需要用马克思主义文艺观认真审视活动的节目内容和文化内涵。

在创建特色文化乡（镇）、村的实践中，我们得到以下启示：

一是要实现乡（镇）、村的平衡、充分、全面发展，必须重视特色文化创建。要把文化品牌理念植入乡镇经济社会发展工作中。要立足自身发展优势，寻找主题鲜明、文化内涵丰富的发展定位和角色担当，努力打造文化标识鲜明的特色文化乡（镇）、村，走特色文化发展之路。

二是要开展乡（镇）、村特色文化创建工作，必须从实际出发塑造文化品牌形象。从各乡（镇）、村的创建实践看，打造特色文化，必须找准定位，切实把创建特色文化品牌作为推动社会转型发展，服务人民群众，创建社会和谐的有力载体与重要工作抓手。具体来说，就是要围绕当地优势文化，独辟蹊径，挖掘整理本地特色民间艺术，扬长避短进行包装精加工，尽可能做到人无我有、人有我优，在推广的同时加大品牌宣传与传播力度，进而形成独一无二的特色文化品牌。

三是要塑造乡（镇）、村文化品牌形象，必须坚持以人民为中心的发展理念。群众是品牌动力之源。任何品牌的建设若使其富有成效，就要牢牢把握群众满意价值取向，坚持群众满意标准，不断赢得群众的信任与支持。只有扎根于群众，以人民为中心，特色文化品牌才能真正根植于肥沃土壤，品牌影响力才能持续增强。

四是要保持特色文化创建工作的持续性，与时俱进、不断创新。品牌创建是一个动态的创意与打造过程，除了持续性，创新驱动也非常重要。2017年各个乡镇纷纷发力，部分乡镇持续性打造原有文化品牌，另有部分乡镇挖掘创建新的文化品牌，无论是原有还是新创，各乡镇每年一次的文化节庆活动是一种惯用的、持续性打造的最佳平台。但如果每年一次的节庆活动只停留在年复一年原封不动的重复性举办这种层次上，品牌的新颖度就会慢慢消退，所谓的特色文化也就失去了特色。只有不断创新，统筹规划、增强活力，通过打造特色文化，进一步抓投入、抓科技、抓人才、抓市场，才能有效助推当地各项经济事业齐头并进。

（作者单位：淳安县文化馆）

衢州衢江区农村业余剧团现状解析

严丽娟

当下，我省农村业余剧团呈蓬勃发展之势，以演婺剧、越剧为主的衢州市衢江区农村职业剧团也很活跃，目前衢江区登记在册的农村业余剧团有6家，另外还有自娱自乐型的坐唱班和表演团队11个。作为基层文化主体之一的农村职业剧团，他们的演出活动极大地丰富了广大农村群众的文化生活，受到了百姓的欢迎。

衢州市衢江区总人口近40万，农业人口占95%，这给农村业余剧团提供了广阔的农村文化市场，群众业余演出活动非常活跃。农村业余剧团活动的主要形式有：一是常年在外演出，把演出当主业，是经济的主要来源；二是以农历节庆、红白喜事演出、自娱自乐为主，规模较小，自发性强，演出地点、时间、形式随意性较大，这是目前农村数量最大的文化演出队伍。

这些业余剧团根植于农村文化沃土，深谙当地的文化底蕴和风土人情，演出内容贴近生活，生活化的表演形式诙谐滑稽，与大部分农民的文艺欣赏水平相适应，符合大多数人的口味，加上农村业余剧团自寻市场，自找台口，形式灵活，收费低廉，符合农村农民的消费水平，深受广大农民欢迎。

衢江区农村业余剧团的兴起，活跃了农村文化生活。过去，有些偏僻山区农村的精神文化生活极度匮乏，农民仍然过着日出而作、日落而息的传统生活。现在，农村业余剧团每逢节日、圩日、庙会时间演出，得天时地利人和，有效地解决了过去由于缺乏健康有益的文化娱乐活动，一些人打牌赌博，游手好闲，从事封建迷信活动，甚至惹是生非，引发社会问题的现状。

农村业余剧团的兴起，传承了民间民俗文化。现在农村一般的年轻人，绝大部分已不知婺剧、越剧为何物，更不会唱。这种情形下，农村业余剧团通过群众通俗易懂的表演形式，形象生动地弘扬着衢州民族文化、地方剧种、传统曲目，为传承民间民俗文化做出了不朽的贡献，成了优秀民俗民间文化的守望者。

同时，农林业余剧团还起到了增进邻里感情，提高农民素质的作用。剧团人员来自农村，他们的演出亲切自然，影响着农民的思想境界。他们能贴近生活，有针对性地从生活中挖掘生动事例，让乡亲们喜闻乐见并在潜移默化中接受教育。在平凡的演出中，演员不但提高了自身素质，也带动了农民素质的提高。

当然，由于这些农村业余剧团以自发性、季节性形式活动的较多，没有固定场所，人员流动性大，加上演出价格低廉，平常未投入较多时间和经费来细致排练，所以仍然存在着演员临时凑合，剧本临时照搬，甚至沿用老剧本唱流水戏，不求质量，只求迎合观众口味，舞台效果较差等问题。另外，创新能力差，几乎没有新创剧目，大部分演员年纪偏大，素质不高，业务水平参差不齐，导致演出区域越来越窄，文化辐射力减弱。

作为农业人口占95%的衢江区，如何解决好农村业余剧团生存与发展的问题，是社会主义新农村建设中的重要课题之一，更是文化工作者义不容辞的责任。

笔者认为，第一，应该为农村业余剧团提供更多展示、交流的平台。积极创造条件，让他们参与各种公益、商业演出，按照市场经济的需求和平等竞争的原则，把演出水平较高的业余剧团推介到各乡镇为农民群众演出，形成关心和支持他们的良好氛围。

第二，培育良好的农村演出市场。加强对农村文化市场的政策调控，运用市场准入、资格认定、价格调节、财税优惠等政策，引导剧团进入市场参与竞争。

第三，帮助剧团提高表演技能。利用区文化馆人才优势，重点培训专业技能，提高演出水平、创新能力和竞争能力。政府应该尽量给予资金扶持，逐渐缩小与专业剧团的差距。

总之，随着农村经济的发展和社会的进步，农民群众对精神文化生活的需求也越来越迫切。针对“文化下乡”存在“一乐了之”的弊端，以培育、发展“乡土文化”为突破口，注重扶植培养农民艺术人才，增强乡村文化的造血功能，让农民通过自己办文化来活跃和丰富他们的业余文化生活。

（作者单位：衢州市衢江区文化馆）

对畲乡景宁文化旅游融合发展的思考

叶　嫣　严慧荣

丽水市景宁畲族自治县目前处于经济转型的攻坚期。文化是一种软实力，以文化软实力提升景宁经济发展硬实力，是推动景宁文化与旅游融合发展的关键因素。为此，笔者就如何有效利用景宁文化资源带动景宁文化旅游融合发展做了一些思考。

景宁旅游资源中的自然资源当属“好山好水”，其位于瓯江支流上游、飞云江源头，山环水绕，气候适中，地貌类型复杂多样，这种天然的地理优势成为景宁旅游业发展的基石。同时，景宁也具有优质的人文旅游资源，如以敕木山周围的畲族山寨为主的畲族文化旅游板块，以时思寺为根源的“寻根”旅游板块，以及以毛垟等为主要标志的革命老区旅游板块，这些都蕴含着丰富的人文情怀，对推动文化旅游融合发展具有重要意义。

然而，景宁拥有如此丰富的旅游资源，却没有列入旅游大县的名单之中。面对丰富的自然以及文化旅游资源，对其利用还仅仅停留在简单的参观以及欣赏层面，旅游形式单一、旅游产品过少，文化资源与旅游资源缺乏深度融合，资源优势难以转化为经济优势的问题仍然存在。因此，深入整合文化旅游资源、促进景宁文化旅游深度融合发展就显得尤为重要。

旅游资源的整合重在文化资源与自然资源相融合，以文化为载体的旅游在旅游过程中能让人体验到丰富的人文内涵，推动文化资源的不断增值创新，从而更好地对文化进行发掘和传承。景宁作为革命老区，其艰苦奋斗、不屈不挠的革命精神依旧是当下社会最宝贵的精神食粮，可以坚定人们的理想信念，激发人们的爱国情怀。同时，景宁旅游资源也可以借助历史的精神重焕生机，在推动文化旅游融合发展中，通过挖掘这一类文化资源能够很大程度地吸引游客关注历史，并且以史为鉴提升自己的文化内涵以及道德修养。

然而，随着收入水平的不断提高，人们对旅游业提出了更多样化的要求，这就要求我们进一步融合文化旅游资源，实现文化资源的增值与创新，以满足人们更高层次的精神需求，以文化旅游资源进一步推动文化产业发展，促进经济结构的优化调整。

所以，从上述必要性可以看出，从文化旅游融合入手，推动景宁旅游业转型升级是发展和创新的关键。以景宁独特文化与地域特色为基础，深入挖掘利用景宁文化旅游资源，将文化与旅游相融合，使文化旅游资源优势转化为经济优势，是做优做大景宁文化产业的必由之路。

首先，必须践行社会主义文化观，坚持文化产业发展的正确导向，在挖掘文化旅游资源时，应该深入发掘其优秀的文化内涵，并且以当下社会强调的社会主义核心价值观为导向，坚持传播正面的、积极的文化，拒绝各种消极的文化，摈弃糟粕文化。其次，强调发展中要具体问题具体分析，以畲乡景宁独特的畲族文化和地域资源为依托，因地制宜，丰富文化旅游资源的多样性，要不断在旅游开发中注入创新活力，以满足人们当前更高的精神以及文化需求。最后，要进行统筹规划，促进文化产业协调发展，用整合的思路将零散的旅游资源变成集约化、规模化的系统性资源。以核心带动周边，通过创新发展理念与发展思路，促进文化产业的协调发展。同时，将有特色、有底蕴、有内涵的乡村作为发展的带头乡村，着力打造富有吸引力的旅游乡村，促进文化旅游交互融合，增强吸引力。

（作者单位：景宁畲族自治县文化广电旅游体育局）

乡村振兴要发挥文化的作用

叶　嫣　严慧荣

党的十九大做出了实施乡村振兴战略的重大决策部署，乡村振兴是包括产业振兴、人才振兴、文化振兴、生态振兴、组织振兴的全面振兴，实施乡村振兴战略的总目标是农业农村现代化。作为文化工作者，我们要梳理新时代乡村振兴对文化遗产的影响，思考如何在新时代的乡村振兴之路上让文化发挥作用。

新时代乡村振兴中存在的问题

一是存在大拆大建。21世纪以来，在美丽乡村建设进程中，一些农村地区大拆大建，用城市元素与风格取代传统民居和田园风光，导致乡土特色建筑文化面目全非。

二是文化资源流失。不可再生的历史文化资源迅速流失，传承悠远的历史文脉被粗暴割裂，千姿百态的乡村个性逐渐消遁，这导致整个社会生活，尤其是精神生活的落脚点，失去了文化土壤的支撑。

三是保护意识缺失。在美丽乡村建设进程中，对乡土文化的认识还很不够，导致文化遗产保护意识缺失，许多古遗址、古建筑、民居、古村落，或荡然无存，或面目全非，或落寞伫立，情势堪怜。

新时代乡村振兴要让文化发挥作用

在实施新时代乡村振兴建设中，既要发展产业、壮大经济，又要繁荣文化、涵育乡风，更要传承弘扬优秀传统文化，注重人文乡村建设，发展有历史记忆、文化脉络、地域风貌、民族特点的美丽乡村，这已成为现实和紧迫的问题。

一是新时代乡村振兴应保护传统风貌。在大规模乡村振兴建设中，要避免和传统文化的割裂，从硬件到软件都应该有文化乡村振兴的意识。要注意保护我们传统建筑文化的地域特色。现在，许多乡村的面貌几乎一模一样，全是现代化的房子。因此，在新时代乡村振兴建设和美丽乡村改造中，要注重保护历史文化遗产、民族文化风格和传统风貌，促进功能提升与生态环境和整体风貌保护相结合。

二是新时代乡村振兴的建设应注重文化传承。在新时代乡村振兴过程中，要设法保护处于断根之境的非物质文化遗产，让传统文化能够在新的环境里有继续生存的可能。广大农村地区承载着独特的地方文化。如民歌、少数民族地区的祭礼乐舞等，都与农村的生产生活方式、节庆习俗密切相关。面对乡村文化生态环境改变，传统乡土文化将会产生断裂，传统文化的生存空间会更狭窄。所以，在新时代乡村振兴建设中，要注重融入传统文化元素，考虑结合地方特色文化，建设非物质文化遗产民俗展览、展示博物馆，保存当地历史文化记忆。

三是新时代乡村振兴的建设不排斥乡土文化。在新时代乡村振兴过程中，必须加强对传统文化资源的保护和开发，维护文化的多样性，不能让现在乡村的同一性文化成为唯一的文化，不能把产生在农业文明里的传统文化统统遗弃。在当代环境下，尤其要充分发掘传统文化的底蕴和人文价值，将光辉灿烂的工艺美术和手工技艺，转化为可供物质消费或精神消费的文化产品、文化服务，从而获得更大的生存和发展空间。要通过非物质文化遗产保护传承、文化名村创建、发展特色文化产业等手段，加强对广大乡村传统文化遗产的保护和开发，推动乡村特色文化发展，促进乡村文明的对接和融合。总之，新时代的乡村振兴进程中要让文化找到归宿，要着重加强对传统文化资源的保护和开发，只有文化支撑乡村振兴，才能建成人民安居的乐园，才能古为今用，生生不息。

（作者单位：景宁畲族自治县文化广电旅游体育局）

传统文化篇

城市如何传承历史文化基因

季承人

任何一座城市在塑造文化环境时，都应该立足当代、继承历史、展望未来，都需要从自己文化特色的基点上进行再创造，才能避免千城一面，才能够使城市的形象脱颖而出。

城市如何传承厚重的历史文化遗产，应该成为城市建设中需要充分研究和探索的重要课题。

树立科学发展观

面对新形势，展望新趋势，我们应该更加清醒地看到：城市开始进入以文化论输赢的时代，对历史文化遗产的保护和利用已日益成为城市建设的重要内涵和重要标志之一。

城市决策中要树立文化的理念。一座城市应该有自己的气质和风格，一个城市要有魅力、有生命力、有灵气，就要有“个性”。这个“个性”大都源自文化，包括文化的背景、文化的积淀、文化的资源、文化的特色等，也就是说，文化是城市之魂。所以，在利用和保护过程中，必须树立文化理念，即树立文化是城市建设的生命力、推动力、竞争力和影响力的理念。

城市市民中要倡导文化的视角。一要把保护文化遗产同保护环境联系在一起，自觉形成保护文化遗产就是保护环境免受破坏的共识；二要把保护文化遗产同发展城市经济联系在一起，自觉形成走低碳经济、低碳生活的发展之路；三是把保护文化遗产同保护民风民俗联系在一起，自觉形成和守护共同的精神家园。

城市建设中要把握文化的规律。一是要把握保护历史的真实性规律，即尽可能地保护真实的历史遗迹，对具有传统风貌和格局的历史建筑要予以整修，从尊重历史、延续历史、传递历史的角度进行重点保护；二是要把握保持风貌的完整性规律，即系统地、整体地保存和整修文物古迹乃至环境风貌，包括建筑物、道路、古树、街景、河道等各个方面，要尊重历史遗迹，统一整体风貌；三是要把握维护生活延续性规律，要在保护的前提下，让居住在保护区内的居民继续生活，维持原有的社会功能。

制订科学路线图

城市建设中如何发掘和发挥其地域的历史文化底蕴，强化城市的特色和个性，以此来进一步提升城市品位和形象，彰显与体现城市个性和城市特色，需要充分考虑城市历史文化资源的保存和永续利用，需要从历史的高度、文化的角度，积极探索、大胆创新、科学规划、精心实施。

开展更替式保护和利用。按照风貌协调、修旧如旧、保持原状的原则，保存老街古建筑原有的建筑方式、建筑风格、建筑规模和建筑色彩，使整个老街建筑的外立面保持原样，而改进建筑内部装饰，甚至改变内部结构，从而更替老街建筑的使用功能。这种保护方式事半功倍，不但保护了大批的古建筑，而且还节省了大量人力和物力，与时俱进拓展新的使用功能，使老街在现代社会生活中重新焕发出独特的生机和活力。

开展集聚式保护和利用。通过第三次全国文物普查，发现了不少分布散落在各地的文物古迹，特别是一些古建筑，由于日晒雨淋、年久失修、体量不一、地处偏僻，修复、管理、利用都存在很多的局限和难度，对这些既有文物价值，又不便于当地修缮保护和利用的，各地可以针对目前重点保护区域内有代表性的古建筑保存不够丰富的现状，从本地筛选一批古建筑分批移建到城市历史文化保护区内，合理布局，予以保护、展示和利用，既保护了这批濒临危险的古建筑，也充实和丰富了城市历史文化保护区的文化遗产内容。

开展恢复式保护和利用。根据城市的历史文脉和厚重的历史文化遗产，通过科学的论证，对那些具有较高历史价值的文化遗迹，认真深挖历史文化遗产的内涵，通过恢复原貌来展示这一类丰厚的历史文化积淀。采取恢复式保护，积极创造条件予以恢复，充分体现科学性、可行性和价值性，尽可能做到原汁原味，使其重现原貌，再现历史。

开展开发式保护和利用。在注重历史、注重特色、注重创新的前提下，策划和利用主题“一条街”的建设模式，可创造条件、加强引导，适度开发古城民俗风情一条街、非遗工艺一条街、地方戏曲一条街等，大力发掘本地民俗风情，充实丰富民间地域文化，激发古城老街的生机和活力。

（作者系绍兴市文化发展中心主任）

挖掘文化底蕴　提升美丽乡村

计惠娣

安吉因优美的生态环境而名扬四海，如今又因建设“中国美丽乡村”而令人瞩目。正在竹乡大地开展的“中国美丽乡村”建设是现代文明与自然生态环境和谐结合的典范，是我国新农村建设落实科学发展观的鲜活样本。

2010年，安吉县文广新局在全县范围开展实施文化创建工程、文化惠民工程、文化展示馆工程和文化创意产业工程“四大文化工程”，通过深挖农村特色文化“基因”，强化农村基层文化设施建设，为美丽乡村建设添砖加瓦。

在创建美丽乡村过程中，安吉县文广新局积极争取省文化厅、县财政文化创建建设资金500多万元，帮助40多个行政村争创县、市、省级文化示范村，从而有力地推进了各村文化创建工程。

农民文化请进城，文化大舞台送下乡。安吉县在把农民文化请进城的同时，还注重不断选送文化下乡。为确保送文化下乡任务完成，实行县级机关部门与美丽乡村文化援助结对机制，将农村文化建设纳入对口扶持计划，每个部门一年至少送一台节目到所结对的乡镇、村。县级机关各部门、企业结合县委、县政府阶段性工作重点，并根据本单位、本企业工作职能，确定主题，开展“美丽乡村”广场文化活动。

为充分挖掘安吉地域特色文化，对安吉自然生态、历史文明、民俗文化、人地和谐四类文化重新“梳妆”，安吉县政府把握新战略、开拓新视角、发展新路子，使其“出落”成一个“一村一品”“一村一韵”的精品群。

新战略——建设文化强县。安吉在加快经济建设的同时，坚持把文化工作作为社会主义文明建设的突破口和主要内容，积极探索发展地方文化事业的新路子，安吉县政府提出要把安吉建设成为具有先进时代气息和鲜明地方特色的“省级文化先进县”，把安吉打造成一个生态博物馆就是该县推动社会主义文化大发展大繁荣的一项重要工程。

新视角——打造“大文化”和“现代文化”。从2008年开始，安吉县通过实施“送文化、种文化、育文化、扬文化”等四项文化惠民工程，全县已有公益性文化事业单位6家，村（社区）文化活动室168个，提升创造无数文化精品，并逐渐形成了30支特色化、精品化、普及化的特色团队。安吉县良朋镇迂迢村自建村以来，至今已有几百年历史，民间艺术丰富多彩，书画文化源远流长，形成了以艺术大师吴昌硕老先生为代表的独特的迂迢农民文化传统，尤以书画之风昌盛，是湖州市首个书画文化特色村。县文广新局在指导该村创建美丽乡村精品村时，紧紧抓住这一优势，将书画之风变革成书画产业，使其成为迂迢经济新增长点，成为群众增加收入的新来源。迂迢村现有农民书画院、昌硕文化主题园、书画长廊等三个艺术场所，先后发展书画骨干100余名，书画爱好者达500人左右，常年参加活动的有200人左右。其中5名农民书画家脱颖而出，先后考入中国美院进修班深造。

新路子——让文化建设“可持续”发展。文化建设贵在“细水长流”。章村镇郎村村内群山环抱，小溪流水，山清水秀，景色宜人，是一个典型的美丽山村，同时也是全县唯一的畲族村。在美丽乡村建设中，县文广新局科学规划该村文化发展方向，整理流失在民间的畲族文化，排练畲族文艺节目，将一些原本流传在老人间的歌词进行修编，使之成为娱乐和表演相结合的文艺节目。随之而来的是村里的旅游项目人气更旺了，游客滞留的时间更长了。尝到甜头的村民说，景观旅游快餐式，但现在我们有了文化大餐，游客自然就更加喜欢我们村了。

结合生态文明建设和文化保护实际，安吉的文化建设立足于一条文化保护、美丽乡村建设和生态文明互利共赢的路子，规划先行、制度保障，具有1800多年深厚历史文化底蕴的安吉必将迎来新的文化发展时期。

（作者单位：安吉县图书馆）

和谐文化是构建和谐社会的精神动力

黄玉钰

我们要全面建设小康社会，就必须要有一个和谐的社会基础，就必须去努力构建和谐社会；而如果没有和谐的文化，就不可能有全社会的真正和谐。和谐文化是维系社会和谐的思想纽带，是构建和谐社会的精神动力。和谐文化是构建和谐社会的文化基础。创建和谐文化是我们共产党人面对新的形势，为促进中国特色社会主义现代化建设，全面建成小康社会而提出的新理念新方略，是我们党把握国际国内新趋势，审时度势，因势利导，经过科学分析和实践检验，准确把握时代走向做出的战略选择。和谐文化是一个开放的思想体系，主张和谐哲学，促进社会和谐发展；强调人与人之间应该和睦共济，文明相处；崇尚真善美，提倡诚实守信的新风尚；强调民主法治、公平正义；强调社会要稳定，努力形成充满活力、安定团结的社会局面；主张勤俭节约、艰苦奋斗；追求健康、高尚、祥和的生活方式。

所有上述几方面的内容，它们之间彼此联系，相辅相成，构成了和谐文化的丰富内涵。大家都知道，从一个家庭的成员之间，到社会上的各单位之间、工人与企业主之间、邻里之间、公与私之间，无不渗透着各种各样的利害关系。人和社会上所有事物的关系中，人是主导，人是根本。要妥善处理好人际关系，化解错综复杂的矛盾，如果没有先进性的群众文化，即社会主义的和谐文化作铺垫，那是不太可能的。构建和谐社会需要作为意识形态的文化为其奠定思想基础和提供精神力量的源泉。我们在构建和谐社会的进程中，必须通过政府行为，加强对文化馆、博物馆、美术馆、剧团、电影、电视等主管文化事业单位的领导，去充分发挥广大群众参与先进性和谐文化活动的积极性。通过各基层社区开展诸如学习讲座、电影、电视、戏剧、舞蹈、书画、游艺、展览等和谐文化活动，来展现先进性文化的艺术精华，让广大社区居民群众能从艺术享受的潜移默化中，在精神上得到熏陶和滋养，从而使人们逐步领悟到“人以和为贵”的真谛。

我们知道，和谐文化要体现在丰富群众的文化生活上。一本好书、一篇好文章、一部优秀的影视剧、一首动人的歌曲等等都能让人们得到文化艺术上的享受，其教育和影响是深远而持久的。在创建和谐文化和不断实践深化的进程中，先进性的文化因素占有重要地位，它为培养社会文明风尚、推动社会进步、化解矛盾、振奋精神、团结奋斗，起到了关键性的作用。和谐文化如春风化雨，引导人们用和谐的思想认识事物，用和谐的态度对待问题，用和谐的方式处理矛盾，从而促进人情回归，形成良好的社会风尚和人际关系。人际关系和谐则民心稳，民心稳则国家兴旺发达。我们在创建和谐文化的途径中，要把培育文明道德风尚作为构建和谐社会的基础性工作，作为创建和谐文化的中心环节。大力倡导社会主义荣辱观，在全社会形成讲文明知荣辱、讲正气促和谐的良好风尚，形成敬老爱幼、扶贫济困、礼尚宽容的人际关系。事实证明，哪里的先进性群众文化活动开展得好，哪里的群众关系就显得和谐美好。所以，我们决不能忽视文化的作用和力量，发展先进文化，创建和谐文化是根本之策。文化是活的生命，只有发展才有持久的影响力，只有传播才有广泛的影响力。开展先进性的群众文化娱乐活动，在和谐文化的创建中是不可或缺的。因为，和谐文化发展是维系社会和谐的精神纽带，是构建和谐社会的精神动力。

（作者单位：浦江博物馆）

民俗文化与农村文化自治

祝秀娟

文化是人类社会活动的产物，是人类思想的历史集成，是人类历史的积淀。文化以其深厚的历史沉淀渗透在人们日常生活的方方面面，人们总是在自觉与不自觉中受到文化的熏陶，进而形成一种约定俗成的思维模式，指导着人们的日常行为。

民俗文化与民众的关系

我国的民族文化是一座取之不尽、用之不竭的宝库，尽力发掘、保护和开发宝贵的民俗文化资源，将潜在的资源优势转化为现实的手段是目前我国农村工作中十分紧迫的任务。一是民俗文化能促进农村文化自治；二是自治工作将提升民俗文化的内涵，使民俗文化在传承中获得更广阔的发展空间；三是民众的文化自治还将有力地推进农村其他工作的发展。民俗文化中寻求和谐吉祥的心理是中国传统的民族文化心理，虽然形式丰富多彩，但主题却相对集中，可归纳为：求生——追求生命繁衍，趋利——追求生命质量，避害——追求生命保佑。这是构成民俗文化的重要因素。

民俗文化是农村文化建设的有益补充。民俗文化的生命力总是随着经济的发展在扬弃中获得新生，人们在习惯的约束中进行聚合，同时又在时代变迁的挑战中理解时代赋予人们新文化追求的真正含义，当这种新的内涵与旧的习惯不断冲击之后，人们渐渐形成一种新的文化共识，进而产生文化自觉，引领人们追求对生存与发展有意义的东西。因此，民俗文化对于社会具有一种整合、凝聚与规范功能，可以使社会有效地排除干扰，保持文化特色，产生重要的社会控制作用，良好的民俗文化环境对农村文化自治作用很大。过去，兰溪每个村落都有火龙队，初夏就有自发的“试火龙”民俗活动，参加火龙队的民众都认为这是集体荣誉，因此活动都是自发自觉的。民俗文化是相对于法律这种硬控制手段的一种软控制手段，利用得好，可以在农村经济建设、文化建设中与法律相得益彰。

民俗文化有农村文化自治的群众基础。就“民俗”二字的含义而论，民俗之“民”，就是群体的民众，国民之民，它所研究的“俗”本身就是一国民众——民力、民智、民德生活经验积累的学问。在我国广大的农村地区，各种民俗文化以其自身的优势和可娱乐性成为人们表达内心情感、进行思想交流的一种重要形式。各地的民俗文化有着独特的地方性和浓厚的文化底蕴，这些带有浓郁地方特色的民俗文化深受广大人民的喜爱，它们也因此在广大民众心里扎下了深深的根。

民俗文化进行农村文化自治的具体做法

首先，要政府牵头。民俗文化由于自身的地域性和分散性，很难在大范围内得以发展，这就要求政府必须发挥其社会管理的职能，充分挖掘本行政区域内的民俗文化资源。其次，以推广民俗文化为契机。各地不同的民俗文化因受其形成的不同历史原因和时代背景的影响，举行时间已约定俗成，在人们心中具有不可随意改变性。政府部门要抓住这一时机，在宣传的内容和方式上下功夫，注重内容的实效性，切实提高农村文化自治的效果。因此，民俗文化活动的开展一定要讲究策略和方式方法，按照贴近群众、贴近实际、贴近生活的要求，运用群众喜闻乐见的形式和创新的手段。再次，要搞好用民俗文化推进农村的后续工作。目前存在的最大问题，是人们对传统精神、传统文化、民族民间艺术的漠视。一方面，民众对现代生活方式熟悉并迅速接纳；另一方面，特别是在经济较发达的农村，对中国传统的生活方式、文化精神却表现出了疏离和陌生，尤其是年轻一代，对传统文化传习不够。社会乃至各级教育部门应加大这方面的关注和支持，从设计艺术教育的角度而言，将传统文化、传统生活方式、民间艺术、传统造物艺术作为选题，进行深入研习的做法在设计院校并不普遍。近年来，随着国家相关文化政策的引导和社会的日益关注，这种现象有所改善，但还远远不够。种种原因导致我国年轻一代不了解本民族的历史与文化，不熟悉有价值的文化艺术，要改变这种现状，需要小学、中学乃至大学的教育承担起责任。

总之，民俗文化是一个民族精神的血脉传承，它影响人类自身的思想和行为，由此也奠定了农村民俗文化心理——积极、主动的人生状态。我们要对民俗文化的价值进行充分了解和认识，并在此基础上对民俗文化资源进行有效、合理的开发，用民族共同的文化灵魂去引导本民族的进步和支撑本民族的精神世界。

（作者单位：兰溪市文化馆）

休闲文化的价值取向与发展对策

余俊荣

休闲文化，是人类社会历史发展的产物。它随着事物的发展而发展，它受经济基础的制约，但有时又能动地反作用于经济基础。

休闲文化的特性和价值取向

我国已进入小康社会，休闲文化更凸显其固有的特性和价值取向。

休闲文化为人民群众提供享受文化权利的保证。首先，随着我国现代化程度的提高，人们不再是“日出而作，日落而息”“面向黄土背朝天”的小农经济时代。劳动力大量转移，劳动力的密集型已向科技型发展；平庸的劳动者素质已向高新技术高素质发展，从而赢得了大量的休闲空间和时间。其次，随着我国市场经济体制的进一步深化，劳动者作业的弦绷得更紧了。因此，精神需要调节，生活需要休闲。再次，“仓廪实而乐意浓”。我国已进入小康社会，随着人们物质生活水平的不断提高，要求精神生活水平同步提高，人们开始懂得文化权利是人的一个基本权利，享受文化权利要同享受物质权利那样得以满足。在这种思想观念指导下，求知、求乐的欲望更显得迫切。因此，人们享受文化娱乐休闲，不光是为了休闲，更是为了在休闲文化中攫取人生自我价值。休闲文化的内涵十分丰富，人们可以通过休闲文化的途径，自我参与、自我表现、自我娱乐、自我教育，达到实现自我价值的目的。

休闲文化作用于社会主义市场经济的发展。休闲文化虽然受到经济基础的制约，但又能反作用于社会主义市场经济。休闲文化既有调节振奋人的精神特性，也具有不可忽视的商品属性。在社会主义市场经济蓬勃发展的今天，商品经济的观念主宰了人们的思想。“文化也是生产力”的观念越来越被人们所认可。文化商品意识、文化市场观念在人们心目中占据了主要地位。人们注重“文化力”的发挥，促进生产力的发展。在社会主义市场经济大潮中，休闲文化越来越显得活跃。它的作用发挥得越来越大。其主要表现，首先是促进消费拉动经济发展。商品经济的发展为人们奠定了物质基础，休闲文化的发展给人们的文化消费开辟了广阔的天地。据有关部门测算：2000年以前，国民用于文化消费的基金为总消费的6%；每天用于文化消费的时间为1.5小时；2000年进入小康社会后，国民用于文化消费资金和时间分别为10%和3小时。由此看来，休闲文化越发展，越能促进文化消费。促进了消费，也就能拉动国民经济的发展。其次是激活市场拉动经济发展。在市场经济大潮中，人们享受的休闲文化不能由国家无偿地一揽子包下来。休闲文化走出了一条有偿和无偿服务相结合的路子，接轨市场，与市场相吻合。再次是休闲文化为文化产业搭台，拉动经济发展。在市场经济大潮中，人们开始认识到：在文化领域里赚钱，大有可为。由此可见，休闲文化的发展，带动了文化企业的发展壮大，拉动了文化产业的发展也就拉动了整个国民经济的发展。

休闲文化发展对策

休闲文化在“两个文明”建设中体现了其独特的个性和价值取向。未来的休闲文化怎么发展，应该是我们这一代人要去认真研究、深入探讨的。

第一，以人为本，服务于民，是休闲文化发展的根本。从我国历史发展状况看，休闲文化的服务对象和宗旨发生了根本的变化。在封建社会，休闲文化的享受权益被少数人所占有。在社会主义社会，劳动人民是社会的主体，休闲文化的服务对象就随着历史的变革而改变。人民创造了休闲文化，又进行文化实践，自我参与、自我娱乐、自我教育，从而推动了休闲文化的发展。

第二，开放与流通，是发展休闲文化的必由之路。一方面把中国的休闲品牌文化推出去，让世人更了解中国，并参与中国的文化活动和文化建设；另一方面把外国的优秀文化吸纳进来，补充自己的“营养”，发展壮大自己。这样，我们的休闲文化就能达到相互交流、相互流通、优势互补的效果，使我国的休闲文化向高层次发展。

第三，要走出休闲文化的误区，净化休闲文化境地。休闲文化是一块阵地，这块阵地虽然掌握在人民手中，但是一些腐朽的污泥浊水时常会向这块阵地发起冲击。我们应坚持“管而不死、活而不乱”的原则，一手抓整顿，一手抓繁荣，净化休闲文化境地，确保休闲文化健康发展。

第四，营造休闲文化之林，打造休闲文化品牌。家有梧桐树，才有金凤来。要发展休闲文化，营造文化生态显得至关重要。因此，要发展休闲文化必须端正态度，扎扎实实地去抓。努力挖掘、开发休闲文化资源，并进行合理配置，努力打造休闲文化品牌。实践证明，休闲文化品牌能够有力地促进社会的文明进步，又能促进自身的发展壮大。

（作者单位：建德市乾潭镇文化站）

关于民俗文化保护的思考

杨小红

景宁畲族自治县是浙江唯一的少数民族自治县，畲汉杂居历史悠久，地方民俗文化资源丰富。随着旅游开发的经济行为日益频繁，民俗文化作为旅游项目资源被挖掘开发的做法越来越“时髦”。民俗文化作为非物质文化遗产，是不能再生的文化资源。

特 征

基本概念。民俗文化是指劳动人民在生活生产中积累起来的，在某一个地域范围内的一种约定俗成的、带有普遍意义和典型意义的文化现象，包括传统节日、民间故事、饮食习俗、服饰风格、居住特点、传统工艺、婚丧礼仪以及姓氏等内容。

地域特征。我国地域广阔，民族众多，每个地域都有自己的民俗文化，这也正是人类文化多样性的体现。正是这种丰富多彩的特点，昭示着其存在价值与意义。

传统特征。民俗文化具有相对固定的表达方式和内容（如节庆、礼仪等表现出的规范做法），具有一定的传统性。民俗文化往往是在历经较长历史时间的地域融合中形成的，已经构成了地域生活形态的一部分，具有很强的稳定性，轻易不会发生变化。

生活特征。民俗文化是一种生活方式的呈现，有其独特的传播方式，具有很强的生命力和动态特征。民俗文化体现在具体生活行为中，是一种生活文化，人作为民俗文化的载体，在日常生活中就可以传播民俗文化，生命力强大。但是，如果不尊重民俗文化自身的发展或者演变规律，人的行为会对其造成不可挽回的破坏。

问　题

基础削弱。民俗文化由于其自身的特点，基本只能分布在广大农村。农村社会经济相对落后，文化背景也比较低下，伴随市场经济大潮的冲击，民俗文化的旅游开发价值凸显出来。而旅游开发者只能以商人的眼光看待民俗文化。在这个现实背景下，原有民俗文化氛围在商业气息的冲击下逐步淡化，时代商业实用功利明显增强，地方性和民族性逐渐剥离，民俗文化主体不断缩小，民俗文化保护已经进入了有识之士的视野。

同化变异。由于现代政治、经济、文化教育、科技及大众媒体在农村地区的迅速发展，民俗文化变异日趋突出，民俗文化本真性不断退化、特色减弱，原有的地域民俗文化思想支点被断开，失去了地方文化原有的本真与淳朴。

脱离生活。现有农村地区民俗文化保护往往脱离生活实际，追求“古、新、奇”的“商业效果”。但失去民俗文化特征的“民俗文化”，只能是商业价值下的“民俗文化”。

对策与措施

制定民俗文化保护政策。由于农村地区社会经济发展水平较低，缺乏对民俗文化的相关研究，因此无论是对民俗文化保护的重视程度还是工作力度，都明显不足。我国作为一个农业人口大国，通过加快健全民俗文化保护相关法律法规、制订民俗文化保护政策，在农村地区大力开展以民俗文化保护为主的社会主义精神文明建设，并借此推动物质文明建设，可以大大加快这一宏伟历史目标的实现。民俗文化保护作为一项长期的系统工程、一项惠及后代的历史工程，需要社会各方面加强相关研究，需要法律法规和政策的持久维护。

合理制定文化保护规划。民俗文化保护规划在我国长期以来没有受到应有的重视，思考往往都在物质性规划之后，或没有相关规划，或流于表面形式，只有部分历史文化名城才有相应的规划与保护措施。我国农村地区范围广、人口多、文化表现形式丰富，正是这些优势沉淀了丰富多彩的民俗文化。但也因此带来了保护的难度。民俗文化保护存在没有规划考虑、照搬规划思路等问题。民俗文化作为一种生活文化，具有较大的发展弹性和生命力，同时很大程度上又缺乏再生性，因此应该根据各个地方的文化特点和社会经济条件渐进式推动民俗文化的保护工作，并将其放在物质性规划之前考虑，科学合理地制定具有地方特色和可操作性的文化保护规划。

改善民俗文化活动场所，举办相关民俗文化活动。由于市场经济的快速发展，农村地区现有民俗文化活动减少、民俗文化氛围淡化，通过保留或改善民俗文化活动场所，举办相关民俗文化活动（如民俗表演等），可以增加民俗文化资源的现实利用程度，提高农民参与民俗文化活动的积极性。民俗文化旅游开发等商业性行为必须经过民俗文化管理部门的审批监督，合理实施。

在长期的历史发展过程中，我国民俗文化资源类型丰富，但也存在良莠不齐的情况。因此，对于现有民俗文化资源，我们要加强相关研究，采取不同的措施：对有利于改善农民精神面貌和农村社会风气的健康向上的文化，要大力弘扬；对腐朽落后的文化，要坚决抵制。有扬有弃，才能符合文化自身的发展规律。

（作者单位：景宁畲族自治县鹤溪镇文化站）

谈孝文化在新农村和谐文化建设中的作用

孙学君

建设和谐文化，是推进新农村和谐发展的必然要求，是构建社会主义和谐新农村的重要条件，也是构建社会主义和谐新农村的一项基础性工作。强化农民群众思想道德建设，使他们有良好的思想道德素质，孝文化有着极其重要的作用。

孝文化对人民的影响

孝文化在我国源远流长，最早见于《孝经》。笔者所在的杭州市富阳区，孝文化基础雄厚，在传承二十四孝外，还有本乡本土的孝子——南宋时渌渚镇的周雄。他那“孝德礼仪”的事迹及精神，受到历代统治者的重视。正因为本地出了这样一位大孝子，所以孝道对富阳人民来说，有着深远的影响。孝敬父母、尊敬长辈也成了富阳人数百年来恪守的传统美德之一。这种优良传统，也是我们民族特有的伦理道德的历史积淀。在这种美德的传承和发展中，孝文化发挥了不可磨灭的作用。所以，孝文化也成为中华民族传统文化的支柱和根本。

倡导孝文化是巩固社会基本细胞的需要

家庭是社会的基本细胞，孝道则是家庭和谐的支柱。从这个意义上说，和谐应从孝敬开始。孝文化对家庭来说，可以长幼有别，规范人伦秩序，促进家庭和睦。建设新农村和谐文化，孝文化也不可忽视。

百善孝为先，孝为德之本。然而，随着商品经济的发展以及拜金主义、功利主义等西方价值思想的影响，传统的孝道观念开始淡化。2006年，富阳区渌渚镇党委、政府举办首届“周雄孝心奖”活动。重阳节前夕，表彰了从各村评选出来的9名孝子、孝女、孝儿媳和12名“周雄孝心奖”提名人选。他们当中有服侍生病公婆无怨言的儿媳，孝敬继父养父的儿子，把爱心献给孤寡老人的妇女。周雄是孝文化的杰出代表，而渌渚又是他的出生地、成长地，所以，渌渚镇举办这项活动有一定的社会基础。通过对全镇“孝子”“孝女”“孝儿媳”这些现代孝敬典型的评比，让村民们在征求典型、参与评选的过程中，得到如何孝敬长辈的深刻教育。渌渚镇还以家庭为基本孝单位，总结出传统的孝、敬、尊、爱的可行性经验，在全镇推广。通过这种活动，社会最基本细胞的孝文化得到巩固。

孝文化需要与时俱进

“孝”是中华民族千百年来的传统美德，不过，在不同时代，人们对“孝”的定义也不一致。由于时代的变迁，孝的内涵和外延也发生了变化。过去封建时代的“孝”已经不能直接作为今天我们倡导的指南了。孝文化建设也要与时俱进，准确把握孝的实质。在当今的时代，如何倡导新的孝道，应该成为一个重要话题。

富阳区渌渚镇通过一系列的活动，弘扬了先进的孝文化，让传统的孝文化在新农村和谐文化建设中起到作用。在这次孝子、孝女、孝儿媳的评比中，渌渚镇推行的是“现代新孝敬观”，在9名新“孝星”身上，已看不到那些旧孝子“埋儿奉母”等一些不符合现代道德标准和法律标准的愚昧孝行了。评出的“孝星”，做的都是非常平凡细小而又实实在在的事情，孝敬的方式也变得更科学、更人性化了。渌渚镇的新“孝星”以自己的实践，不仅表明社会需要孝敬，表明传统的孝道需要继承，更展示了全新的“孝敬观”。这也表明，我们这个时代对孝道的价值和意义的认识正在不断地加深，也越来越得到社会的重视。

孝文化促进新农村和谐文化的建设

建设和谐文化是新农村建设的强大动力，用孝文化来约束和规范村民的行为，把“孝”作为乡规民约的一个重要内容。渌渚镇下大力气开展了孝文化活动：镇文化体育服务站积极开展工作，成立了富春江名人名胜研究会周雄研究分会；在周雄故里建造了周雄纪念馆和显灵王殿；渌渚镇中心小学还把周雄故事汇编成册，作为德育教材；周雄故里人李仁贤先生以宣扬周雄及其孝文化为己任，广泛挖掘、搜集民间传说，攻克重重困难，编写出13万字的《周雄传奇》一书，并由中国文联出版社出版。事实证明，一个孝子多的地方，社会风气也会好起来。周雄孝文化的挖掘，已成为渌渚镇文化建设的一大亮点。全镇已形成一个敬老养老的良好氛围，社会风气明显好转，2006年，全镇各类案例发生率比2005年减少20.36%。

孝文化作为一种精神文明现象，是一个逐步融合、持续渗透的过程，并非能一蹴而就、一气呵成。在大力发展经济，建设文明富裕新农村，繁荣人民物质文化生活中，通过弘扬孝文化，让农民群众明辨是与非、善与恶、美与丑，培养造就一代有文化、懂技术、善经营、讲道德、有觉悟的社会主义新型农民，从而推动形成诚信友爱、融洽和睦的社会人际关系。

（作者单位：杭州市富阳区文化馆）

谈村落文化与乡风文明建设

杨馨芳

乡风文明是建设社会主义新农村的灵魂，村落文化是乡风文明建设的重要背景和现实基础。在乡风文明建设中，我们要重视村落文化的作用，以先进的文化引导村落文化，提高农民现代文明素质，从而促进乡风文明发展。

乡风文明建设稳步发展

随着农村经济的发展，群众对文化消费需求逐级增加。广播、电视、报刊等大众传媒在广大农村发展迅速，覆盖千家万户，家庭电脑等网络产品已进入农户，这为广大农村群众享受现代文化成果提供了便利，成为广大群众最普遍、最直接的文化活动形式。群众文化层次和欣赏品位的提升，推动了农村文化活动整体水平的提高。

首先，农民对精神文化生活的质量要求越来越高。随着农村经济的发展，他们不仅需要掌握一些农业科技知识，还需要经营管理、产品营销信息，随着计算机和网络文化在农村的兴起，休闲文化受到农民青睐。其次，求知、求美、求乐愿望成为广大农民的共同要求。针对这些新变化、新需求，就必须把力量下在贴近实际、贴近生活、贴近群众上，加大文化基础设施投入和管理制度建设。使村落文化真正成为乡风文明建设的坚实基础，从而促进乡风文明建设的稳步发展。

村落文化活动蓬勃发展

近年来，仙居县埠头镇把开展群众性文体活动作为精神文明建设的一件大事来抓。村级组织开展的主题鲜明，影响较大的文化活动持续升温，已成为广大群众热切期盼的活动内容，也对丰富群众文化生活起到了推波助澜的作用。村级各种活动团队应运而生，如腰鼓队、太极拳队、扇子舞队、演唱队、民乐队等非常活跃。以农民朋友为主要演职人员的，自编自排的雅俗共赏的文艺节目，用歌舞、演唱、快板、三句半等形式，充分反映了本地经济社会发展和老百姓身边的新变化，引起了强烈反响。埠头村有一支由30多人组成的民间乐队，他们每人出资200元，买来了电子琴、月琴、二胡、大鼓等，几年来，他们在每周六下午都要集中在一起活动，风雨无阻。同时还吸引了周边乡镇的器乐爱好者和演奏骨干不断加入他们的队伍。由10多个人自发组成的业余演唱队，坚持常年活动。他们通过多方赞助和自筹资金，置办了一套近2万元的音响设备，在农闲季节把音响搬到院外，让大伙尽情娱乐。每星期三晚上定期活动，说快板的，唱越剧的，用他们最朴实的胸怀，道出了老百姓健康文明的生活方式和社会新风尚，极大地激发了广大文艺爱好者的参与热情，也给广大群众带来了享受文化的乐趣和展现自我的欲望。

营建文明和谐新农村

搞好村落文化建设，争创乡风文明对于丰富农民的文化生活，提高农民的思想道德素质，促进农村经济发展和精神文明建设，构建文明和谐社会具有重要的意义。

三溪村是该镇一个贫困的移民村。原先移民时村内两姓村民要分村居住、诉讼上访不断，村内的主通道坑坑洼洼，没有任何文化活动场所，是市政府确定的扶贫帮困对象。而走进今天的三溪村，到处是一派安居乐业的新农村景象：一群小孩子在村文化广场玩跷跷板，“练”扭腰，做游戏，玩得不亦乐乎；一批生龙活虎的小伙子正在灯光球场开展篮球热身赛；村里的家庭主妇在教育孩子、赡养老人之余也扭起腰来打起了鼓；村里的老人坐在村多媒体活动室津津有味地观看越剧，看了越剧走象棋，打完乒乓练起了台球。村民们在忙碌、休闲之余不忘到村里的党员电教联三农e型培训教室、图书室给自己充电提升。村里还成立了篮球队、腰鼓老年人乐队，经常开展活动。

农民创造了村落文化，村落文化又深刻地影响着农民。加强村落文化建设，促进乡风文明发展，提高农民的现代文明素质，大力弘扬公民基本道德规范。进一步推进群众文化事业的创新发展，促进我省群众文化大发展大繁荣。百舸争流尽显英雄本色，万木逢春绽放锦绣花园。在创建小康社会与和谐社会的历史进程中，以先进文化为导向，丰富多彩的文化事业为构建社会主义和谐新农村的全面腾飞营造出一个温馨烂漫的良好氛围。

（作者单位：仙居县埠头镇文化站）

建设幸福乡村大舞台的启示

薛 虔

近年来，长兴县以打造浙江省先进文化示范区为目标，全面加快文化大县建设，把幸福乡村大舞台建设作为政府公共文化服务项目的亮点工程，在全县各行政村建立一个具有本村地方文化特色的室外公共文化活动场所暨露天舞台，文化部门从以往单纯的主办文化活动转向指导、引导和鼓励群众参与、组织文化活动，实现了政府职能从“办文化”向“管文化”发展，对举办群众文化活动的思维创新和群众文化的社会化运作具有重大的创新价值和指导意义。长兴县的幸福乡村大舞台建设给我们诸多经验启示。

群众文化建设必须坚持科学规划。农村文化建设，是一个长期的过程，要着眼长远，统筹规划，从农村实际出发，立足当前，循序渐进，贴近农村、贴近农民、贴近生活，被广大农民群众所接受、所喜爱，被基层所认可。长兴县在全县各行政村建设露天舞台，对舞台建设规格、背景等都做出了明确规定，建设标准不过高，符合当地实际，充分发挥了综合效益，为丰富群众文化生活搭建了一个实实在在的活动平台。

群众文化建设必须坚持政府主导。构建农村公共文化服务体系，保障和实现农民群众的基本文化权利，政府责无旁贷，必须发挥主导作用，重点在农村公共文化设施建设、农村文化队伍培养、农村文化市场监管、农村公共文化产品与服务提供、相关法规政策完善等方面应有新的作为、大的作为。长兴县将幸福乡村大舞台建设写入政府工作报告，将其作为政府民生工程来抓。实践表明，通过行使政府权力，运用法律法规等手段，发挥政府的宏观调控职能，参与、引导和扶持群众文化社会化运作，文化建设由注重活动主体、人员投入为主逐渐转变为以项目投入、补助、奖励为主，使群众文化建设的渠道更加畅通。

群众文化建设必须坚持群众主体。农村文化建设必须始终突出农民群众在农村文化建设中的主体作用，充分调动其积极性，通过文化部门的指导培训，让群众真正“唱主角”，提高群众的接受度和参与度，幸福大舞台坚持日常活动和重大节庆活动相结合、乡土文化和都市文化相结合，为群众提供寓教于乐、健康高尚的文化生活。如成功举办了长兴“一尺红”茄子“紫色欢乐节”，既活跃了乡村文化，又为农产品营销搭建了平台，深受群众欢迎，群众的幸福感明显提升。

群众文化建设必须坚持区域联动。长兴幸福乡村大舞台在组织机制上，由长兴县委宣传部主办，由文广新局统一组织实施，各乡镇、街道、部门轮流在中心广场幸福长兴大舞台举行各类专场演出，同时分别到城区周边、行政村各舞台演出。活动实施的主体既有党委、政府及政府部门，也有文化业务部门，同时根据活动的不同类型和不同特点，采用灵活的运作方式，既有公益性方式，也有商业性操作，还有两者的有机结合，引导各个层面群众文化活动主体的参与，建构起开放、联动的区域文化发展机制，吸纳、整合、利用全县优质的文化资源，激发文化创造活力，实现区域文化共享、共建、共创、共荣。

群众文化建设必须坚持送种结合。解决农村文化发展滞后问题，当前最有效的途径是加大“送文化”力度，以解决农民最紧迫的文化需求为重点，把文化产品和服务送到农村，送到千家万户。“送”固然重要，但要从根本上解决问题，真正繁荣农村文化，不断提高农民素质，“种文化”才是根本。幸福乡村大舞台，就是灵活地将“送文化”与“种文化”有机结合起来，在农村广泛传播先进文化的“种子”。同时，通过“送文化”带动“种文化”，认真抓好农村文艺骨干队伍培养，积极指导鼓励农民自办文化，提高农村文化自我发展能力，使先进文化被广大农民消化、吸收、发展，根植于农民心田。

（作者单位：长兴县文化馆）

构建和谐社会的新孝道文化

夏雪勤

当今社会孝道文化的残损现象是显而易见的，随便留意一下身边的人和事，便可罗列出如下现象。

先来看一下“啃老一族”，年纪轻轻的不自食其力，却贪图享受，花父母的钱如流水，不仅一点不觉得心痛，反而感到“自豪”。目前刚被叫停的大学生持卡、刷卡现象也反映了这个问题。他们轻松消费的时候，有没有想到辛苦挣钱还款的父母?

再看子女尽享其有，老人度日如年的现象。浙江电视台《1818黄金眼》栏目曾有这样的报道：一位91岁高龄的老太太，有亲生儿子两个，自己却住在一间临时搭建的不足3平方米、破败不堪的木棚里，一住就是两年多。而小儿子有3层住房多间，光租给别人就有五六间。绝不夸张地说，有人对父母的关心和疼爱还远远不如对待他养的宠物。暑假来临，二十几岁的大学生回家度假，却要上班的父母冒酷暑赶回家里为其做午饭。还有的子女，父母在世时不敬不孝，一旦父母亡故，却大操大办，以此标榜自己的孝道。以上种种现象，都违背了孝道文化的宗旨和本质。

继承传统孝道文化的现实意义

据资料记载，我国人口老龄化程度已趋向严重，据有关资料预测，到2025年，我国老年人口将达2.8亿，约占总人口的20%，80岁以上的老年人数也将达2500万人。到那时，我国60岁以上的老年人将相当于美国的总人口，如何解决亿万老年人的养老问题，将是我国21世纪的重大战略任务之一。在老龄化日趋严重的今天，尽管我国政府已采取了一系列相应措施，但家庭式养老仍是中国民众养老的主要方式，除传统观念以外，客观条件也使多数人只能承受这种传统的养老模式。或者说，绝大多数老人还必须依靠家庭成员的扶助来安度晚年。他们不仅需要物质上的保障、生活上的照料，更需要精神上的慰藉。而随着经济的不断发展，我国家庭养老的功能日益弱化，传统孝道观念也随之淡化，歧老、虐老的事件时有发生。因此，继承传统的孝道文化，积极倡导尊老、敬老、助老的传统美德，将具有非常重要的现实意义。

弘扬新时期孝道文化

弘扬孝道文化是一件意义深远的事。但是，要真正做到“孝”和“顺”是需要毅力和勇气的，需要全社会的齐心协力。一是法律制度保障。我国于1996年颁布了《中华人民共和国老年人权益保障法》，2001年颁布了《公民道德实施纲要》。只有在健全的法律制度的保护下，弘扬孝道文化才不会是一句空话。二是加强道德宣传。我国倡导的道德形态包括社会公德、职业道德和家庭美德，其中家庭美德的主要内容就是尊老爱老的孝道。我们要通过新闻媒体、文艺形式等途径进行“孝敬、平等、保障、共享、和谐”等新孝道文化的宣传。三是从娃娃抓起。“人之初，性本善。”一种博大精深的文化的传播需要从娃娃抓起。要想使我们的下一代从小懂得敬老、爱老、助老的传统美德，就得从中小学校，甚至从幼儿园开始教育，使敬老、养老、助老的德育教育在中小学生中扎根。对幼儿园孩子的孝道文化教育，尤其重要。因为这一时期的孩子是最无助的，他们一刻都离不开父母，反过来，父母对他们的影响也是最大的，要让他们知道父母对自己的帮助有多大，所以，父母是他们最亲的人，最需要敬重的人，要让他们知道，等到父母老了，就需要他们的关爱和照顾。四是全社会倡导。弘扬孝道文化关键还需要全社会的倡导，要靠各级政府、老龄委及有关部门制定一些激励措施，开展敬老评选等活动。使成年人成为弘扬孝道文化的倡导者、主力军和典范，同时也是孝道文化传承的接力人：一方面，他们面对父母长辈需要孝敬，身体力行；另一方面，他们担负着教育晚辈的职责，要以身作则，做好榜样。中华民族传统的孝道文化具有积极意义，当今开展弘扬孝道文化活动很有必要，做好这项工作意义重大。

愿我国亿万老人，在我国健全的法律制度的保护下，在中华民族传统孝道文化的人文关怀下，真正老有所养，老有所乐，颐养天年。

（作者单位：杭州市萧山区文化馆）

传统节日文化的传承与创新

李炎军

传统节日是百姓祖辈传承的一项非物质文化遗产，它承载着丰厚的历史文化内涵。而如今，人们受新思路、新观念、新动向的影响，对作为民俗民间文化重要载体的传统节日文化有了更新的认识，并赋予其时代的色彩。

如桐庐江南时节，旧时在桐庐江南农村广为盛行。从每年农历八月初一至农历十一月底，历时四月有余，江南各村家家户户热热闹闹过时节。《桐庐县志》记载：

> 农村旧节，源于社日。旧时，乡间一村或数村立庙祀社神（俗称土地菩萨）。一年二祭，即春社和秋社，而各地日期不一。春社在春耕之前，有的地方与闹元宵同时举行，由各村逐年轮值，并雇戏班演剧。届时于神龛前陈设各式供品，张灯彩，放焰火，鼓乐喧天。春社将毕，于神前卜问农事年岁，祈求年岁丰登、人畜平安，称作春福。秋后酬神，即秋社。秋社自农历八月初开始，其中分定时或不定时两种，前者称过时节，后者称完冬福。届时迎菩萨进村，演戏祀神；家家亲朋盈门，设宴招待。贺生祝寿之家更为热闹，破费之巨，甚于过年。（范樟友主编，桐庐县志编纂委员会编）

但随着社会的变化，人们生活水平的提高，过节除了吃的形式不减，节日文化的内涵越来越萎缩，功能逐渐削弱。节日情怀变得日益淡薄，使桐庐江南时节这一传统节日文化日趋淡化。

江南时节这一传统节日文化，内涵十分丰厚，是老百姓长期的劳动创造和智慧结晶，其承载着民族的情感，留存着民俗独特的文化记忆，是长期历史发展中沿袭下来的传统的群体文化。它通过风俗礼仪、饮食娱乐和亲情交往，体现传统节日的文化价值。

2007年12月16日，国务院正式颁布了修订后的《全国年节及纪念日放假办法》，增加了清明、端午及中秋三个传统节日为公众假日。通过传统节日所蕴含的文化来增强道德感与责任感，增强民众的凝聚力。江南时节历史悠久，文化内涵丰富，有其独特的社会价值、历史人文价值和经济价值。但是，在时节的过程中，有矛盾、有问题也在所难免，如铺张浪费、社会治安等问题。我们要积极引导和加强法制教育，让老百姓开开心心、热热闹闹、自娱自乐地过好每个时节，让传统节日继续传承、保护和发展，使传统节日成为凝结民族文化、民族精神、民族情感的文化纽带。

提升传统节日的文化内涵。经过800余年传承和发展的江南时节，蕴含着丰富的非物质文化遗产。对传统节日文化的传承，要紧紧围绕节日主题，突出传统节日的文化内涵，充分展示民族优秀文化传统。所以，从表现内容来说，过时节祭神、拜祖，要突出纪念先人、缅怀祖辈的主题，引导人们正确认识和理解中华民族优良传统，让后人珍惜幸福生活；老人做寿、小孩满月酒，要突出敬老爱幼、合家欢乐的主题，营造家庭和睦、安定团结、欢乐祥和的喜庆氛围；民间艺术活动，要突出人与自然和谐共处的主题，利用群众自发性的文化娱乐活动，增强人们爱国、爱乡、爱村的朴实情感。此外，也要在传统节日文化活动中加入一些与现代生活联系紧密的文化活动内容，如民间运动会、传统手工技艺赛、歌咏书画赛、锣鼓秧歌赛等。在传统的节日文化里，既让老年人感受到新生事物，接受新生事物，也使年轻人去参与传统的、民间的事物，只有这样，我们的草根文化、乡土文化、百姓文化的传承和发展，才有继续延伸的活力。

积极创造传统节日文化氛围。江南时节有着其社会价值、经济价值和历史人文价值。过时节可以调节村民之间的邻里关系和干群关系，加深村与村之间的交流和友谊，是推动农村和谐社会的重要载体。百姓创造了江南时节的价值，一旦“淡化”失度，江南时节的传承、保护和发展将停滞不前。当然，在继承和发扬传统节日文化的同时，也应该紧跟时代的发展和社会的进步。桐庐江南时节需要随着时代发展去自我调节改变，逐步改变不良的落后风俗习惯，营造文明健康的过节氛围。

（作者单位：桐庐县江南镇文体站）

家庭文化的发展与繁荣

应载苗

加强家庭文化建设，从某种意义上就是直接促进家庭这个机体造血功能的增强，从而使家庭更富有强盛生命力，不断焕发出新时代风采。

家庭是社会的细胞，而家庭内部各成员之间的团结和谐是家庭文化文明的重要标志。家庭文化弘扬了中华民族传统美德，实现了以人为本的人文发展，优化了村风民风。家庭文化的发展，就表现在逐渐完美的家庭成员品格中。仁孝节义的传统观念被新时代的发展内容所打破，既需要保留传统美德，又要新增富有时代气息的新鲜血液。

丰富多彩的家庭文化活动，改变了以往农民“日出而作，日落而息”的单调的生活方式，极大地鼓舞和调动了村民学文化、学科学、学技术的积极性，增进了家庭成员之间的团结友爱和相互协调，进而提高了村民的文化素质和修养，净化了灵魂。

丰富多彩的家庭文化生活，使每一个家庭成员在紧张纷繁的工作之余，得以全身心地调节和休息，进一步焕发对美好生活的憧憬和热爱，真正实现“生命不息，战斗不止”的工作和生活豪情，从而对勤劳致富、合法致富，大力发展经济奔小康更具信心和勇气。

开展家庭文化，笔者认为可做好以下几方面：

扎实开展先进村“文化户”和“文明户”等评选活动。充分发挥先进典型事迹的辐射导向作用，发挥榜样的力量，使村民既羡慕又学有榜样，从而形成家庭文化开展的激烈竞争局面。文化系统和村两委可以把事先制订的评选条件分发到每一户家庭，使之家喻户晓。采取季度和年度评选，再通过在村里张榜公布、开表彰会、播放典型事迹录像等方法，激发村民学先进、创先进的热情。

举办家庭文化节、文化周活动，丰富村民的精神文化生活。广泛开展寓教于乐的家庭文化节，对于营造健康、活泼的文化氛围，振奋村民的精神，乃至减少村民犯罪，都是行之有效的好方法。近几年，仙居县文化系统多次和一些村两委联合开展家庭文化节活动，使家庭文化有了更广阔的表现舞台和空间，收到了非常好的效果。通过表彰优秀家庭和优秀节目，促进了家庭文化节更加欣欣向荣。

举办各类讲座和培训班，加强对家庭文化的指导。要保证家庭文化的健康发展，真正实现家庭文化的大繁荣，就要努力提高家庭文化活动的质量，文化系统和村两委领导必须加强对家庭文化的辅导和指导。积极开办各类文化讲座和培训班，就非常有意义，作用也很大。多年来，我们开办了家庭礼仪、计划生育、庭院美化、法制道德等各种知识讲座和培训班，收效甚佳。

净化、绿化、美化家庭和村容村貌，营造良好的文化氛围。倡导科学、文明、健康的生活方式，净化、绿化、美化家庭和村容村貌，是新农村建设的一项重要的基础工程，也是农村精神文明建设的一项内容。村两委可以将新农村改造和建设作为契机，培养村民们植树种花的兴趣和热情，使村容村貌得以美化、绿化和净化，再加以文化宣传标语口号的点缀、装饰，就能营造赏心悦目的文化环境。在这样舒适幽雅、如花似锦的氛围里开展家庭文化活动，就更有文化气息。近几年，我们的“仙梅大擂台”活动几乎都在美丽如画的村落里举行，效果甚佳。

（作者单位：仙居县文化馆）

新农村建设与村落文化

孔丹丹

村落文化是整个群众文化事业的重要组成部分，在新形势下，村落文化建设与社会主义新农村建设密不可分，它直接关系到新农村建设的质量和成败。经过多年努力，我省的社会主义新农村建设已取得初步成效，村落文化也出现了欣欣向荣的景象。

综观我省的新农村建设，它们都有一个共同的特点，就是坚持社会主义，走共同富裕的道路。他们既注重抓经济建设，又不忘文化建设，使广大的农村群众文化的物质生活和精神生活不断得到丰富和提高。在他们那里，没有赌博恶习，没有封建迷信，有的是良好的乡风民俗与文明和谐的邻里关系，这一切都离不开村落文化建设。

和谐的新农村需要和谐的文化来匹配。因此，村落文化在整个新农村建设中，具有不可低估的作用。

第一，村落文化应当充分发挥固有的娱乐作用。要让广大农村群众在劳动之余，能有健康、愉快的精神文化娱乐活动来调节生理和心理的需求，以充沛的精力来从事生产劳动，创造财富，建设家乡。英国学者马林诺夫斯基在他所著的《文化论》中指出："娱乐不但能引人离开厌腻的工作，而且还含有一种建设的或创造的元素。技术上的进步、科学上的发现、艺术上的新动机，都由娱乐活动产生出来。”他向我们阐明了一个道理，即文化娱乐活动对人类文明发展和社会进步，具有积极的促进作用。因此，在社会主义新农村建设中，村落文化无疑具有相同的作用。

第二，村落文化应当充分发挥重要的教化作用。“教化”一词是指教育人们走向文明和开化。它不是采取说教形式和行政手段，而是注重情感的交流和思想的沟通，通过渗透方式或直接传授方式，让人们得到知识，受到启迪，提高素质。事实上，村落文化中的宗族关系使村民们友好亲善，千年的忠孝思想使家庭老少和睦。村落文化的教化作用还表现在将党的方针、路线，国家的政策、法令，以及自然科学、社会科学的各种知识，通过生动形象的文艺形式，传授给广大农村群众，使他们的精神境界、文化修养、道德情操受到陶冶和提高，从而逐步克服自身的弱点和陋习，培养和造就社会主义新农村的新农民和新主人。

第三，村落文化应当充分发挥正确的导向作用。我国是个文明古国，具有丰富的文化遗产，人们世世代代将传统文化、民间习俗从内容到形式传承下来，我们在挖掘、传承和使用的过程中，要防止出现精华与糟粕并存及良莠不分的现象。乡镇文化站应在这方面多做些工作，使村落文化向健康的方向发展，要帮助农村群众提高审美情趣和鉴赏水平，在尊重传统和不断创新上多下功夫，以增强村落文化活动的思想性、艺术性和知识性，逐步排除封建落后的文化观念，积极为农村群众提供健康向上、喜闻乐见、丰富多彩的文化活动，用文化温暖人们的心灵，以促进农村安定、民风向上、生产劳动热情高涨、精神面貌焕然一新的“美丽乡村”建设，从而推动社会主义新农村建设。

新农村建设是一项惠及全民的建设，它将对整个国家的现代化建设产生重要的影响，万万不可忽视。要加强农村的文化、教育、科技等方面的投入，尽快改变农村的落后面貌；要制定相应的政策和法规，督促农村两个文明建设的同步进行；要充分利用现有文化设施，丰富农村群众的文化生活。各地的社会主义新农村建设正在热火朝天地进行，而村落文化必将在这项伟大事业中，发挥其应有的作用。

（作者单位：玉环市文化馆）

古村落保护与传承

韩玉梅

古村落是历史文化遗产的重要组成部分，它反映了不同时期、不同地域、不同经济社会发展阶段形成和演变的历史过程，真实记录了传统建筑风貌、优秀建筑艺术、传统民俗民风和原始空间形态，是不可多得的人文瑰宝，具有很高的研究和利用价值。

在全球化经济大潮中，悠久的历史村落正面临着巨大冲击，新农村建设如火如荼地开展，旧村改造全面推进，如何避免对古村落大拆大建，把老祖宗遗留给我们的珍贵历史文化遗产保护好并传承下去，是目前我们面临的一个重大而现实的问题。

做好古村落普查建档工作

松阳县有着1800多年的悠久历史，至今仍保留较多的古村落，据第三次全国文物普查统计，全县还存在着40余个古村落，其中省级历史文化保护区2个，县级历史文化名村8个，历史文化村14个。这些古村落大部分风貌依旧，保存完整，文化积淀深厚。既然还有这么多的古村落，我们就应对这些古村落进行记录汇总建档，从村落环境、形态、人文等方面对现有古村落进行分类，在此基础上确定村落、建筑的保护等级，分别落实保护措施，加以分类记录建档。

编制古村落保护规划

做好古村落保护规划的编制工作，是保护古村落的重要措施。要对全县的古村落进行一次全面的调查摸底，建立古村落名录。在全面了解和掌握文化遗产分布状况、村民生活环境及保护现状后，相关部门要与乡（镇）、村共同研究，科学制定保护规划，明确保护范围，建立保护机制。古村落保护规划编制要与村庄建设规划编制同步进行，既要使急需建房的村民能住上新房，又要避免对古村落造成毁灭性的破坏。做到因地制宜，切合实际，重视对建筑、环境风貌、风俗人情的研究，充分征求农民群众的意见。古村落保护规划不仅是保护规划，而且是整治和发展规划，要对保护和建设划定范围，既要保护又要满足建设发展的要求。

加强古村落保护与传承建议

切实提高古村落保护意识。古村落是历史的产物，是历史的积淀，有着深厚的文化内涵。因此，它既是一种不可再生的历史文化资源，也是一种珍贵的民族资源。要强化保护意识，坚持保护为主方针，将古村落保护纳入各级政府、各级有关部门的重要议事日程，并在工作中抓紧抓实。要积极采取召开座谈会、广播会、谈心会等形式，走村入户，与村民面对面地开展宣传，有效地将古村落保护相关法律法规知识送入千家万户，切实提高全社会对古村落的保护意识。

保护古村落与发展文化旅游业相结合。以发展促保护，以保护促发展，应该是古村落保护工作的基本原则。与发展旅游业相结合是保护发展古村落的最好出路，要加紧编制古村落保护规划和旅游规划，积极鼓励村民个人开办古村落家居旅游，也可以建立村级旅游开发公司，使村民在古村落保护开发中得到实惠。或将地理位置相近的古村落点联合，把分散于不同乡镇的点状分布的古村落聚在一起，形成古村落群，大力发展古村落游，打造文化旅游线路。

保护古村落与建设新农村相结合。如果规划有序，措施得当，新农村建设将与古村落保护相互促进，在新农村建设中，古村落内的农民建房必须按规划实施，列入保护的建筑不得擅自拆建和随意改造。新村的建设风貌与传统民居要有机协调，维护古村落的整体风貌，做到现代化的新农村也完全可以是古村落，使两者相得益彰。

建立一套行之有效的保护机制。一是多元投入。形成当地政府、村级组织及个人、外来投资者多元化的投资渠道，对古建筑进行修缮保护。同时，积极争取省政府在古村落保护资金上给予大力倾斜支持。二是管理和运行机制。各级政府要明确和充实古村落保护的工作机构，明确各职能部门及相关人员的权责界限，形成合力。三是人才培养机制。古村落保护需要各方面的专门人才，规划、建设、文化、旅游部门要组织古村落保护与利用、旅游开发与管理方面的专家对各地区相关人员进行知识和实践培训，让他们学习先进的理念、意识、政策和措施。

（作者单位：松阳县博物馆）

发挥民间艺术在广场文化活动中的作用

万晓东

长期以来，在异彩纷呈的文化艺术之林中，民歌、民舞、民乐等优秀民族民间艺术始终在广场文化中处于显著而突出的位置，它们互为依存、密不可分，为百姓带来欢乐和愉悦。

广场文化的突出特点就是活动空间具有开放性，它面向群众开放，不受任何地点限制，是一种全方位的群众文化活动。人们参与面广泛又随意，极大地满足了社区、乡村广大群众的文化需求。

开放性，能满足人民群众的精神文化需求

浙江一带的民俗节庆活动历来丰富，节庆中的民俗活动和广场演出多姿多彩。比如，端午的赛龙舟、中秋的赏月音乐会、重阳的登高比赛等节俗文化活动，一般在社区广场进行，无论是农村的山坡、田野、草地，还是城市的公园、街头、空地，都可以随意演出，深受广大人民群众的喜爱，并且寓教于乐。在审美方式和活动内容上，容易被群众理解和接受。充分运用民间艺术，积极开展广场文化活动，不但能够推进社区文化事业发展，且能极大地繁荣和丰富社区、集镇村落人民群众的精神文化生活。

民族性，能激发人民群众的民族自尊心和爱国心

长期以来，广场文化深受社区群众的喜爱，除了在感情上、审美上符合社区广大群众需求，最主要的还是广场艺术的内容具有浓郁的民族性和地域性，而这些内容中的精华，最能体现和反映中华民族的精神和特征。如嘉兴每年举办的端午节龙舟赛，千桨翻飞，百舸争流，欢声雷动，每次都吸引中外嘉宾和无数市民参与。嘉兴还有端午民俗文化节的祭祀活动，如神龙祭和伍相祭，身着民族服饰的演员跳起祭祀舞蹈。击鼓起香、鲜花行拜、宣读祭文……一项项庄严的广场祭祀仪式，象征着嘉禾儿女祭祀神龙始祖的恭敬之意，祈祷风调雨顺的虔诚。其内容和情感无不蕴含着民族精神，这些活动对于加强民族团结、振奋民族精神，具有巨大的向心力和凝聚力。

群众性，能激发人民群众的参与积极性和创造性

民族民间文化活动的主体是广大群众，无论是艺术风格、思想内容，还是表现形式，都凝聚着广大社区群众的智慧和创造力，广大群众对它有亲切感，他们把民族民间文化当作真正属于自己的亲缘文化，借助广场文化活动来施展自己的艺术才华，达到自娱自乐、娱己娱人的心理需求。比如，我们经常在广场文化活动中看到民乐合奏、戏曲演唱等，都是群众自我表现、自我娱乐、自我参与的文化活动方式，而各地文化馆、文化站也常常通过广场文化活动，不断发掘、发现各类群众文艺人才、群文活动积极分子。

地域性，有利于特色文化的形成和社区交流

各社区之间的人文环境不同，民族民间文化就形成了地域性差异，各自有

鲜明的艺术特色。即使是相同的项目，在内容、形式、风格上也有差异。比如，同样的滚灯、舞龙舞凤、灯会、皮影等，各村落和社区之间却特色迥异，它们经常活跃在社区及全国各级各类广场文化活动中，通过长期的交流展示，逐渐成了本地区的特色文化符号。

改革开放以来，各级政府和文化部门充分发挥民族民间文化的独特优势，在繁荣社区群众精神文化生活的同时，逐步开始与社区的外向型经济接轨，取得了令人瞩目的成效。嘉兴市政府近年来非常重视该项工作，充分发挥当地民间艺术作用，积极开展各类广场文化活动，收到了明显的社会效益和经济效益。

实践证明，在当今建设文化强国的新形势下，大力提倡民族民间优秀文化艺术和发展广场文化活动，对于推进文化强省建设，促进当地社会主义文化繁荣，具有积极的现实意义。

（作者单位：嘉兴市文化馆）

遂昌昆曲十番的保护与传承

何素静

“遂昌十番”是汤显祖文化的重要组成部分，是以笙、箫、梅管、云锣、提琴、扁鼓、双清、三弦等传统乐器演奏《牡丹亭》《南柯记》《邯郸记》《紫钗记》等昆曲曲牌的一种器乐演奏形式，它是遂昌特有的民间艺术珍品。四百年后的今天，遂昌十番再度承传，发扬光大。

十番是明代晚期流行于江南民间的一种器乐演奏形式。它以多种乐器组合，轮番演奏多个曲调。各地的十番因乐器组合和演奏乐曲的不同，形成不同的风格特征。从形式上讲，有“文十番”“武十番”之称；从内容上说，又以不同的内容和地域而称。遂昌十番主要演奏《牡丹亭》《紫钗记》《南柯记》《邯郸记》等传统名剧的昆曲曲牌。

遂昌昆曲十番演奏的内容和形式与温州永嘉昆剧和金华昆腔比较，有所不同。温州的永嘉昆剧中很少有汤显祖“四梦”的剧目，而且温州永嘉昆剧的记谱方法不同于“工尺谱”。“历代永嘉昆剧艺人……一般不懂‘工尺谱’，用的是一种被称为‘三点指’或‘三指板’的谱式……只记板，不记眼。”（参见沈沉《永嘉昆剧综述》，永嘉县政协文史委员会编《永嘉昆剧》）金华昆腔的记谱同遂昌昆曲十番的记谱方法相同，采用工尺谱。但是，遂昌十番所演奏“正昆”的经典剧目《牡丹亭·游园》等曲目，金华昆腔却没有。

遂昌十番演奏的主要曲目和乐器组合情况，与金华昆腔的上演剧目和乐器组合的对照来看，遂昌昆曲十番的源头直接来自“正昆”的曲唱谱。虽然目前尚未看到汤显祖在遂昌传唱昆曲的史料记载，但从遂昌昆曲十番演奏的曲目来推论，遂昌昆曲十番的产生与汤显祖有一定的关系。所以说，明万历年间（1573—1620），汤显祖任遂昌知县五年，把昆曲带到遂昌，民间形成了演唱昆曲的传统。清代及民国期间，遂昌民间演唱昆曲的昆腔班、坐唱班、锣鼓调和十番的表演尤盛。

民国时期，遂昌县城和大柘、石练、湖山等地都有十番队，石练镇的街上、柳村、淤头、石坑口四个村有十番队，还有女子大班、小班十番队。其表演方式主要为迎神庙会和春节灯会时上街巡游表演，以及在喜庆堂会和节日设座演奏。

20世纪50年代初，庙会活动中止，昆曲十番沉寂了几十年，濒临失传。

2000年冬，县文化馆部分干部下乡调查，在石练镇石坑口村发现五六位七八十岁的昆曲十番老艺人，并找到昆曲十番工尺谱，动员村里组织年轻人传承十番。2001年8月，石坑口十番队参加在遂昌县召开的中国汤显祖研究会首届年会的汇报演出，得到专家的高度赞扬，引起了媒体的广泛关注。2004年、2005年，中央电视台先后两次来遂昌拍摄昆曲十番专题节目。与此同时，县文化部门积极采取措施加强了保护和传承工作。

2004年3月，遂昌昆曲十番被列为浙江省民族民间艺术保护工程扶持项目。县政府公布石练石坑口村为昆曲十番传习基地，县实验小学和石练镇小学为昆曲十番传承学校。在县城建立县文化馆十番队，湖山乡奕山村恢复了湖山十番队，石练镇建立女子十番队。

2006年6月，遂昌县被命名为浙江省民间艺术之乡（昆曲十番）。同年12

月，“昆曲十番”被列为遂昌县和丽水市首批非物质文化遗产保护名录。

2007年，遂昌昆曲十番被列入浙江省非物质文化遗产保护项目名录。2008年，遂昌县被文化部命名为“中国民间文化艺术之乡（昆曲十番）”。同时，“昆曲十番”被列入第一批国家级非物质文化遗产保护名录。

2008年11月，县政府利用县城东街影剧院部分门厅改造，建成仿明代风格的“遂昌昆曲十番古乐坊”，招聘专职演职人员，承担遂昌昆曲十番的宣传表演和传承人才的培养。古乐坊建成以来，排演的遂昌昆曲十番、昆曲茶艺、《牡丹亭·游园》等传统节目，先后在全省十一个地级市巡回演出，在杭州吴山广场举办遂昌昆曲十番音乐会，应邀参加北京奥运会、上海世博会的文化精品展演，赴俄罗斯、英国和我国台湾地区访问演出。遂昌人民满怀对汤显祖的遗爱，在四百年后的今天，将“遂昌昆曲十番”再度传承，发扬光大。

（作者单位：遂昌县妙高街道文化站）

农村古民居保护亟须加强

叶德喜

近年来，随着农民生活水平的提高，农村新一轮建房热出现，在严格保护耕地的政策下，拆旧建新成为许多农民的不二选择。在此过程中，一大批具文物价值的古民居被无情拆毁，大批价值不菲的建筑构件被抛弃，而极具文物价值的木雕、石雕、砖雕等构件被文物贩子收购，令人痛心。笔者所在的淳安县王阜乡徽派建筑遍布全乡，近五年来新建房子上千幢，农民拆旧建新占90%，其中有三分之一是拆毁具有较高文物价值的明清古民居，包括一些文物部门普查登记在册的古民居。

笔者认为，原因之一是农民保护观念淡薄，不知道古民居是文物。但关键还是古民居保护机制缺失，单位不明，责任不清。农村历史建筑，包括古民居，文保部门多次普查，也曾建档，但由于古民居产权的特殊性，除房主进行必要的维护外，政府干预少，大多处在自存自毁状态。有的不仅没有保护措施，而且在新农村建设中对拆旧居建新房的，民政部门还有建房补助。此外，古民居保护缺规划，缺资金，缺技术。王阜乡18个行政村有111个自然村，20世纪末，村村都有一定数量的地方特色古民居。它们选址讲究，依山傍水，负阴抱阳；布局合理，门厅宽敞，厢廊精干，仓廪俱全；室内牛腿斗拱、琴枋雀替、屏风窗花等刀法娴熟，技艺精湛。有的虽是泥坯夯墙、木头梁柱、石板盖顶的石板房，却别具一格，历经岁月沧桑，在山野里错落有致，是游客们镜头下的最爱。时至今日，虽依旧有人居住，看家护院，但若长期缺统筹规划、资金扶助和维修，也将挡不住坍塌的厄运。

笔者认为保护好古民居，须从以下几方面入手：

第一，加大宣传，提高古民居文物保护意识。古民居房产是私人的，守护好古民居就是守护生养自己的家园，保护好古民居就是留存生养自己的根。拥有一幢古民居无疑是自豪的，做好蕴含深厚文物价值的古民居保护，既是一份义务，也是一份责任。一个村寨一大片古民居，如果共同搞好保护，开发乡村旅游，服务经济建设，利国利民利己，其意义不言而喻。

第二，挂牌建档，建立严格科学的维修管理体制。古民居是先人栖息繁衍的生活家园，也是先人留下的宝贵文化遗产，更是不可再生的文化资源。要重新界定古民居保护范围，在查清现存古民居家底基础上，给每处古民居挂牌立项建档，严禁拆毁古民居，明确房主、所在村单位都是责任人，共同做好日常看管维护，特别是防火、防水、防虫、防蛀、防盗等工作。

第三，严格程序，规划做好古民居修缮工作。古民居大多建造年份长，大多或坍或塌、或损或毁，梁柱构件或蛀或腐、或缺或残，有各种安全隐患，为此须遵循“不改变民居原状、尽可能减少干预、可逆和可识别”的原则，按照房主、所在单位申请，文保部门审核，主管部门批准等程序，有计划地分期分批做好修缮工作。对房主主动按原样修缮古民居的，政府应给予一定的经济扶助；对开发农家乐、配合发展乡村旅游的古民居，房主可以房入股参与分红。

第四，科学规划，做好古民居开发，造福子孙后代。古民居不仅是一个家族几代人的生存空间，也是一个地方建筑艺术的结晶与文明缩影，更是重要的旅游资源。江西婺源理坑，安徽黄山、西递和宏村，浙江绍兴乌镇、淳安芹川，都是保护开发利用的典范。政府要把古民居修缮保护纳入议事日程，建立健全县、乡、村三级古民居管理保护网络组织，吸纳能工巧匠和专家加入保护队伍，严厉打击破坏古民居、偷盗古民居文物的行为，每年安排一定资金用于古民居修缮开发。在民俗村建设、农民下山搬迁聚居中，有的古民居可整幢异地搬迁合建，结合民俗民艺表演，支持搞乡村旅游开发。通过资源整合，科学规划，守护好古民居，造福子孙后代。

（作者单位：淳安县王阜乡文化站）

乡土文化点亮新农村

洪凤琳

对乡镇来说，农村群众是文化活动的主体。怎样用文化来点亮他们平淡的生活，值得我们乡镇文化站文化干部多加思考。

近年来，笔者通过对农村文化活动的实践，摸索出花钱少，不受场地局限，参与者多，真正属于民间的“乡土文化”。乡土文化不但吸引广大农村群众参加，而且使他们在活动中得到启发，受到教育，享受到生活的乐趣与意义。

农村群众喜欢乡土文化。笔者所在的富阳区新登镇，历史悠久，人杰地灵，素有“千年古镇，罗隐故里”之称。三国黄武五年（226）置县，至今已有近1800年历史。近年来，新登镇先后被列为联合国开发计划署“可持续发展的中国小城镇”试点镇、浙江省和杭州市中心镇。应该说，群众文化底蕴深厚。

前些年，农村也流行过歌舞厅、电子游戏室、棋牌室等文化娱乐活动场所。但去那里的以年轻人为主，费用较高，使中老年人以及经济条件不是很好的年轻人望而止步。以致每到晚上，大多数群众窝在家里看电视，赌博等恶习也乘虚而入。镇文化站发现，每当节日特别是春节，各村群众都会自发性地组织一些文化娱乐活动，如舞龙灯、跳狮子、梅花锣鼓等。表演期间，家家户户大门一关看热闹去了。这就表明，农村群众是喜欢乡土文化的。

当然，乡土文化并不是绝对的本土文化，除了当地传统的外，还有从外地传入，被本地群众接受的。如来自国外的排舞，因为简单，许多人可以一起跳，进入新登镇后，受到了男女老少的欢迎，一到晚上，他们就自娱自乐地跳起来。

因势利导支持乡土文化活动的开展。在推进农村文化工作中，选择群众容易理解、乐于接受的活动，往往能起到事半功倍的效果。乡镇文化站因势利导开展乡土文化活动值得倡导。

新登镇的民间文化活动源远流长，颇具特色，如外官龙灯、城阳竹马、共和狮子，还有梅花锣鼓，都有上百年的历史。梅花锣鼓几乎遍及全镇，镇文化站把锣鼓队组织起来，先在镇内比赛，然后再把他们推出去。2002年，新登镇的梅花锣鼓队代表杭州市参加全省广场民间乐队比赛，获得银奖。十年后，又在富阳区的比赛中获金奖。他们还在古调中巧妙地揉进新曲，使之保持喜闻乐见风格的同时，增添新的内容。在富阳区老干部局“共话三十年，喜迎十八大”文艺大赛中，新登镇的梅花锣鼓《贤明放歌》，获得一等奖。

为提高群众的排舞水平，乡镇文化站积极与市文化部门对接，组织人员到富阳区文化馆举办的排舞培训班学习，回镇后再培训村里的骨干，骨干回村再辅导广大群众，并经常性地举行全镇排舞比赛，推动了这项活动的开展。对于这种培训班，村民们乐于参加，如2012年的全镇秧歌骨干培训班，31个行政村，4个社区，有68人参加，年龄最大的已66岁。学成后又去带动本村的群众，使这一活动很快地在全镇铺开。

乡土文化带出新生活。乡土文化使群众文化活动日渐繁荣，新登镇有文学创作、罗隐研究、书画、摄影、民间艺术、音乐舞蹈、戏曲、民乐、梅花锣鼓、排舞、秧歌、太极、功夫扇、健身操、腰鼓、柔力球等数十支群众文化活动队伍，满足了人民群众多层次、多方面、多样化的精神文化需求，使广大群众成为农村文化的参与者、受益者。

空闲时，群众自发聚集到村文化广场、文化活动室，唱歌、跳舞，看演出。如贤明山公园，只要天不下雨，每当夜幕降临，就有群众在开展各种文化活动。丰富的群众文化生活，已成为农村一道亮丽的风景线。村民在观赏中得到启迪，在参与中获得教益，在互动中共享欢乐。形式多样、丰富多彩的农村文化娱乐活动，使几千年来日出而作、日落而息的农民，在劳动之余可以足不出村就能感受到文化的熏陶，过上与城里人一样的夜生活。

立足农村现实生活，具有地方特色、适合群众口味的乡土文化，有力地提升了农村文明建设水平，丰富了群众生活，正如村干部所说："通过不断地开展文化活动，寓教于乐，歪风邪气没有了，大家心齐了，建设新农村的劲头更加足了。"

（作者单位：杭州市富阳区新登镇人民政府）

美丽乡村建设要留住乡愁

梅丽红　严慧荣

在加快建设美丽乡村的同时，必须留住美丽乡愁。当前我国经济发展进入了新常态，省委、省政府提出建设“两富”浙江、“两美”浙江的发展战略部署，如何让农民富起来、让农村美起来，是全面建成小康社会必须解决的重大课题。

清醒认识景宁美丽乡村建设现状

景宁畲族自治县是个典型的山区县，县内有海拔千米以上高峰779座，坡度25度以下的山地仅占全县面积的8.28%，基础设施建设和公共服务事业发展受到很大制约。要适应经济发展新常态，顺应人民群众对美好生活新期盼，加快建设美丽乡村。现在本县的现状是：

一是村庄规划实施难。虽然对美丽乡村建设进行了总体规划编制和一些单项规划以及创建村的单村整治规划，虽然美丽乡村建设是村民最大的受益者，但由于项目实施村所在地涉及各家各户，一旦触及村民个体利益的问题，都难以实施。

二是留存乡风民俗难。在美丽乡村建设上存在一种偏差，往往注重生态环境建设，而不注重环境文化建设，失去了韵味悠长的乡村环境、充满魅力的人文特征，以及本地文化元素的人文特色资源和民俗资源。

三是建设资金投入难。美丽乡村建设是一项系统工程，涉及面广、工程量大，需要大量资金做保障。但欠发达地区地方财力有限，农村集体经济薄弱，很难把“乡愁”元素融入美丽乡村建设。

切实提出景宁美丽乡村建设对策

在城镇化建设浪潮中，处理好美丽乡村建设和保护弘扬优秀传统文化的关系，特别是美丽乡村建设进程中要留住美丽乡愁，笔者以为应当重点把握：

一是践行“绿色发展”。景宁虽然在经济总量、规模、实力上与发达地区差距较大，但在特色、生态、人居环境方面有比较突出的优势。只有留得住绿水青山，才能系得住乡愁。因此在建设美丽乡村中，对青山绿水的守护，要特别处理好生态环境保护与发展的关系，向绿色要“发展红利”，让人民分享“绿色福利”，绝不以破坏生态、牺牲环境为代价换取一时的经济增长，要走“绿水青山就是金山银山”绿色生态发展之路。

二是突出“山水特色”。建设美丽乡村应充分利用村落原有地形、建筑风貌，要坚持不同条件不同要求、不同地方不同标准，尊重自然、顺应自然、保护自然，依据各自的基础和条件，巧借山形、善用水势、活用资源，凸显山色、丘陵风格、河谷韵味，形成别致多样、各具特色、和谐自然、彰显乡村田园风光的美丽乡村。

三是打造“乡村意境”。建设美丽乡村要突出乡村特点，做到“一村一品、一村一景、一村一韵”。不套用城镇建设标准，不过多使用钢筋水泥，人行道路就地取材，农村房屋改造不追求一律，多搞本地特色和民族风情的建筑，才能打造出“乡村意境”。

四是唱响“文化品牌”。建设美丽乡村要注重挖掘乡村文化内涵，努力培育乡村文化产业，打造地域文化名村，发展乡村休闲旅游，着力推出一批田园风光、文化特色、休闲旅游、产业发展等不同类型的美丽乡村示范典型，“以文化人”“以文化村”的新型城镇化战略，有助于展示文化魅力，加快“两美”浙江建设。

五是培育“乡土工匠”。建设美丽乡村是对已有村落元素进行修复和改造，很难像城市建设一样，严格按照规划精准施工。但是，现在木工、泥工、石工等具有传统技艺的工匠越来越少，制约了传统民居建筑保护、修葺、重建，要加强传统技艺工匠队伍建设，开展乡土建筑技术培训指导，培养一批传统技艺工匠和管理人才，才能把乡村建成具有独特文化内涵的美丽乡村，真正让乡村小桥流水寄乡愁。

（作者单位：景宁畲族自治县文化广电旅游体育局）

公共服务篇

公共服务

拱墅区“运河大讲堂”探索文化服务新途径

吕黛芬

成立于2008年的“运河大讲堂”系杭州市拱墅区图书馆一个活动窗口，但一直以来不“响”。于是，拱墅区图书馆对“运河大讲堂”重新定位，推出一场场高水准且大气的讲座。

运河大讲堂成立以来，成功举办过20来场内容多样的讲座，但还是不能形成品牌特色。主要原因：一是缺乏足够重视，没有专人负责；二是缺乏经费支持，没有专项预算保障；三是缺乏明确定位，没有深入调研。针对上述问题，局党委班子进行广泛调研，做了重新定位和探索，经过半年的打造，影响力不断扩大，社会效益也日渐增大，逐步成为拱墅区的一个文化品牌活动。语言文字学家蔡勇飞、国学研究者邓松林、亲子教育实践家周驰、中医经络望诊师余致馨等，都曾是运河大讲堂的座上客。丰富的主题，吸引着各个年龄层次和不同文化背景的市民积极参与。在进一步加强精神文明建设的同时，也取得了良好的社会效益。

运河大讲堂是“倡导运河文化、服务全区企业，提升干部素养、惠及市民读者”的综合型大讲堂。提升改版后的运河大讲堂根据不同的服务对象推出五大系列讲座：以全区机关干部、基层文体工作者、辖区企业骨干和大专院校师生为主体听众，以提升个人文化素养为主要目标，推出“运河文化”和“人文素养”系列培训讲座；以广大读者和市民为主体听众，以满足群众业余文化生活和终生素质学习的需求，推出“家庭教育”“健康养生”和“财富人生”系列公益讲座。

为更好地适应新媒体时代的变化，让运河大讲堂更具长效性和影响力，变“以讲座为目标”为“以讲座为窗口”，改进工作思路，创新工作方法，试行改变以前办大讲堂只注重办好讲座现场的做法，综合运用网络直播等手段打造“立体讲堂”“长效讲堂”，将讲堂工作向多方面、多角度延伸，注重群众性、公益性、实效性、整合性、长效性，满足广大人民群众基本文化需求。

在宣传形式上，不仅有电视、报纸新闻媒体，现场还采用了网络直播形式。讲座开展时，全区有25个社区直播点进行现场转播。为了进一步扩大讲堂的受众面，我们与拱墅社区学院合作，通过网络现场直播形式，吸引了不少居民同步收看，增强了社会效益。

广受欢迎，成了一座没有围墙的市民大课堂。运河大讲堂成为一个惠及拱墅人民，引领市民学习，传播正确知识为导向的文化大舞台。精心策划组织的运河大讲堂，受到广大市民的欢迎，改版后举办的11场讲座平均上座率超过70%，其中家庭教育讲座上座率达到了100%。另外，运河大讲堂还与拱墅社区学院合作，通过网络现场直播形式，吸引居民同步收看，扩大了受众面，增强了社会效益。据统计，参与网络直播的三场讲座，同步点击达到2000多人次，目前合计参加人次已达5000余受众，是原先的两倍多，运河大讲堂成了一座没有围墙的市民大课堂，成了广大市民业余培训学习的首选公益课堂。

服务民生，逐步打造成为拱墅“文化惠民”的特色品牌。“传播时代思想，弘扬人文精神，发展公共文化，提升城市品位”的运河大讲堂，旨在以人文精神的培育为核心，推进社会科学知识普及，满足公众多层次、多样化的精神文化需求，成为人文社科知识普及的重要平台和有效载体，受到越来越多的群众欢迎。大讲堂正逐步成为面向公众，传播科学思想、人文精神的知名文化品牌。

架设桥梁，探索出了一条新时期做好宣传思想文化工作的有效途径。通过现场、直播学习的读者涉及面很广，在政府与群众之间架起了一座桥梁，让群众能直接参与、享受政府的公共服务，大大改善了政府在群众中的形象，密切了党群关系，取得了良好的社会效益，探索出了一条新时期做好宣传思想文化工作的有效途径，并成为“贴近实际、贴近生活、贴近群众”的宣传思想文化工作的重要平台。

（作者单位：浙江省文化和旅游厅）

新时代群众文化建设的实践

周翔英

在建设新型和谐社会中，社会是形式，文化是内容。积极向上、健康有益的群众文化，在凝聚民心、维护社会稳定、促进民主团结、推动社会平稳较快发展中起着至关重要的作用。

当前，群众文化建设主要是在以公共财政为支撑的基础上，大力加强文化基础设施建设，建成公共文化服务网络，通过文化站、主题公园、文体活动等各种形式，初步让群众享有免费或优惠的基本公共文化服务，让群众在享受文化之时共享社会主义精神文化建设成果，群众日益增长的精神文化需求得到不断满足。

在看到近年来群众文化建设百花齐放的同时，我们也发现，群众文化建设存在一些亟需补齐的短板：一是思想认识偏差，二是组织架构不齐，三是资金保障不够，四是内生机制不足。

笔者认为，加强新时代群众文化建设任务多、要求高，必须学会抓重点，有的放矢地推进。

一要凝聚群众文化建设合力。群众文化建设是一个地区全面综合的文化建设，需要多方面密切合作。因此，群众文化建设中，应加强各个组织之间的合作，形成群众文化的制度规范，实现内部发展和外部力量的平衡，从而推动可持续发展。政府在群众文化建设过程中既要实行权力下放，又要鼓励非政府组织参与到群众文化的营造之中，实现“全能型政府”向“有限责任型政府”转变。非营利性组织应发挥其主力军作用，推动群众文化从行政化向社会化转变，提供满足大众需要的文化产品，同时，还应从社区内部和社会中吸纳大量有思想、有能力的群众文化建设者，推动群众文化活动能够更好地开展。

二要加强群众文化规范管理。良好的群众文化建设是集社区文化建设和社区文化治理为一体的，因而在群众文化营造中应该从治理的视角出发，构建群众文化管理组织，实现群众文化的网络化与制度化管理。要构建一个多级、多层、多点的文化组织结构，发挥区县政府在文化建设中的领头羊作用，以公共文化中心为枢纽，以基层文化馆为基础，以家庭娱乐场所为衔接点，实现一个自上而下的文化建设管理体系。要加强培育相关工作人员的文化素养和群众服务意识，提高群众文化建设的精细化和精准化。

三要推动居民群众广泛参与。群众文化建设的最大受益者是社区内部每一位居民，与其现实生活密切相关，居民群众参与群众文化建设是推动社区健康发展的必然选择。群众参与度是群众文化建设的重要指数，而良好的氛围能有效提升群众参与指标。笔者认为，群众文化良好氛围的营建必须从社区居民的参与意识、参与能力与参与途径入手，鼓励每一位群众以平等、积极、主动的姿态参与。针对当前居民群众参与文化活动能力普遍不高的实际，要着力培养居民群众参与群众文化建设所需的组织、管理等能力，引导其有序参与，让其真正有能力参与，不当群众文化活动的旁观者。

四要建立常态稳定保障机制。群众文化建设持续发展，离不开常态稳定的保障。首先，政府有关部门要将群众文化建设经费纳入年度文化事业专项资金预算，不断完善对群众文化建设资金保障机制，建立健全资金运行管理机制，同时可依据本地经济发展水平适当提高对群众文化建设资金的投入。其次，要鼓励群众文化建设主体采取活动申报、项目补助等以奖代补的方式，多方筹措整合上级补助资金，不断拓展资金来源渠道，努力形成政府投入、社会众筹相结合的经费保障长效机制。再次，各镇街要树立抓群众文化建设保障先行的意识，更要加大财政性资金投入力度，配套建立群众公共文化设施管理运行专项经费，畅通经费投入渠道。最后，社区自身要改变传统的文化建设资金来源方式方法，在依托政府资金投入的基础上，多渠道地开发群众文化建设的资金来源，建立政府搭台、社会出资、大众受益的资金来源保障格局。

（作者单位：嘉兴市秀洲区嘉北街道办事处）

推动公共文化服务体系科学发展

戴园丽

公共文化服务体系制度设计研究，是文化部为推动公共文化服务体系科学发展而开展的一项重要工作。公共文化服务体系是保障公民基本文化利益的社会福利事业，最能体现民生精神，体现人民群众在文化方面的共建共享。这个体系必须坚持以民生理念为主导，重在解决群众在文化方面最关心、最直接、最现实的利益问题。

建立并不断完善新农村公共文化服务体系，既是社会主义新农村建设的题中之义，同时又为新农村建设提供了强大的精神文化力量。

大力推进农村文化设施体系建设。根据中央关于加强公共文化服务体系建设和浙江省实施文化阵地工程建设目标要求，各县（市）区要建好图书馆、文化馆、影剧院、文化广场等基础设施；镇乡（街道）则继续推进“东海文化明珠”工程建设，特别是要把建好综合性文化站摆上重要位置。但乡镇仅建有文化站自然远远不够，要巩固农村文化阵地，避免农村文化土壤“板结”，在充分发挥乡镇文化中心对村落文化建设的导向、辐射、推动作用的同时，必须把农村公共文化服务体系重心下移，深入农户，扎根在村落，发芽在村落，因地制宜建设起一批规模合适、设施良好的村级农民文化园、文化活动室。村既要重视建设相对集中的文化阵地，又要因村制宜建设方便群众就近参与的文化设施。在以政府投入为主导的前提下，还要动员和鼓励社会力量投资建设各类文化设施，如杭州市余杭区建成的上百个村落文化活动室、几百条健身路径与村级公园等，由企业赞助的占到了总投入的四分之一。

大力推进农村文化内容体系建设。农村、农业、农民问题在我国社会主义建设中具有非常重要的地位，因而要把农村题材的文艺创作放到重要位置，加大扶持力度。乡镇要广泛组织举办农民艺术节等群众性文体活动，如余杭地区的瓶窑竹笋节、塘栖枇杷节等颇具特色的文体活动，让广大农民群众参与其中，丰富了文化生活，提升了生活品质，促进了乡风文明与和谐社会建设。同时，还要加速实施广播电视村村通和农村电影放映工程，广泛开展文化下乡活动。结合开展文化、科技、卫生“三下乡”，扎实进行形势政策教育。

大力推进农村文化队伍体系建设。要充分发挥国办文化事业单位的主体主导作用，改革完善县级文化馆管理机构，更好地履行公共文化服务职责，充实加强乡镇文化站力量，落实其干部待遇，同时探索体制外聘用人员的新路子，选聘好村宣传文化员，发挥他们在推进农村文化建设中的积极作用。还要大力扶持和发展民间职业剧团，培育和推动村落业余文体团队的发展，因为建设新农村文化的重要内容之一，就是壮大农民自办文化，大力培育新型农村文化主体，如近几年来农村文化建设的新生现象，包括民间职业剧团、农村业余剧团、农村文化户、文化大院、农民电影放映队、农民书屋、农村文艺经纪人等各类形式，要让农民在家门口享受文化生活。而农民自办文化，相对来说更能适应农村基层的文化需求。目前余杭区拥有上等级的业余团队100多支，区、镇、乡、村四级公共文化网络基本形成，因此，大力推进农村文化队伍体系建设，需要不断探索新思路、新方法。

大力推进农村文化机制体系建设。要加快推进农村公共文化服务体系建设，关键是要健全投入保障机制，确保对农村公共文化事业的投入。如杭州市已经健全保障措施，市级建立每年1000万元的农村文化建设专项资金和文化活动奖励扶持经费；早在“十一五”期间，杭州市财政就安排1200万元专项资金用于农村广播电视“村村通”工程奖励等。同时，还要健全运营管理机制，在服务收费、设施开放、项目设置等方面，确保正常运营。要健全多元发展变化机制，鼓励和引导社会力量举办、赞助公益文化活动。还要健全考核激励机制，把公共文化服务体系建设摆上各级党委政府的重要议事日程，纳入经济社会发展和新农村建设的总体目标。

（作者单位：杭州市余杭区文化馆）

浅谈村级文化建设的制约因素及对策

楼跃麟　马正大

新农村的文化建设该怎么搞？这是文化工作者尤其是值得群众文化工作者认真思索的重要课题。本文试以东阳市村级文化建设为例，谈谈它的制约因素及其对策。对于村级文化建设制约因素的剖析，现在农村一级的领导对村级文化建设认识普遍提高，但是实际干起来还是觉得比较困难。

通过调查，我们认为主要的制约因素有：（1）文艺人才贫乏。如今农村中是妇女、儿童、老年人居多，年轻力壮的农民要么自己办厂，要么外出打工，农村中的文艺人才贫乏，青黄不接，出现了“断层”。（2）文化活动经费困难。张塘村的问卷调查中关于“没有参加（开展）文化娱乐活动的原因”这一项，50位调查对象中就有40人认为是“村里没有经费”。东阳江镇三角院村党支部书记施兴龙说：“我们开展文化活动，每次都要向办厂的老板去讨钱，但次数多了也总是一个问题。”从我市的情况来看，除了经济实力强一点的村有一定的文化经费投入外，其他绝大部分的村基本上没有文化经费投入。（3）文化活动场所紧缺。从张塘村进行的问卷调查中反映出来，村级文化活动场地比较紧缺。现在这些曾经办过俱乐部、文化室的房子也被移作他用了。农村的操场是农民开展球类、健身操等活动的室外文体场所，但现在有的农村都安排造房子用了。（4）文化生活的地域弱势。城市历来人居集中，交通便利，物流畅通，信息量大，文化精英人才集聚。相对农村而言，城市居民文化水平高一些，见识面宽广，文化消费观念超过农村。从表面上看，农民生活单调，生活质量不高，更重要的是农村文化落后，禁锢了农民的思想。尤其是山区农村，“早上听鸡叫，白天听鸟叫，晚上听狗叫”，长年累月，没有注入新文化的内涵。

针对当前我市的村级文化建设现状和实际存在的制约因素，发展村级文化建设，我们认为应该重点落实“一二三”对策，即一个加强，二个注重，三个突破。

一个加强：加强引导，变“喂食”为“自食”。自从提出“文化下乡”以来，我市的送文化下乡活动年年开展，从未间断，而且增加了送文化下乡的次数。最近，我市组织了“文化下乡”队伍，冒着酷暑把文化送到了偏远山区。送文化到农村，固然是一种好形式，一是丰富了农民群众的文化生活，二是可以对村级文化活动起示范作用，功不可没。其实，这种形式对农民来说是一种“喂食”式的帮助，我们送什么，农民接受什么，只能暂解一时之渴，而且送一次只一次，也不可能天天送，村村送。因此，村级文化建设要加强引导，变“喂食”为“自食”，变“送文化”为“种文化”，只有这样，才能量多面广，自娱自乐，遍地开花。

“二个注重”具体如下。一是注重人才培训。目前村级文艺人才奇缺，能歌善舞，能写会画的人才在村一级出现“断层”。这就亟需培训文艺人才。在谈到人才培训的时候，除了文艺人才的培训外，还应注重组织、管理人才的培训。比如各类文化活动的策划和组织能力方面的培训，文化活动管理人才的培训等，对村级文化建设都是非常必要的。二是注重文化活动。注重文化活动的开展，要按照“坚持业余自愿、形式多样、健康有益、便捷长效”的原则，村级文化活动要贴近群众的实际，选择多样化的活动形式与内容，凡是群众喜欢或需要的东西就能有长效。

“三大突破”具体如下。一是文化经费投入要有所突破。“多予少取放活”是中央提出的建设社会主义新农村的战略决策。一方面，要按照党中央和国务院的有关文件规定，“切实加大政府投入力度。各级财政要统筹规划，加大对农村文化建设的投入，扩大公共财政覆盖农村的范围，不断提高用于乡镇和村的比例”，确保农村重点文化建设的资金需求，市财政文化专项经费要向农村倾斜。另一方面，村级资金要想办法挤一点，再去鼓励企业、个人对村文化建设的投入。二是文化基础设施建设要有所突破。现在农村文化基础设施必须要跟上去，村级领导要有长远眼光，把文化设施建设列入旧村改造的规划之中。三是组织管理要有所突破。加强农村文化建设，要充分发挥各级组织的作用，通过强有力的手段，把村级基层组织的作用发挥起来。

（作者单位：东阳市文化馆）

浅谈文化站建设与构建农村和谐社会的关系

丁爱莲

文化站是国家最基层的文化事业机构，是乡政府设立的全民所有制群众文化事业单位，它是集群众文化、娱乐、体育、健身和农业科技普及于一体的农村文化中心，是普及和提高农村文化的阵地。加强农村文化站阵地建设是发展农村文化的基础，农村文化站是开展农村文化工作、传播先进文化的主要实施机构和载体，也是一个地区文化事业发展水平的重要象征，没有完善的基础设施，就不能适应新形势对文化的要求。

随着农村经济的深入发展，一些乡镇党委、政府始终把经济指标当成必须完成的任务指标，没有看到农村文化在推动农村经济发展上的作用，特别是文化站移交乡镇管理后，一些乡镇领导缺乏科学的发展观，忽视文化站建设投入，对文化站工作不了解、不重视，使得文化站有名无实。因此，各乡镇党委、政府要进一步深化认识，切实担负起农村基层文化工作的领导责任。要认识到农村基层文化建设不仅仅是文化部门管理和指导、服务的事情，它还涉及体育、教育、科普、农技等多个方面，需要其他部门密切配合与支持，才能切实做到规划到位、扶持到位、建设到位。其一，对边远乡镇给予重点扶持，加大政府投入和政策倾斜；其二，可将乡镇合并后闲置的房屋开辟为文化活动设施，添置并完善开展文化活动的设施设备；其三，整合资源，将其他部门的文化体育设施统筹利用起来，加强文化体育设施的综合利用，提高基层文化设施的利用率，实现全社会文化设施的资源共享。

创新文化站活动内容和活动方式是繁荣农村文化的保证。乡镇文化站是国家最基层的文化事业机构，肩负着活跃农村群众文化、促进农村精神文明建设的重任，丰富多彩的农村文化活动能增强文化站的凝聚力，维护农村社会的稳定。农民群众是农村文化建设的主体，要充分调动农民群众主动参与农村文化建设的积极性和创造性。文化站的活动不能只是在过年过节时象征性地开展一下，也不能老是停留在低水平、老面孔上，更不能忽略农民群众的参与性。随着农村物质条件的改善，农民群众对文化的需求已由单纯的求乐、求美向求知、求富转变。为此，文化站的活动内容要创新，文化站才有生命力。要立足于农村经济与社会发展的实际，以农民群众的文化需求为导向，把贴近实际、贴近群众、贴近生活作为出发点，了解农民群众需要什么，把知识性和趣味性、教育性和娱乐性结合起来，满足他们多层次、综合性的文化需求。充分利用文化站的场地、设备，开展农民群众易于参与和接受的、生动活泼、小型多样的综合性活动，如开展知识讲座、技术培训、图书阅览、电脑培训以及健身舞等积极、健康、向上的活动，让农民群众在文化站里既能得到精神上的愉悦，又能学到致富的本领，让农村文化站成为农村精神文明和科学技术传播的基地，让农民群众在活动中感受到先进文化的熏陶，从而提高农民群众的综合素质。坚持“以科学的理论武装人，正确的舆论引导人，高尚的情操塑造人，以优秀的作品鼓舞人”，通过丰富多彩、寓教于乐的文化活动，帮助农民群众树立全新的价值观念，调整农民群众的生活模式，维护农村社会稳定。

提高农村文化专干队伍建设是构建农村和谐社会的智力支持。繁荣农村文化，构建农村和谐社会，先进文化是主导。文化站是集群众文化、娱乐、体育和农业科技普及于一体的农村文化中心，要发挥它的多功能作用，建立一支稳定的、懂管理、会组织、会辅导、会经营的文化专干队伍至关重要。首先，文化站要留得住人，要切实解决文化专干在编制、待遇方面存在的问题，要给予一定的政策倾斜，为他们提供一个安心工作的良好环境；其次，要严把文化站进人关，必须通过文化主管部门的业务考试，让真正热爱农村文化工作，精通业务的人才加入进来；再次，要强化文化专干的培训，为文化专干提供业务学习机会，真正成为“一专多能”的人才，要做到文化专干培训经常化、制度化，文化行政主管部门要实施文化站从业人员的考核制度，定期考核，对不宜从事农村文化站工作的人员进行调整，激活用人机制，优胜劣汰，提高文化专干的整体素质。在农村，文化专干肩负着向广大农民群众进行宣传教育、组织农村文化活动、科学技术普及等任务，他们是农村文化建设的脊梁，只有拥有一批高素质的综合人才，才能使农村文化生机盎然。

（作者单位：桐庐县分水镇文体中心）

新农村建设中文化馆的工作职能定位

谢乐燕

社会主义新农村建设体现了经济建设、政治建设、文化建设、社会建设四位一体，是一个综合概念。构建社会主义和谐社会，既需要有雄厚的物质基础、坚强的政治保障，又需要有良好的思想文化条件。那么，文化馆作为各地区文化传播的使者，身上肩负着重大的责任与义务。

加强农村文化建设的紧迫性和必要性

加强农村文化建设是建设新农村的内涵之一。要从根本上解决“三农”问题，推动农村走上“生产发展、生活富裕、乡村文明、村容整洁、管理民主”的发展道路，必须在经济发展的同时，大力发展包括文化在内的各项社会事业。近些年来，享受文化生活对于已经获得温饱的农民来说，显得愈来愈重要。这说明，在社会主义市场经济条件下，必须高度重视农村文化建设，只有通过用先进文化教育农民，用社会主义精神文明武装农村，农村社会才能健康和谐地发展。

新时期文化馆工作面临的挑战

改革开放以来，我国的经济建设取得了飞速发展，政治、文化建设也取得了前所未有的进步。但是，从社会的总体发展来看，文化建设明显滞后于经济的发展，尤其在广大农村。为农民服务一直是文化馆的优良传统，但是，近十多年来，文化馆人很少深入农村，农村经济发展方式的转变，使文化馆人找不准服务对象。由于文化馆事业的发展，过分强调以文养文和自收自支，很多文化馆把主要精力放在创收上，把为农民服务放在了脑后，农村文化工作根本无暇顾及，文化馆的公益性由此受到质疑。

文化馆要当好先进文化的传播先锋

文化馆作为群众性文化事业的重要载体，已成为传播社会主义精神文明的重要阵地和窗口。在新世纪新形势下，如何发展繁荣文化馆事业，使之适应新时代要求，是摆在我们面前的一项重要任务。

坚持公益性是文化馆的建馆之本。首先在于它是政府为发展群众文化事业、满足人民群众精神文化生活需要而设置的。文化馆必须坚定不移地坚持为人民服务、为社会服务的方向，自觉地服从和服务于经济建设这一中心，即在群众文化艺术活动的组织和辅导过程中，宣传党的方针政策，进行爱国主义和社会主义思想教育，使广大群众在这项活动中愉悦身心，受到启迪，陶冶情操，提高审美水平。

调整工作思维，强化为农民服务的意识。中国是个农业大国，农民人数占全国总人口的四分之三。农民科学文化素质的提升，标志着整体国民素质的提升；农村社会的和谐，标志着中国社会的和谐。构建和谐社会必须构建和谐文化。承担着政府群众文化工作职能的文化馆，就应该为农村服务，为农民服务，为构建农村和谐社会服务。

扶持民间文艺团体，培养农村文化人才，提高农村文化工作者素质。民间文化团体主要靠为数不多的民间艺人来支撑，要使农村文化走向辉煌，培养和发现人才就显得至关重要。要注意发现和培养农村文化骨干，充分发挥民间艺人、文化能人、文化经纪人在活跃农村文化生活、传承民族、民间文化方面的积极作用。县乡文化馆、文化站要立足本地，面向群众挖掘人才，充分调动本土人才的作用，要为农村文化人才的脱颖而出创造条件，通过发现、培养、提高，促进人才成长。

增加农村文化发展投入，提高农民思想道德素质。在大多数农村中，农民文体生活单调，农村文化体育设施缺乏。这就要求我们应加强县文化馆、图书馆和乡镇文化站、村文化室等公共文化设施建设，继续实施广播电视“村村通”和农村电影放映工程，发展文化信息资源共享工程的农村基层服务点，构建农村公共文化服务体系，使广大农民学有资源、学有场所。

发挥文化馆在群众自娱自乐中的导向作用。一、利用文化活动阵地组织开展健康有益、丰富多彩的文化活动；二、开办各类训练班、业余夜校，充分利用闲暇时间为提高劳动者综合素质创造条件；三、文化馆业务干部要发扬“红烛精神”，积极辅导文学、音乐、舞蹈等方面的业余爱好者，为他们个人才能的多面发展创造条件；四、文化馆应经常地、不断地通过组织开展群众性文化艺术活动，为人民群众交流信息，切磋技艺，相互了解，增进友谊提供场所，创造氛围，为扩大人们闲暇时间的社会交往创造条件。

文化事业的发展是社会主义现代化建设的一项内容，需要各方面的共同努力。随着我国经济的发展、国民素质和人们生活质量的提高，文化娱乐形式多样，内容丰富多彩，有中国特色的全面繁荣的社会主义文化事业一定能够发展壮大。

（作者单位：温州市瓯海区文化馆）

新农村村级文化建设刍议

上官友珍

文化是构成综合竞争力的软实力，新农村村级文化建设则是建立在先进的社会意识和文化成果基础上的一种农村基层文化类型，它的积极意义，在于将丰富的物质成果的创造和高尚的精神成果的创造进行和谐统一。村一级，是我国农村最基层行政单位，新农村建设的各项工作最终都要贯彻落实到村一级，所以，新农村村级文化建设理应受到关注和重视。

增强先进文化的凝聚力，切实提高领导意识。文化建设有赖于全社会的关心、支持和参与，但各级党委、政府的领导作用举足轻重。首先，必须提高各级领导干部，特别是乡镇（街道）、村主要领导干部的文化意识，每一名干部都要充分认识文化工作的重要性。其次，要进一步完善文化工作督查和考核机制，加大文化经费投入。除财政预算在农村特别是村级文化俱乐部建设上多给一些专项资金外，要积极协调各方面关系，调动社会力量，加大文化建设所需经费投入，逐步建立国家、社会、集体、个人结合共赢的农村文化建设多渠道投入体系。

加强文化阵地建设，实现文化阵地共享。文化设施是开展农村群众文化活动的物质基础，必须切实建设好。村级文化阵地是与群众零距离接触的场所，文化阵地的建设直接影响农民群众的文化生活质量。一方面，创建一个符合新时期农村集宣传、娱乐、求知、健身、休闲等功能为一体的村综合文化大楼。另一方面，充分发挥村辖区内的学校、企业等单位在开展农村文化活动方面的作用，提倡学校、企业图书室、电子阅览室、活动室等定时就近向农民开放。

建设一支满足群众需要的村级文化队伍。农民是农村文化建设的主体，也是农业科技成果在农村转化为生产力的载体。农民科技文化素质的高低，在很大程度上决定了农村经济发展速度的快慢。一支高素质能满足群众文化需要的村级文化队伍是繁荣农村文化工作的重要保证。一是加大农村文化管理员队伍建设；二是加大对村级文化指导员和农村文化辅导员的培养力度；三是培育农村文艺团队；四是发展庭院文化，抓好村文化户培育。要充分发挥家住农村的离退休老干部、老教师的业余特长和爱好，大力发展庭院文化，并抓好村文化户培育，打造一支属于农民自己的文化骨干队伍。村文化户生在农村，长在农村，熟悉农村，了解农村，活动在农村。他们的艺术修养直接来自农村，和农民有着天然的亲近性，容易为农民所接受。村文化户把文化办在农家民宅，办在人口较为稠密的片区，弥补了乡镇（街道）文化中心覆盖横不到边、纵不到底的不足。这样，村级文化网络基本得到健全。

创新文化活动内容与形式，增强文化活动的吸引力与感染力。生命在于运动，活动在于创新。活跃、丰富基层农村文化不仅要有活动场所的保证，更重要的是要有能吸引农民群众参与的活动内容和组织形式。根据群众文化活动的特点和规律，要及时总结经验，创新活动内容和形式，增加群众文艺创作数量，提高群众文艺质量，增强文化艺术的娱乐性、欣赏性、教育性。村级文化活动要贴近群众生产生活实际，坚持业余自愿、形式多样、健康有益、便捷长效原则，组织开展群众喜闻乐见、具有浓郁地方特色的各类文化活动。一是开展宣传活动。村文化俱乐部是农村社会主义精神文明建设的重要阵地，行之有效的活动载体，是实现文化工作与各项工作有机结合的有效途径。可通过黑板报、宣传窗及举办各种内容展览、讲座等形式加强宣传。二是开展文体活动。文艺活动是村俱乐部的精髓，体育活动显示其旺盛的活力。如组织文艺骨干、文艺爱好者，依托群众剧团、文艺演唱队等业余文艺团体，自编自演反映发展和建设成果的文艺节目，使群众在娱乐中受到教育。三是开展特色文体活动。村文化俱乐部除要经常性地开展文体活动外，更应注重特色文体活动的建设。

纵观农村文化发展，品牌优势对推动农村文化建设也有着不可替代的作用。要选择一批具有浓郁地方特色或民族特点、能带动整个农村文化活动的项目，为其寻找符合民情、村情的活动载体，如利用传统民俗节日或设置具有地方特色的农民文化节，等等，把这些活动打造成既能操作在手，又能充分体现地域性、富有牵动性的特色文化品牌，以激活、带动农村文化项目的发展，实现农村文化活动的“一村一品”。

（作者单位：长兴县龙山街道办事处）

浅谈乡镇文化站如何开展群文活动

蒋晓东　陆锡潭

近年来，东阳市画水镇文化站在工作实践中，顺应时代发展潮流，正确把握群众需求，把活跃群众文化活动放在重要位置，在丰富基层群众文化生活上进行了有益的探索和实践，促进了全镇群众文化活动的日益繁荣。

深入基层，摸准需求，制订活动计划

随着生活水平的提高，人们对文化生活的需求越来越迫切，越来越多样化。这就需要文化工作者深入基层一线，与群众交朋友，面对面地和他们交流、沟通，摸准群众的真实想法，把握群众的实际需要。只有真正掌握了群众的所思所想所盼所需，才能在制订群众文化活动计划时做到有的放矢。画水镇文化站每年都在年初制订全面、详细、具体、操作性强的文化活动方案，并落实具体牵头人，确保每一项群众文化活动都能有条不紊地开展。

加大投入，完善设施，夯实活动基础

据统计，近年来画水镇累计投入建设资金800多万元，一大批文化设施建成并投入使用。全镇18个行政村，已拥有水泥球场32个，棋牌室20个，电脑室36个，乒乓球室40余个；拥有健身路径14条；村村建有文化活动中心（老年活动室）。这些设施的建成使用，为该镇广泛开展群众文化活动奠定了坚实的基础。

因地制宜，突出特色，提升活动品位

在开展群众文化活动中，画水镇文化站充分了解当地群众对文化活动的特殊需要，做到有的放矢，突出特色。如根据画水群众在每年正月十四迎龙灯朝拜城隍庙的习俗而举办的龙灯会，已成为画水传统文化活动中的一个品牌，前来观灯的群众人山人海。同时，画水镇还利用传统庙会的有利时机，把群众组织起来，对一些传统节目进行重新编排，注入时代气息，然后组织开展形式多样的踩街活动，增添了传统节日的魅力。

加强指导，健全队伍，提高活动水平

开展各类群众文化活动，组建培养一批文艺骨干是必不可少的。为此，画水镇文化站十分注重文化队伍建设。专门聘请专职文化教师、社会上有一技之长的知名人士作为辅导员，开展不同艺术门类的培训、辅导，传授文化活动技能，指导群众开展文化活动。目前，全镇有女子健身球队、女子腰鼓队、民间乐队、女子手巾舞蹈队、花灯表演队、秧歌队等各类文艺队伍40多支，其中镇文化站组建的队伍有许宅花灯、画水民乐、大骑马等3支。由于这些队伍扎根农村，遍布画水各地，开展活动十分便利，能随时随地自发组织为群众进行表演，自娱自乐，深受群众欢迎。在娱乐大众的同时，画水文化精品的知名度也不断提高，许宅花灯入选横店八婺十大艺术精品，还多次赴北京、上海、杭州、平湖等省内外城市参加各类演出，受到越来越多人士的喜爱和关注。

政府主导，发动群众，丰富活动内容

开展群众文化活动一定要发挥政府的主导作用。因此，画水镇文化站通过有计划地组织一些导向性、有影响的群众文化活动，引导和鼓励群众参与，带动群众文化活动整体水平的提高。如“十大红歌星”大奖赛、器乐大赛、送春联等活动不仅得到了群众的积极参与，而且每次活动后都会带动一部分群众掀起学习热潮。目前，画水镇的永乐、民乐、新厅等许多农村都置办了音响设备，群众自发组织开展文化活动热情很高，可以说“大活动年年有，小活动天天办”，在农村营造了欢乐、和谐、文明、健康的文化氛围。

整合资源，合理配置，扩大活动影响

由于镇文化站地处最基层，再加上人员限制，专业上不可能面面俱到，所以群众文化工作光靠文化站同志是不够的。为解决实际问题，画水镇文化站采取两条腿走路的办法，一是与专业文艺团体合作，二是努力挖掘基层人才。乡镇的医院、学校集聚了一大批大中专毕业生，他们爱岗敬业，而且多才多艺，在很多活动中，就利用他们的聪明才智开展具有地方特色的文艺活动。

群众的文化需求已成为当前群众文化勃兴的重要内驱力，成为基层文化建设的第一推动力。只有在各方面的重视和关注下，在文化工作者的大力推动下，才能让广大群众享受到形式多样、内容健康的文化生活，从而真正实现基层文化的大发展、大繁荣。

（作者单位：东阳市画水镇文化站）

谈构建农村公共文化服务体系

梅丽红

农村文化建设是社会主义文化建设的重要组成部分。加快构建农村公共文化服务体系建设，更好地为新农村建设服务，是当前和今后一个时期的重要课题，为此，笔者就景宁县农村公共文化服务体系建设进行了一些粗浅的思考。

存在问题

近年来，随着改革的不断深入，农村的面貌发生了深刻的变化，但是由于地域差异和经济发展的不平衡，农村文化建设发展不平衡现象突出，不少地方农村文化建设相对滞后。具体表现在以下几个方面：

农村文体建设投入不足，城乡文体设施差距较大。由于各乡镇财力不足，投入有限，文体建设在一定程度上存在“等、靠、要”的思想，20世纪八九十年代曾盛极一时的乡镇文化站，也失去了往日的生机，不能发挥其应有的功能作用。村级文化体育活动，过去曾一度发挥积极作用的村级俱乐部、青年之家随着时间的推移，大多因年久失修，已是陈旧不堪，农村文体设施投入不足，很大程度上制约了农村文体活动的开展。

农村文体生活贫乏，文体活动形式单一。由于受活动场所和乡镇财力的影响，大多数乡镇只能在重大节日期间开展文体活动，平时活动仅限于看看报刊杂志、打打扑克麻将，而在农村，则除了电视还是电视。近年来广泛开展的文化、科技、卫生“三下乡”活动以及农村电影放映工程下乡活动，也只是在一定的程度上改善了农民的文体生活。

农村文化管理体制不顺，文化专干不“专”。一是文化专干不“专”。很多乡镇文化站工作人员“种别人的田，荒自己的地”，常年承担着繁重的行政工作任务，主要精力放在乡镇政府的中心工作上，基本没时间、精力组织文化活动，业务技能一年不如一年。二是文化主管部门无法调配文化专干，使乡镇（管理区）文化站人员长期处于固定状态，不能适当交流，缺乏工作活力。三是由于投入有限，一部分乡镇（管理区）文化站硬件设施陷入建设中有流失、功能逐渐弱化甚至有名无实的困境。

农村文化队伍趋于老化，专业素质普遍偏低。乡镇综合配套改革后，乡镇的七站八所换名为“社会事务管理办公室”，文化站也纳入其中。事实上乡镇综合文化站改革后，“以钱养人”现象仍然存在，全县在岗的乡镇文化工作人员中，全日制大专以上学历人员几乎没有，在岗的大多年龄偏大，趋向老年化，村一级的文化专业人才更是薄弱。22个乡镇（管理区）所中，有的行政村专职文化管理员基本没有配备，村文化活动室的管理人员由村干部或其他村民兼职。这些兼任村文化活动中心的村干部，大多不能很好地履行其职责。

对策思考

农村公共文化服务体系建设，对于满足农民群众不断增长的文化需求、提高农民综合文化素质、增进农村社会和谐、促进农村全面发展有着至关重要的意义，可以说是乡镇农村文化建设的基础工程和主体工程，其状况直接决定了镇农村文化建设的成效。现对加快推进我县农村公共文化体系建设提出几点对策思考。

确立对综合文化站建设的考评体系。要建立农村文化建设目标责任制和考评机制，把农村综合文化站建设列入创建文明村镇等相关评价体系，把综合文化站服务农村、服务农民的情况作为地方政府工作的重要考核内容，真正推动农村文化建设的规范化、制度化。

明确综合文化站的公益性质。中共中央、国务院《关于深化文化体制改革的若干意见》和中办、国办《关于进一步加强农村文化工作的意见》明确指出，乡镇综合文化站属于公益性事业单位。因此，坚持把握公益性质，加大财政性资金投入，切实保证综合文化站的正常运转经费，是乡镇人民政府不可推卸的责任。

把握综合文化站的建设标准。鉴于我县欠发达地区的实际困难，我省制定的《"十一五"乡镇综合文化站建设规划》明确提出：乡镇综合文化站应有的书报刊阅览室、文化活动娱乐室、图书室等设施或场所，活动面积不得低于500平方米。《浙江省农村文化设施建设工程专项资金管理办法》规定：乡镇综合文化站面积不少于500平方米。具体构成为"三室一厅"：书刊阅览室（图书报刊阅览室、电子阅览室）不少于100平方米；文化科技培训室不少于100平方米；办公室不少于50平方米；多功能活动厅不少于250平方米。按照该办法所规定的"三室一厅"的要求，我县各乡镇（管理区）可根据人口资源状况、经济发展规模、文化事业发展现状确定综合文化站的建设规模，既可单独新建，也可利用原有学校等闲置房改扩建，其综合使用面积不低于500平方米。

理顺综合文化站的管理体制。县文化广电新闻出版（体育）局作为政府的文化行政主管部门，应该进一步落实县政府赋予的职能，创新工作思路，加强对乡镇（管理区）文化站的管理、指导。按照省政府关于“以钱养事”农村公益性服务岗位配备的标准，各乡镇（管理区）对综合文化站必须至少设置2个岗位，并列入财政拨款事业编制。对于综合文化站工作人员，上级相关文件规定，应设立职业资格准入，由文化主管部门主持，从优秀大中专毕业生中公开择优招聘。文化站工作人员的解聘、辞退、调离和借作他用，也必须征得文化主管部门同意。

充分发挥综合文化站的重要作用。乡镇综合文化站是服务农民群众的公共性文化机构，要充分发挥其在农村文化生活中的辐射作用，切实满足人民群众的基本文化权益。要面向广大农民群众，在丰富农村文化生活内容、创新农村文化活动方式上下功夫，充分利用现有文化设施和场所，广泛开展农民喜爱的文化娱乐活动。要通过固定设施和流动设施，采取阵地服务和流动服务相结合的方式，最大限度地让农民群众就近便捷、定时、定点在文化服务点享受文化服务。要保护好农民的自发热情，通过组建农民艺术协会等形式，使农民自我娱乐、自我欣赏、自我教育，真正融入新农村文化建设大潮，成为农村文化建设的主人。

（作者单位：景宁畲族自治县文化馆）

乡镇文体工作如何体现“以人为本”

沈顺华

全面落实科学发展观，是贯彻落实“三个代表”重要思想的体现，是全面建设小康社会与推进社会主义和谐社会建设的必然要求。科学发展观的核心是以人为本，以人为本就是要以实现人的全面发展为目标，从人民群众的根本利益出发谋发展、促发展，不断满足人民群众日益增长的物质文化需要，切实保障人民群众的经济、政治和文化权益，让发展的成果惠及全体人民。

在新形势下，乡镇文体工作如何体现“以人为本”呢？笔者结合乡镇实际，提出以下五方面建议。

建设好乡镇文体设施

乡镇文体设施是满足基层人民群众文化需要的基本配置，是构建公共文化服务体系的重要组成部分，建设好乡镇文体设施对于丰富乡镇人民群众文体生活起着十分关键的作用。按照党的十七大报告中关于加强文化建设方面提出的要求，要抓好乡镇综合文化站建设。沿海发达地区可以建设好乡镇文化体育中心大楼，包括影剧院、文化广场、灯光篮球场、老年门球场、室内游泳池等一批文化体育设施，用以满足人民群众日益增长的文化需要和推进村级文化体育设施的发展。

建设好村（社区）级文体设施

要满足人民群众日益增长的文化需要仅仅依靠乡镇的文体设施是远远不够的，公共文化服务体系的网络还需向村级和社区延伸，要按照群众就近、方便、因地制宜的原则建设好村（社区）级文体设施，如老年活动室、图书阅览室、乒乓室、健身点、篮球场等文体设施，有条件的村和社区可以建设村（社区）文体中心大楼。

组织举办好文体活动

乡镇文体活动的活跃程度关键取决于当地政府的引导和组织作用，如可以定期举办适合当地群众热情参与的农民运动会和文化艺术节；春节、国庆等节假日举办传统文化活动或文艺晚会、焰火晚会等活动；开展送文化、送电影下村等送文化活动。只要当地群众需要、热情参与，内容健康向上，特别是具有民族传统特色和地方特色的文体活动，都是我们应该积极倡导和认真组织的。

抓好“种文化”活动

乡镇组织的活动存在着临时性、参与面窄等弱点，很大程度上只是起着引导作用。活跃乡镇群众文体活动关键还要抓好“种文化”活动，也就是要抓好当地的业余文体队伍建设，通过政策扶持、场地落实、加强培训、注重辅导等办法，通过群众自娱自乐的方式，达到群众自发参与、自我组织、自我娱乐的目的，从而达到满足人民群众文化需求的目标。

“以人为本”要从细节处加以体现

文体工作无论从设施建设、活动组织、队伍建设等各方面都要从细节入手来体现“以人为本”。如在设施建设方面，要考虑残疾人通道、群众休息的座椅、垃圾箱如何设置、卫生间是否便利等容易被人忽略的细节，真正体现“人文化、人性化”；在活动组织方面，要考虑节目的设置是否受群众欢迎，活动的时间和地点是否方便群众，演员的休息和观众的饮水问题如何解决等；在队伍建设上，要关心队伍的设备添置、活动场地接电情况、骨干的生活工作情况等。“细节决定成败”，因此，“以人为本”更要注重细节。

乡镇文体工作的重心是人的教育，因此要处处体现“以人为本”的核心思想。

（作者单位：杭州市余杭区仁和镇文体中心）

乡镇综合文化站在新农村建设的功能与价值

凌建芳　陆学先

乡镇综合文化站肩负着满足农村群众文化需求与提高农村群众思想道德水平的重任，站在建设社会主义新农村的高度，以满足广大群众日益增长的精神文化需求和保障广大农民群众享有正当文化权益为出发点，努力营造全社会都来关心、支持、参与建设的新农村文化氛围，为社会主义新农村建设提供必要的思想保证、精神动力和智力支持。因此，我们在此着重谈谈在社会主义新农村建设中如何充分展示乡镇综合文化站的功能与价值。

转变观念、拓展思路，创造农村文化建设理念。群众文化工作是一件很有意义而且是一项无止境的工作，从事农村群众文化的工作者，要树立“文化惠民”理念，着力服务“三农”为根本，积极探索农民的文化需求和新动态，在宣传、教育、培训、辅导、文艺创作、文化活动、搜集整理、传承发展“非遗”等方面有所创新、有所突破。同时，要着力健全乡镇与村间的网络体系，为农民提供更多、更好、更快、更便捷的服务和更优质的精神产品。

挖掘本土、培育特色，打造具有地域特色的文化精品。平时应以节庆日为主，以重大政治活动和中心工作为抓手，利用好平台，创新活动载体，开展形式多样、生动活泼、喜闻乐见、注重实效的各类文化活动，尤其要注重挖掘地方本土文化，营造群文热土，着力培育特色文化团队，打造精品力作，让本土文化、草根文化项目在传承中发扬光大，使文化传承与现代文化融入群众文化建设中。笔者所在的乡镇是个江南水乡，人文资源丰富、文化底蕴深厚，这些年在贴近实际、贴近群众、贴近生活中捕捉群众文化需求。同时，精心培育特色团队，全力打造具有地域特色的文化精品，逐步形成“吴兴之星”品牌。先后组建了民乐队、腰鼓队、舞蹈队、旱船队、健美操队等文艺团队，通过相互间的交流与会演，极大地提升农民参与群众文化的积极性。同时注重精品节目的创作，《太湖新渔歌》获得省第五届歌曲创作金奖、演唱银奖，以及第二届乡镇文艺汇演创作演唱两项金奖；《茶之韵》在市南太湖音乐舞蹈节中获得创作一等奖。

政府主导、社会支持，夯实新农村文化建设基础。坚持政府为主导，社会为依托，乡镇、村为重点，农户为对象，大力发展乡镇、村文化设施和场所，加快构建农村公共文化服务新体系。广大农村蕴含着千百年传承下来的文化因子，笔者所在乡镇历代名人辈出，江南水乡的自然美景以及恬静的田野风光和悠久的宗教文化等，是一笔极其宝贵的文化资源，我们将进行科学合理的开发利用，以这一独特的地域文化资源为创作源泉，打造文化品牌，夯实农村文化建设的发展后劲。

变“送”文化为“种”文化，为农民提供精神动力和智力支持。近几年逢年过节，文化主管部门组织各类文化团队送戏、送电影、送图书，使农民群众在家门口享受文化生活。现在，蜻蜓点水式的“送文化下乡”已远远不能满足当代农民对文化的需求了。因此，培养和激励乡土文化人才，激发农村自身的文化活力，就是要把农民自主参与的文化活动以点带面，普遍开展起来。使农民从文化的旁观者变为参与者，让农民在农村文化的大舞台上登台亮相，他们既是观众又是演员，既是文化产品的生产者又是文化产品的享受者。笔者所在的乡镇在培养特色文化团队上下功夫，变“送文化”为“种文化”。在找准定位，提升群众参与率方面，我们选取了一些有地域特色、喜闻乐见、生动活泼并有一定奖项设置的活动项目，如腰鼓、舞龙舞狮、扇子舞、健美操、红歌会、农民歌手卡拉OK大奖赛等，极大地激发了群众参与的热情，形成了群众文化活动蓬勃开展的可喜局面。

给农民群众一个展示才艺的平台，他们就能在那姹紫嫣红的农村文化大舞台上大显身手，而乡镇综合文化站的功能与价值也自然显现出它的生机与活力了。

（作者单位：湖州市吴兴区环渚乡综合文化站、妙西镇综合文化站）

农村文化站如何挖掘乡土文化

叶美群

缙云“山腔戏”是一种民间小调，以群众喜闻乐见的日常生活为内容，就地取材，如《大补缺》《满堂红》《买小布》等。这些小节目贴近生活、贴近群众，演员一般都是自发组织，因为自古以来壶镇农村就有一个“会说话就会唱歌，会走路就会跳舞”的特点。群众文化基础扎实，人们每逢农闲、过节就自编几串小戏演出，作为当时主要的文化娱乐活动，是过去农村群众不可缺少的精神食粮。同时，又是当前壶镇难得的一项宝贵的非物质文化遗产。

而今，随着广播、电视等媒体出现，“乡土戏剧”随之消失。如何挖掘保护这种“山腔戏”文化呢？党的十七届六中全会《决定》为我们指明了方向。

《决定》明确指出，创作生产更多无愧于历史，无愧于时代，无愧于人民的优秀作品，是文化繁荣发展的重要标志。作为一名基层文化工作者，我们从中体会到了历史使命感和责任感，感到压力，也激发了我们工作的主动性，明确了工作的着力点。壶镇文化中心5位文化员经过认真学习《决定》，多次调查研究，确定本镇文化大发展大繁荣的目标：以挖掘本土文化、弘扬缙云“山腔戏”为主体，培养本地一批群众戏迷骨干，以发动群众参与为基础，推动本地文化大发展、大繁荣。如何落实既定目标？

我们坚定保护非物质文化遗产的信心，集思广益，收集整理“缙山戏”的曲调、剧目、剧词。全体文化员分头行动，有的白天参加行政工作，晚上或双休日串家入户，普查、收集“缙山腔”戏的剧目曲调。

积极组织发动群众参与。有的文化员挨家挨户发动群众，拓展社会参与面，提高群众对“缙山腔”戏这一非物质文化遗产保护的认识。通过发动宣传，群众要求参与挖掘本土文化的积极性高涨，保护推广“缙山腔”的文化氛围初步形成。

想方设法筹集文化活动经费。面对群众对乡土文化挖掘的积极性，我们主动跟县戏剧总会联系，取得了鼎力支持。我们干文化工作，要抓住和用好我国发展的重要战略机遇，围绕经济建设这一中心，自觉把推动文化遗产事业、科学发展理念，作为深入贯彻落实科学发展观的重要举措。于是，积极与县农业局农民工培训办公室、县人力资源培训办公室、县文广新局等有关部门联系，得到了他们的认可，并在资金上得到他们的大力支持。这样终于解决了挖掘保护文化遗产资金难的问题。

真诚邀请戏剧专家技术指导，提高业务水平。为提高“缙山腔”的挖掘质量，重要的是要有一支高水平的技术教学人才，我们在县戏剧总会的帮助下，邀请了20多位老师担任辅导工作，进行缙云县地方乡土戏剧培训。培训班集中与分散相结合，分散时老师们到9个培训辅导站，跟群众同吃同住，并对“缙山腔”戏重新修改、整理、加工、提炼，经过专家学者20余天的反复排练指导，一批“缙山腔”戏脱颖而出。同时，培训出了508名乡土戏迷艺术骨干，进行10场乡土戏剧“缙山腔”戏表演活动，为壶镇农村奠定了文化繁荣发展的坚实基础，深受上级领导和群众的好评。

为了达到普及与提高本土文化的目的，我们还对24个行政村举行“缙山腔”戏文化艺术团授旗仪式。如今，“缙山戏”在壶镇农村已家喻户晓。

基层文化工作者只有立足本土、锐意创新，才能达到挖掘珍贵乡土文化之精华，最终达到弘扬中华民族文化、实现文化强国的目的。

（作者单位：缙云县壶镇镇文化站）

新时期农村文化建设思考

金　霓

党的十七届六中全会做出的《中共中央关于深化文化体制改革、推动社会主义文化大发展大繁荣若干重大问题的决定》，充分体现党和人民对文化建设的高度自觉，也充分反映了全国各族人民特别是农民群众的共同愿望。在此背景下，农村文化事业跨越发展的历史使命已经确立。

在构建和谐社会与建设小康社会背景下，文化事业必然要进一步发展，这是当前农村文化建设的良好机遇。因此，我们要紧扣形势发展要求，抢抓创业机遇，积极有为地发展好、建设好农村文化，使农村文化能够在此背景下大胆地“走出来”，并展示其特有的魅力和风采。

在各级党委、政府的高度重视下，当前农村文化建设呈现出较好的发展面貌，为解决文化问题起到了重要的推动作用。但就总体而言，当前农村文化建设在发展实践中，还存在着实际困难和问题，具体表现如下：一是农村文化建设经费投入不足，导致政府文化建设职能缺位，文化宣传滞后；二是农村文化基础设施落后，农民就近参与文化活动的平均面积仍然不足，文化设施陈旧；三是农村文化运行机制不够健全，统一有序的可持续机制仍有待进一步探索和加强；四是文化产品供给和服务仍显不足，真正关注农业发展和文化民生的文艺作品、文化服务明显缺乏。

发展农村文化事业是一项长期而艰巨的任务，任重道远。为此，我们要围绕构建和谐社会目标要求，紧密联系地方实际，积极进取，真抓实干，不断创新，以奋发有为的精神状态破解难题，切实做好农村文化“三要”工作。

要增强农村文化重视力度。加强农村文化工作是一项经常性工作，也是新形势下加强党的基层组织建设和村民自治组织建设的有效载体和有力抓手。各级党委、政府要在农村文化建设问题上统一思想、凝聚力量，要把农村文化当成一次谋划发展、推进工作的过程，当成一次检验能力、考验作风的过程，充分认识农村文化在基层党建工作和政务服务工作中的重要性，把优势运用到位，把潜力挖掘到位，并在人、财、物等方面加强对农村文化建设的投入力度，在政策上加强对农村地区和落后地区的倾斜力度，争取在农村文化整体工作上上水平、上台阶。

要积极发展农村特色文化。优秀传统文化在农村文化中所占的比重十分突出，它在一定程度上指引着农民群众自律意识和文明意识的形成，是农村精神文明建设的重要基石。因此，我们要挖其资源，按照业余自愿、形式多样、健康有益的原则，充分利用传统节日和传统集市，组织开展群众喜闻乐见的、寓教于乐的传统文化活动。同时，农村蕴藏着极为丰富的乡土文化资源，挖掘好、保护好、利用好这些村庄优秀的传统文化资源，对丰富农民的精神生活、繁荣农村文化、展示新农村农民新形象、增强农村凝聚力和提高农民自信心，均有积极意义和深远影响。我们要把这些资源作为发展农村文化产业的依托，通过发挥优势文化资源的集聚效应，努力推进传统文化、民间艺术向产业化发展，继而推出一批文化名镇、文化名村、文化名园等特色文化品牌。

要因地制宜实施文化下乡。近年来，文化下乡的形式日趋丰富，群众享受文化食粮的途径也日趋多样。如送戏下乡、送演出下乡、送书下乡、送电影下乡、送科技下乡等，正成为解决文化民生问题的一道亮丽风景。但是，这种“送文化下乡”仍不能满足当代农民的文化需求。因此，新农村文化建设一方面要变“送文化”为“种文化”，培育和激发农村自身的文化活力，另一方面要迎合农民群众在文化活动中的角色转换。目前，农村许多业余文艺骨干已不再满足于单一的文化欣赏，更多的则是希望借助文化下乡平台，有一个自我展示的机会。所以，我们在开展文化下乡过程中，要因地制宜地开展服务工作，通过培育基层文化队伍，引导农村文化人才走上舞台，建立一支农村文化精英队伍，使之成为农村文化的承载者和传播者。

（作者单位：仙居县文化馆）

乡镇图书馆建设的实践与思考

林君荣　李　杏

加快推进乡镇图书馆建设，构建城乡一体化的公共图书馆服务体系，实现公共文化服务均等化，保障农村群众基本文化权益，已经成为全社会的共识。

在我省，不同的社会氛围和资源条件下，如何建设好乡镇图书馆，各地都在进行不懈的探索和实践，目前比较成功的有嘉兴地区的分馆建设模式，利用政府的城乡一体化目标强势推进。但其他地区的做法并不都具有可复制性，制约复制的条件主要如下。一是财政因素。尽管投入不算大（在具备建设场所的前提下，大点的乡镇图书馆启动要50万元以上，小点的项目要30多万元），却很难争取到，就是像温岭这样的全省财政三类地区，由于各类民生工程，比如去年的村邮站建设、公共卫生体系等都要当地政府自行安排配套资金，以及分税制后当地可用财政的减少，每年的财政安排捉襟见肘。三类如此，一、二类地区更是困难。二是干事氛围。虽然已是共识，但更多的中心工作在考核支配着政府的工作，乡镇图书馆的空间就像文化弹簧上的一环，大多时候处于压缩状态。三是长效机制。一家乡镇图书馆常年运行，需要固定人员（起码两人）和支出（10万元以上）。凡此种种，都在考验着下一步乡镇图书馆建设在全省的推进力度和进度。目前全省南北不平衡，浙东南温台丽舟相对滞后，除了上述因素外，还有山区海岛交通不便、文化底蕴阅读氛围差异、经济发展模式（个私经济造成的民富政穷）等因素。在这些地区很难复制嘉兴的分馆建设模式，温岭在此背景下积极探索新的乡镇图书馆建设路子，经过两年的努力，已走上了一条良性循环的发展之路。

目前，温岭市范围内建有乡镇图书（分）馆四家、部门分馆一家，企业数字分馆一家。2010年建成第一家图书分馆（石桥头图书分馆），图书外借册次达到2.2万（全镇人口2.8万），建成的分馆都由当地政府安排年度财政支出计划。2012年已经上报的分馆建设计划有五家（包括一家非公企业分馆和三家中心镇分馆），势头良好。

关键词一：社会参与

针对温岭民营经济发达、民资丰厚特点，社会参与能在一定程度上降低“文化风险”，让乡镇图书馆能较为平稳地发展和壮大，避免出现钟摆式反复。在实践中，充分利用社会力量和各种资源，集中全力搞好一个点形成示范效应，再利用良好的影响力，成熟一个、建设一个，然后形成一个符合本地特色的建设与考核标准，以保证长效机制。箬横镇图书分馆是第一个以冠名权形式筹建的乡镇图书馆，由在沪经商的箬横籍人士江文聪出资建设。建成后，命名为箬横文体中心文聪图书馆。2011年初增加投入进行改造，面积扩大到近300平方米。石桥头图书分馆，加挂“石桥头慈善图书馆”牌子，启动资金来自市慈善总会，2010年初首期投入15万元，以后以每年定额补助的形式注入。该分馆占地200平方米，位于镇文化站内，拥有藏书3万多册，9台电脑，订阅报刊400多份，开放后一到节假日总座无虚席。横峰街道图书分馆于2011年5月正式开放，该馆是文化站利用自办金三角文化传媒公司的资金与文广新局每年送书下乡指标开办的。

近年来，温岭市通过社会捐助、冠名等方式建成乡镇图书馆，并确立长期的投入渠道，完善长效机制，共同破解农村图书馆建设难题，让更多的农村读者能享受现代文明成果。用这种方式建设起的四家乡镇分馆，是对嘉兴分馆制模式的创新和补充，为其他地区的图书分馆建设提供了一个借鉴案例。

关键词二：政府主导

社会力量与民间资金参与公共文化设施建设一直以来是国家大力倡导的，但“社会参与”并不是建设方式的终结，而只是开始，目的是让更多的乡镇看到乡镇图书馆的作用，依靠文化自觉共同来建设一张农村的阅读网络。再说，公益性文化设施建设是各级政府的职责，温岭市在社会力量参与建设的基础上，明确乡镇图书馆特别是中心镇图书馆的建设标准，在场地、设施上规定具体的最低建设要求，要求全部与市馆统借统还，同时保证乡镇图书馆的公益属性，并对当地政府以考核加分的方式适当鼓励建设图书馆。尽管占的比例不大，但2012年上报的五家图书分馆建设计划都是乡镇主动上报的，这也反映了随着示范效应的加大，乡镇图书馆建设改变了起初的质疑和被动时期，已经成为各地的文化自觉，这种态势来之不易。

关键词三：创新思维

随着网络的发展，现代图书馆集聚的数字资源已成为重要的服务内容，乡镇电子阅览室功能无疑可以整合到图书馆之中。因此，送数字资源下乡是温岭的一大特色和创举，乡镇分馆的读者也能享受到温岭图书馆读者能享受到的所有数字资源服务。地处偏远、出行不便的读者，只需要通过网络就可以直接在家中电脑借阅温岭图书馆8万种、近12万册的电子图书；温岭本地的读者还可以享受免费下载国内最大的三家学术资源提供商所提供的学术学位论文资料。同时，积极发挥农村非公企业建设的积极性，2011年5月，在浙江利欧股份有限公司职工活动中心建成温岭图书馆利欧数字分馆，该馆拥有电脑24台，可在馆内直接使用温岭图书馆的数字资源。

各地都有送书下乡任务，但做法各异，台州地区是将采购的纸质图书免费送到各乡镇、村居。因此，将送书下乡的指标集中使用，发挥最大效益，根据新建馆送3000册、运行良好的分馆送1000册的要求分解全年送书下乡计划。据统计，温岭全年共向乡镇街道文化站以及基层文化俱乐部图书室赠送图书15484册，在圆满完成送书下乡任务的基础上，为已有及在建的乡镇图书馆补充优质图书11479余册，解决了分馆的一部分藏书要求，可谓一举多得。

无论是纸质资源还是数字资源，在资源的采购和共享上，都以高标准、高起点为目标，努力提供真正优秀、有价值的资源。不管是采用哪种模式输送的资源，内容永远都是核心。

对乡镇图书馆建设的思考

定位问题：图书馆既是业务部门也是事业单位，没有直接行政命令和考核职能，在具体的建设规划上只能提供义务建议和要求。尽管各地的乡镇图书馆很多名为分馆，可人员调配、财产管理等大多以当地乡镇政府为主，但并不表示县市图书馆就可无所作为，相反，应该是推动乡镇图书馆建设的核心力量。从已建的乡镇图书馆来看，不但要负责功能布局、硬件要求、统一条形码、统一借阅系统业务的指导，在很多时候，主观能动性的充分发挥往往是成功的关键所在。就拿温岭的第一家乡镇分馆——石桥头图书分馆来说，当时可谓没有一点经验，在当地政府和市领导的支持下，拉来了慈善总会（文化扶贫也是一种创新）的赞助，不断完善、充分发挥第一家分馆的示范效应。当分馆建设渐入佳境时，图书馆的作用更是不可或缺，从制订要求、考核建议、规范化操作乃至开放后的业务辐射（讲座、展览等），都需要深入其中，不断总结。

命名问题：现在有的利用冠名者名称，有的使用乡镇图书馆（而不是分馆）名称，温岭的实践是只求所用，不求所名，但在图书馆业务上，必须要求规范化，实施统借统还；在财产上不强求，增加乡镇图书馆的进一步开放和完善动力。

人员问题：随着分馆的不断增加，采编、业务辅导等工作量急剧增加，但是在各地紧控编制的背景下，人员往往很难得到增加，因此亟需高层按照顶层设计的要求，对于县市馆人员做适当的配置定额规定，以每增加两至三家分馆增编一人的考量。同时，对于乡镇图书馆管理人员以社会招聘为主，按照每家两个固定的要求配置，特别要加强年度的业务考核和设立配套奖励基金，按照每年的借阅递增比例来定量考核。比如可以按照每借阅一册（这在自动化业务中很容易操作）设置0.1元至0.5元的奖励基金，由乡镇专门用于业务发展和人员奖励。

乡镇图书馆建设是一项重要的文化惠民工程，各地的实践都是可贵的探索，道路各异，但有一点是共同的，那就是从实际出发，充分发挥图书馆的实效，不要成为摆样子工程，不要为建而建。

（作者单位：温岭市图书馆）

免费开放公共文化设施的探索与实践

章　寅

在改革开放30多年后的今天，我们的物质生活水平大大提高了，当物质的需求已经不仅仅停留在温饱这一基本需求时，精神需求也随之出现了更高层面的追求。此时，生活环境、配套的公共设施能否为大家的需求而改变，是个值得探讨的话题。

中国是世界上人口最多的国家。互联网时代，我们的物质生活水平提高了，跟物质匮乏时期的吃饱穿暖相比，现在人们倡导的是品质生活，大家更注重于个人兴趣爱好的培养和品位的提升。音乐、美术、舞蹈等一系列艺术形式在群众中普及开来。从孩子开始，参加琴棋书画各类培训班的人数日益增多。广场上，越来越多的人跳起了排舞、交谊舞等。人们的业余生活向着多元化、多样化方向快速发展。

公益事业的特点：外在性、社会性、共享性、无形性、福利性。社会效益是公益机构的首要目标。公益事业所提供的产品大多是无形的服务，而不是有形的物质产品。公益事业的服务是为许多单位和居民共享的。为群众业余文化生活提供服务和指导各类公益事业机构（诸如图书馆、文化馆、美术馆等），在物质富裕的今天，如何随着大家的改变而做出调整呢?

健康是指一个人在身体、精神和社会等方面都处于良好的状态。传统的健康观是“无病即健康”，现代人的健康观是整体健康，世界卫生组织提出“健康不仅是躯体没有疾病，还要具备心理健康、社会适应良好和有道德”。我们在为物质社会创造财富的同时，如何获得一个健康的心理，各类公益文化机构可以为大家提供如下帮助：

物质生活的丰裕，同时带来各种诱惑，我们如何在物欲横流的今天不迷失方向？书籍作为若干年的文化积累，以及各类知识的沉淀是人类最为直观，也是最易被接受的精神财富来源，拥有大量藏书的图书馆无疑为我们提供了精神大餐。免费提供书籍阅读，以及各类资料的查阅、互联网的资源共享，和良好的学习氛围等，是图书馆参与社会文化建设的重要优势。其他诸如美术馆、博物馆之类的，都是人类文明史的沉淀和积累的体现，在社会节奏越来越快、压力越来越大的今天，无疑为我们的心理提供了一盏明灯。

从直观上的文学，转到另一感官上的艺术而言，诸如音乐、舞蹈、美术等，所谓的阳春白雪、下里巴人，只不过是人们心中对这些感官艺术的陌生而产生的一份神秘感罢了。我们可以组织各种公益的免费艺术普及班，传播各类美学教育，让艺术的种子在大家心中生根发芽。就像当年的利玛窦把西方科技传教到中国那样，开办各类公益大讲堂。从讲解各种艺术门类的编年史记载开始，通过历史的记载和各个时期的代表作品，我们可以了解到人类精神领域的发展过程。我们可以把简易的、容易操作的艺术形式带到老百姓的生活中去，诸如艺术欣赏、声乐，各类易于掌握的乐器，简易的广场舞蹈，以及书法绘画等。

我们付出的是开放公益场地和在人们的心灵播下一颗小小的艺术种子，若干年后的收获，就不可同日而语了。美国做过一个调查，学习音乐的孩子成年后，犯罪率明显偏低。各种美学美育的广泛传播，使得我们的心理能够比较健康地成长，对于整个社会的安定，乃至整个世界的和平，都能起到良好的作用。生活中点滴改变都是从某个微小的举动开始的，如此美事，我们何乐而不为。各类公益免费服务不是一时的兴起或者是某种形式主义，而是长期的、循序渐进的举动和行为。我们对这一举动的坚持和发展，就是对纳税人最大的服务和回报。

公益事业文化建设可以走多远、多长，我们的改变是成功还是失败，最终得靠群众来肯定。传统模式随着社会的发展而随之改变，变化初期会有很多的不适应，也会有很多的不确定，但只要我们的方向对了，最终会到达彼岸的乌托邦。

（作者单位：杭州市文化馆）

基层公共文化服务之我见

陈旭明

乡镇（街道）综合文化站是文化工作的重要阵地，担负着为基层群众提供公共文化服务、示范引导群众文化健康发展、管理农村文化市场的重要责任。如今，文化越来越成为综合国力竞争的重要因素，这就对基层文化建设提出了更高的要求。

面对新的形势和任务，要实现乡镇（街道）综合文化站的科学发展，实现基层文化的大繁荣，笔者认为，必须坚持正确的文化发展方向，自觉做到四个统筹：

统筹文化事业与经济发展，服务新农村建设。一是以建设“乡风文明”为目标，突出“农”字特色，根据当地群众欣赏习惯，引进广大群众喜闻乐见的文艺书籍、音像制品和特色文艺节目，拉近文化站与群众之间的距离，为农村群众提供源源不断的精神食粮，丰富农村群众文化生活。二是在建设新农村过程中，乡镇（街道）综合文化站要充分发挥示范引导职能，在新村规划时提前介入，统筹考虑村级文化礼堂的选址和功能布局设计，做到未雨绸缪。同时，积极指导村文化礼堂、文化活动室开展活动，着力构建上下贯通的乡镇文化网络。三是结合农村产业经济发展需要，发挥乡镇（街道）综合文化站设施资源、人才资源优势，采取与其他科研单位密切合作、聘请专家学者授课等形式，为广大群众讲授种植、养殖、粮食加工等各方面的技术知识，服务农村经济发展。四是抓住农民工返乡期间的有利时机，大力组织开展适合青年农民的文化活动，让广大群众成为文化活动的主体，增强乡镇（街道）综合文化站的吸引力。

统筹文化事业与文化产业，增强自我发展活力。要善于挖掘地域文化精髓，积极寻找当地文化产业发展的切入点。杭州市富阳区有着深厚的文化积淀，宣纸工艺、古籍印刷、湖笔制作、纸伞制作等历史悠久，已成为富阳的文化品牌，为乡镇文化活动的开展提供了良好条件。在基层文化服务工作中，一是要主动服务传统文化产业发展，挖掘优势文化产品内涵，加大宣传力度，帮助企业打造文化品牌，助力企业发展；二是善于借力文化企业，与文化企业之间建立良好的合作关系，做到资源共享、优势互补，在基础设施、文化人才、活动场地等方面实现与企业共建的格局，争取文化企业更多地支持文化活动的开展，助推基层文化事业发展；三是结合文化企业需求，积极开展有针对性的文化技能培训，在实用性上下功夫，为企业发展储备人才，也使参培的群众既受到文化熏陶，又掌握致富技能，赢得群众支持。

统筹专业文化与群众文化，百花齐放谋发展。基层文化服务面对的是广大农民，他们的文化素质参差不齐，乡镇（街道）文化站在开展活动过程中，既要结合当地群众的传统欣赏习惯，选择大家喜闻乐见的文艺节目、文化书籍和音像制品，组织大家开展老少皆宜的文化活动；又要积极引导广大群众参与高品位、健康向上的文化活动。

统筹“种文化”与“送文化”，培养文化发展后劲。目前，各乡镇（街道）综合文化站普遍面临着人员紧张、素质有待提高的问题，导致在开展文化活动中“送”得多、“种”得少。为此，一方面，必须增强“送”文化的针对性，把先进文化和科技知识传播给农民群众，提升基层文化服务水平；另一方面，积极引导和鼓励农民自办文化，提高农村文化的造血功能，着力建设“一支永不离开”的文化工作队伍。在“种”文化方面，一是搭好“舞台”，结合当地文化传统，利用重大节日等时机，组织文化展演，通过群众创作、群众表演、群众参与，提高文化活动的影响力；二是当好“参谋”，积极参与群众文化作品创作，指导群众提升活动水准，做群众文化积极分子的“贴心人”；三是既要让群众“走进来”，又要让群众“走出去”，积极推荐当地优秀文化项目走到外乡镇、走到市里省里，走出更广阔的天地，发挥更大的影响力。

（作者单位：杭州市富阳区银湖街道综合文化站）

社会力量参与文化馆公共文化服务的探索

——以杭州拱墅区文化馆为例

赵晗婷

杭州市拱墅区地处京杭大运河最南端，穿境而过的千年古运河，孕育了以运河文化为特色的地域文化。拱墅区文化馆为国家一级馆，2012年，该馆被省文化馆命名为全省首家“免费开放共建基地”。近年来，该馆通过引进社会力量参与公共文化服务的举措，吸纳社会文化资源弥补馆内经费、人员、师资等方面不足，现已形成了10多个馆办品牌活动，开办了30多个门类、每周50多个班次的公益培训。

主要做法　“三大团队”形成了社会力量参与的服务主体。一是文化名家顾问团。积极引入在国内有一定影响力的专家学者，组成文化名家顾问团，现已成为社会力量参与文化馆公共文化服务的领军力量。二是名师项目工作室。引进一批在省市专业领域有一定造诣的名师，入驻文化馆设立工作室，成为社会力量参与文化馆公共文化服务的中坚力量。三是文化志愿者团队。面向社会招募文化志愿者，参与文化馆日常管理、开展文化活动，现已成为社会力量参与文化馆公共文化服务的基础力量。“三项制度”规范了社会力量参与的日常管理。一是在杭州市内领先出台了《拱墅区基本公共文化服务标准》。作为区级服务标准，明确了社会力量参与公共文化服务的具体工作要求。二是在国内首发了《文化志愿服务管理规范》。该规范全方位、系统地明确了文化志愿服务的各项标准。三是在国内首发了《社会力量参与公共文化服务管理评估标准》，对社会力量参与公共文化服务的绩效做出量化评价。“三个平台”拓宽了社会力量参与的服务区域。一是打造“文化馆免费开放”服务平台。目前，文化馆已引入10余家社会力量，对全区10支基层文艺精品团队开展进馆培训辅导；为辖区百余名文化干部提供艺术修养、群文策划、政策研究等15个班次的业务培训课程；为广大群众提供全年60多个班次、30多个门类的公益培训。二是成立“大运河文化沙龙”共建平台。整合社会文化资源，通过“文化沙龙”，让更广泛的社会力量参与到文化馆的发展中。三是建立“文化智慧一点通”网络平台。

特色创新 一是拓宽参与渠道，形成社会力量参与公共文化服务的引入机制。积极引进企业、社会团体或个人，通过公开招标，将文化馆的服务进行外包，鼓励社会力量参与公共文化服务，实现了公共文化服务的社会化。二是完善激励政策，形成社会力量参与公共文化服务的保障机制。制定并实施《拱墅区公共文化服务场馆引进社会力量的招募制度》《拱墅区公共文化机构公众参与制度》等政策，营造了政府主导、社会参与、多元投入、协力发展的良好氛围。三是出台评估规范，形成社会力量参与公共文化服务的长效机制。根据工作实践，制定出台《社会力量参与公共文化服务管理评估规范》，促进了社会力量和文化馆之间的双向交流，积极、持续、稳妥地推进文化馆的长效发展。

社会影响 一是品牌活动层出不穷。社会力量积极参与并承办文化馆的各项文化活动，从每年元旦的“运河新年健走”开始，到“运河民俗文化体验周”等大型文化节庆活动都有社会力量介入。“民星大舞台”等文化惠民服务项目也主要由社会力量承担。此外，社会力量还自发开展了“大运河国际诗歌节”等活动，成为辖区文化惠民活动的重要补充。二是文化产品丰富多样。文化馆引入了“黄亚洲文学工作室”等社会力量，合作完成了《运河南端说码头》等十余本运河南端系列丛书和视觉艺术展览；完成了《浙江通志·公共文化卷》（拱墅卷）20万字的资料采写；等等。三是受益群体不断扩大。通过社会力量的参与，文化馆为老年群体、残障人群提供了便利的文化服务，实现了公共文化服务的均等化、多样化、常态化和效益最大化。

（作者单位：杭州市拱墅区文化馆）

立足群众所需打造高能级公共文化服务场馆

——以义乌市文化馆为例

黄　奕

近年来，义乌市公共文化场馆设施建设步伐不断加快。目前，全市拥有公共文化设施总面积达79.5万平方米，建成了市级文化场馆4个、镇街综合文化站（文体综合体）14个、农村文化礼堂244个、图书分馆16个、悦读吧116个，市、镇、村三级公共文化设施网络逐步形成，其中市文化馆为部颁国家一级馆，公共文化服务稳步向基层延展，其整体处于省内较先进的水平。

为落实省委关于“最多跑一次”改革带着温度延伸扩面、落地生根的工作部署，对标省公共文化服务体系示范区，从满足人民群众日益增长的文化生活需求出发，以文化馆为主阵地，打造一流的服务型公共文化场馆，努力让群众享有高质量、多元化且带着温度的公共文化服务。

自多元化、个性化需求着眼，让公共文化场馆的服务更加丰富

一是推进全民文化艺术普及。文化馆以全民艺术普及为目标，努力营造全民惠及、全民参与的艺术氛围。持续深化“蒲公英培训课堂”品牌，开展“澄心学堂”艺术普及、“千名文艺骨干”培训、高雅艺术进校园等项目，推进全民艺术知识普及；每年引进各类高质量演出、画展、讲座等120多场，通过展

览、演出和赏析结合的方式，推进全民艺术欣赏普及；组织承办浙江省现代民间绘画优秀作品邀请展、浙江省合唱节、全国手机摄影大赛、浙江省青年歌手演唱大赛、浙江省少儿音乐大赛、浙江省古筝分级大赛、全国鼓书展示展演活动等重要赛事活动，推进全民艺术精品普及；结合传统节日和重大节日，组织开展群众性节日民俗活动、"非遗"展示活动，推动全民艺术活动普及。

二是提供多元化文化服务。主动把握和适应新时代多元化的趋势，根据老年人、未成年人、外来建设者、外国人等群体的不同文化需求，针对性地开展服务，提供丰富多彩、切合群众需求的文化产品，使文化场馆真正惠民、亲民、益民、悦民。文化场馆每年向市民提供阅读分享、文艺演出、公益展览等文化活动数千场次。针对义乌外籍人士集聚的情况，努力打造开放包容、多元融合的"万国文化"，建设一站一特色的丝路文化驿站之"传统文化体验站"，组织举办"一带一路国际艺术节"、"梦幻西班牙"文化周、"外国人眼中的新义乌"手机摄影等活动，构建在义外商、留学生的精神文化家园。

三是开展点单式个性化服务。文化馆通过微信小程序平台，探索定制式、菜单式公共文化服务，完善群众文化需求征集和反馈机制，推出了"你点我演""你学我教"预约配送服务，采取在备选名单中投票选择自己喜爱的文艺节目、培训课程、演出团队的方式，把"展什么、演什么、学什么"的权利交给群众。根据村（社区）提出的实际需求，每年开展"流动书场""非遗六进""送戏下乡"等活动，为基层群众提供精准服务达1200场以上。定期开展问卷调查，动态掌握群众文化需求及服务满意度。

从便利化、人性化角度用心，让公共文化场馆的服务更有温度

一是以科学布局、方便可及为原则布局文化场馆，初步形成15分钟文化圈。文化馆打通馆际界限，整合市级总馆和11个镇街分馆在人才、活动、空间等方面的资源，建立以“会议联席、人员联动、活动联办、培训联做、平台联建、场地联用”为主要内容的“六联”工作机制，总馆文化资源逐渐下沉。

二是引导开展文化志愿服务。完善志愿者注册招募、服务记录、管理评价、培训教育、激励保障机制，建立科学、高效的文化志愿服务运作体系，引导文化志愿者参与艺术辅导、公益展演、文化服务等活动。义乌市文化志愿者大队下设19个中队，即5个直属中队和14个镇（街道）中队，注册人数达7000余人。文化志愿者来自各行业、各系统，常年活跃在全市公共文化服务领域。已连续7年组织“送温暖送祝福——文化志愿者在行动”公益活动，重点为在义的外来建设者提供公益文化服务；在“蒲公英群文课堂”等公益文化培训活动中，建立了相对成熟的“志愿者指导师”模式；“文明观演”剧院服务活动，主要引导观众文明观演；“群文艺术团”，是我馆文化志愿者的亮点，由各类艺术专业爱好人士组成，有舞蹈、器乐、道情、合唱等，承担着送戏下乡、文化艺术节、“文化走亲”等公益文化艺术服务。专业、精准、细致、无私的文化志愿服务，不仅点燃了群众学习文化、感悟文化的热情，也滋润了群众的心。

三是开展文化场馆信息化建设。加强信息技术在公共文化场馆的应用，建设数字文化馆等，形成集展示、交流、阅览功能于一体的信息文化平台。通过建立微信小程序平台，提供线上场地预约、培训报名、比赛报名等，实现“零跑”服务。在文化馆大厅放置文化一体机，内置精选280集优质文化视频讲

座、100种大众期刊，每月更新，扫码即可下载。

四是全方位提供人性化服务。突出文化场馆演艺、展示、休闲、休憩、社交、教化等功能，打造有活力的城市文化空间。文化馆下沉式广场、美术馆、剧院大厅、展示厅等公共设施常年免费开放。文化广场剧院针对环卫工人、献血者、老年人、残疾人、部队官兵、公益志愿者等群体实行免费观演活动。“蒲公英”群文公益培训班中专门开设聋哑人国画培训班等，体现“文化为民”的价值导向。馆内设施充分考虑老年人、残疾人、未成年人、孕妇等特殊群体需求，在日常维护和改造过程中，不断改进无障碍通行设施及其他亲民便民元素，切实提升设施的可达性、趣味性和人性化。

从专业化、品牌化运作入手，让公共文化场馆的服务更具品质

一是引进专业管理机构。积极探索公共文化场馆社会化运营新模式。文化馆通过公开招投标，引进杭州大丰文化传媒公司合作运营管理义乌文化广场剧院，每年演出100场以上；此举压缩文化场馆管理运营的人力成本，又提升了管理服务水平。

二是引进知名文化机构。加强与省级以上院团、院校建立合作共建机制，通过合作项目、合作创作、合作研究等方式，引进优势智力资源、演出资源和文化项目。七墨美术馆（浙江画院创研展示中心）、杭州雅育集团义乌澄心学堂等公益运营项目成功进驻文化馆。今年，首次与浙江越剧研究院（越剧团）合作开展“12+N”戏剧项目，包括精品越剧12场、“雏鹰计划万里行”优秀儿童剧《快乐课堂》演出50场，并将义乌设为该剧团定点“送戏下乡”地。

三是打造本地文化品牌。持续培育“文化艺术节”、“江滨之夜”晚会、“一带一路”艺术节、“哆来西”非遗交流会、“流动书场进文化礼堂”等品

牌文化活动。其中，2019年“江滨之夜”晚会就已吸引全市7个部门、14个镇街的主动参与，每到周末，文化广场就成了市民可看、可玩、可学、可演、不设围墙的免费剧场。文化馆还专门设立文化名家工作室，集聚分散在各行各业的文化人才。一方面，激励创作一批源于义乌现实生活、反映时代主题的精品；另一方面，鼓励把名家讲座、名家课堂、名家展览等品牌文化带给千家万户。

（作者单位：义乌市文化馆）

公共文化必须城乡统筹兼顾

顾宏根

党的十七大对文化建设做出了全面部署，提出文化是国家软实力，要推动文化大发展大繁荣，掀起社会主义文化建设新高潮。这是对文化工作在全党全国工作大局中地位和作用的全新认识，对广大文化工作者是极大的鼓舞，必将引领大家更加自觉、主动地推动文化与经济、政治、社会各领域协调同步、又好又快发展。而公共文化服务体系是保障公民基本文化利益的社会福利事业，最能体现民生精神，体现人民群众在文化方面的共建共享。

公共文化服务体系必须坚持以民生理念为主导，重在解决群众在文化方面最关心、最直接、最现实的利益问题。应该在政府主导下，举社会之力，建设一个能够覆盖全体公民的文化服务系统，要向最基层的群众、向困难群体特别是农民倾斜，让他们享有公平的文化权，要为广大老百姓谋取文化上的实惠，突出公共文化服务体系亲民、便民、利民特点，最大限度地实现文化建设的公共价值。因此，做好城乡统筹公共文化这项工作的关键是要科学合理地双向兼顾。

完善城市文化设施乃当务之急

城市重点文化设施是我国对外文化交流、展示国家形象的重要窗口，是我国灿烂悠久的历史文化和繁荣一新的现代文化与世界文化交融的重要平台。《国家“十一五”时期文化发展规划纲要》对建设公共文化服务设施网络提出了明确要求，要建设一批包括国家大剧院工程、国家博物馆改扩建工程等代表国家文化形象的重点文化设施。各大中城市的文化设施建设必须加快推进，因为文化设施既是文化建设的标志，又是文化工作的基础；既是文化产品的重要载体，又是文化成果的展示平台；既是今天的文化阵地，又是明天的文化遗存。大中城市的博物馆、图书馆、文化馆、美术馆等文化设施应该全部齐全，但现实中不少城市的文化设施建设目前依然存在很大问题。如杭州市区有个文化馆，已经十年没有自己的场馆了，一直租借很小的农民房办公，条件非常简陋，可该区实际上是一个经济十分富裕、财政实力相当雄厚的区。由此可见，不少城市的政府主管部门对文化设施建设不重视。因此，尽快建设完善好城市的文化设施应是当务之急。

农村乡镇要加快高质量的综合文化站建设

乡镇综合文化站是农村文化建设的重要基地，是实现农村文化大发展大繁荣的重要基础，是党和政府开展农村文化工作的重要阵地，对活跃农村文化生活、促进农村经济协调发展具有重要作用。加强乡镇综合文化站建设，是党中央、国务院确定的社会主义新农村和新时期农村文化建设的重要内容。然而，目前广大农村的文化设施建设滞后情况依然十分严峻，如杭州地区的许多乡镇，没有文化楼的文化站还占有很大比例，许多文化站长的办公室还是与其他部门挤在一起并用的。杭州是我国经济较发达地区，其乡镇综合文化站建设尚且如此滞后，那些经济欠发达地区综合文化站建设不如人意的现象就可想而知了。当然，可喜的是《国民经济与社会发展第十一个五年计划》将乡镇综合文化站建设列为“十一五”期间的重大文化工程，充分肯定了乡镇综合文化站建设在农村公共文化服务体系建设中的基础性地位，并提出了具体要求：到2010年基本实现“乡乡有综合文化站”目标。这在改革开放以来，是中央财政投入最大的一项农村文化基础设施建设项目，农村建设高质量综合文化站将指日可待。

努力实现公共文化设施社会效益最大化

改革开放以来，我国经济建设得到了迅猛发展，人们的物质生活水平有了极大提高。发展到现在这个阶段，我们应当更加注重社会的科学进步、协调发展，更加注重切实解决人民群众日益增长的文化需求与现实不相适应的问题。这就需要我们文化事业和文化产业双轮驱动，国内需求与国外需求双向选择，城乡一体统筹考虑来加快公共文化体系建设，实现人民基本文化权益，满足人们精神文化生活多样化要求。建立城乡一体的公共文化服务体系是文化大发展大繁荣的基本要求和基本目标，我们就是要力争做到人群的全覆盖，要高度重视并着重解决当前存在的城乡差异，注重向农村倾斜、向特殊人群倾斜，实现文化服务均衡供给。

总之，城乡的公共文化设施和文化事业单位的主要目标就是追求社会效益的最大化，其目的在于充分利用。有关文化单位必须创新体制机制，充实服务队伍、丰富服务项目、改善服务环境、提升服务质量，把实事办实，把好事办好，使群众在良好的环境和优质的服务中享受真正的“文化大餐”。同时，必须统筹兼顾好城乡的公共文化建设，将公共文化设施真正成为广大老百姓自娱自乐的精神园地。

（作者单位：杭州市萧山区戴村镇文化站）

群众文化篇

社区文娱队伍建设浅议

承　红

社区文化是构成社区的要素之一，社区文娱活动是社区精神文明建设中最生动活泼，参与面最广泛、辐射面最宽的，使社区居民在娱乐、健身、益智的活动中体验健康、向上的社区文化氛围。如何做好社区文娱队伍建设，笔者提出如下对策：

正确引导文娱队伍服务于社区道德建设。我国的《公民道德建设实施纲要》明确要求：从我国历史和现实的国情出发，社会主义道德建设要坚持以为人民服务为核心，以集体主义为原则，以爱祖国、爱人民、爱劳动、爱科学、爱社会主义为基本要求，以社会公德、职业道德、家庭美德为着力点。在公民道德建设中，应当把这些内容具体化、规范化，使之成为全体公民普遍认同和自觉遵守的行为准则。作为聚居在城市一定地域范围之内的居民所组成的生活共同体——社区，应该在具体化、规范化上下功夫，可以组织业余作者把社区内真实感人的好人好事原原本本地搜集起来，编写成小品、表演唱、小戏、相声等居民群众喜闻乐见的文娱节目，供文娱队队员排练时作脚本用，排练成后，在各个活动点演出，凸显可亲、可敬、可信、可学的道德楷模，使观众思想感情得到熏陶，精神生活得到充实，道德境界得到升华，这样，文娱队的作用就显而易见了。组织各类观摩培训，积极辅导文娱队员。小型文娱队伍的悄然兴起，一方面是由于在退休老人日渐增多的今天，这个群体处于生活有保障、精力尚充沛、年龄不算很老的阶层，在漫长的休闲生活中，渴望寻找一份快乐、一份满足，渴望有一个集体活动的去处；另一方面是居民群众富而思乐，希望能有滋有味地过好每一天，还希望把自身具有的才艺展示出来。在这种氛围下，文化部门和社区可以抓住这个有利时机，适时地组织各类观摩和培训活动，举办社区文娱队员培训班，从某一种艺术门类的表演技能入手，进行系统辅导，使文娱队员的素养和技能得以提高。以举办“社区文艺汇演”为载体，有效促进文娱队总体素质的提高。以2003年9月的富阳区乡镇文艺调演为例，使富春大地上的群众文化活动实实在在地火了一把，呈现出每乡搞文化活动，每镇歌舞欢腾的丰富多彩的局面，也使城区的观众大饱眼福，不少观众至今还在津津乐道。如果把这个方法用于社区娱乐队领域中去，可以预测，气氛将更加活跃，参与者将更加众多，而对今后的社区文化活动也将起到明显的推动作用。

同时，在准备节目参加汇演的过程中，文化馆辅导干部将大有可为，通过辅导，一批新的群众文化业余骨干和居民群众喜闻乐见的文娱节目将会脱颖而出。文化部门应主动多做“红娘”，巧配“姻缘”，以求共同提高。在社区小型文娱队伍势头蓬勃的现实状况下，文化部门应该主动、热情、积极地多做“红娘”。如何做“红娘”？比如目前的文娱队自娱自乐表演的仅仅是单一的传统越剧选段演唱，三个小时的演出，一竿子到底，几乎没有变化，文化部门可以主动把其他形式如曲艺类、歌舞类的节目介绍给文娱队，并让他们同台演出。再如，在文化部门组织主办的演出活动中，也可有针对性地邀请社区文娱队出色的节目前来加盟，两相糅合，各自的优势与劣势就明显可见了。此外，文化部门还应该尽快建立社区娱乐队的档案，文化业务部门应确立辅导人员，对娱乐队进行经常性的扶持与辅导，并保持长期联系。

《公民道德建设实施纲要》明确指出：社会是进行公民道德教育的大课堂，党政各部门、社会各方面以及城市社区、农村基层组织在公民道德教育中，有着义不容辞的责任。要组织社区成员开展健康有益的文化娱乐和体育活动。形成具有本社区特色的文化氛围，提高社区的文明程度，热情地关注，正确地引导，适时地帮助建设社区文娱队伍是有效的途径之一。相信社区文娱队伍这朵富有生命力的社区之花，在上级文化部门的关注下，在社会各界的浇灌下，定会盛开得更鲜艳，散发出诱人的清香。

（作者单位：杭州市富阳区文化馆）

家庭文化在社区文化建设中的作用

王雅玲

家庭文化是社会文化的缩影，是民族文化产生、流传、继承和发展的基础，也是先进文化的重要组成部分。家庭是社会的细胞，是组成社区的基本单元，因此社区文化建设离不开家庭文化的发展，家庭文化建设是社会主义精神文明的有效载体。

家庭文化是形成社区文化的基础和土壤

家园意识是居民对社区产生认同感的基础，同时也是归属感的依托。社区文化建设强调文化氛围的培育和文化理念的孕育，只有每个参与其中的人，把家庭生活的发展与社区密切联系起来，才能使社区成为人们依存的精神文化家园。作为社区最小构成单位的家庭，是创建和推动社区文化的基本动力之一。不同的家庭有着不同的文化形态和生活方式，以家庭为单位开展特色文化活动，不仅可以促进家庭素质的提高，使家庭文化异彩纷呈，而且能起到以点带面的作用，推动千家万户的居民创造良好的社区文化环境，形成社区文化的基础和土壤。

家庭文化推动社区文化的繁荣兴旺

家庭文化是孕育社区文化的摇篮，更是推动社区文化繁荣兴旺的动力。当今社会上方兴未艾的时尚文化及民间艺术热潮，都离不开家庭文化这个基地。以杭州市下城区街道为例，近几年也涌现了许多具有较高文化艺术的特色文化家庭和一些有较高文化艺术专长的人，他们不仅是社会文化艺术工作者，而且也是繁荣发展社区文化的有生力量。如朝晖虹园社区著名的“线塑之家”，除全家钻研线塑艺术外，还专门为社区免费举办专业讲座，推广线塑才艺。女主人许恩真还编写出版了《多彩的线塑》一书，为更多爱好线塑的朋友提供了学习和掌握这门艺术技能的方法；杜林森的“魔术之家”不仅在国内外表演中享有盛誉，而且还在社区传授技艺、传播文化。在朝晖地区的众多家庭中，有的祖孙三代都爱好唱越剧、京剧，并有多人屡次在京剧票友大赛中获奖；有的父母孩子均有较高的器乐演奏水平，可以在社区举行小型的民乐小合奏，熟练地演奏多支乐曲。在物质生活提高以后，为数不少的家庭根据自身的特点和爱好纷纷购置钢琴、电脑、书刊以及各种与家庭文化相关的器材，他们的业余时间大部分用在家庭文化活动中。他们的文化艺术水平，在家庭和社区的文化活动中，既有所发挥，又得到提高，逐步成为社区文化活动的主体，在丰富多彩的社区文化活动中扮演起重要的角色。由此可见，家庭文化为社区文化提供了活力，社区文化通过家庭文化这个丰厚的土壤更加繁荣兴旺。

家庭文化促进社区文化品位的提高

社区除了作为人们日常生活的场所外，同时它又是人们思想、观念交流和活动、聚会的重要场所。良好的社区人文环境可帮助人们建立起和睦的社区人际关系，使邻里之间守望相助、互相友爱、健康向上。而发展家庭文化，更有助于和谐邻里关系的形成，进而提升整个社区文化的品位。随着家庭文化的深入发展和水平的提高，家庭文化活动也逐步由自娱型和观赏型，向交流型和展示型发展，当人们的家庭文化艺术水平达到一定程度后，都希望能在社区这个大舞台上发挥自己的特长，展示自己的优势，得到社会的肯定和邻里的赞许。社区文化具有的广泛参与性，给家庭文化的发展和交流提供了一展身手的大舞台，使家庭荣誉感在社区文化活动中得到充分的肯定和重视。在社区举办的各类文化活动中，他们踊跃参与，成为社区文化活动中的亮点。同时，富有特色的家庭文化还吸引了兴趣相同的文化爱好者，促使文化志趣相近的家庭之间加强交往和技艺交流，又进一步扩大了家庭文化的影响，使人们的思想、情感、心理、爱好诸多方面得到积极的引导和宣泄，既达到了取长补短、互相学习、共同提高的目的，又极大地丰富了社区的精神文化生活，有力地促进了社区文化朝着健康向上的方向发展。家庭文化的兴旺，亲和了邻里人际关系，融洽了社区氛围，提高了生活质量，成为社区良好风气的推动者，从而有力地促进了社区文化素质和品位的提高。

综上所述，搞好家庭文化建设，对推进社区文化的发展，乃至促进社会良好风气的形成，作用是多方面的。以家庭文化为园地，健全细胞式的家庭文化小乐园，在社区文化建设中具有十分重要的意义。

（作者单位：杭州市下城区朝晖街道文化站）

用科学发展观指导社区文化团队建设

潘根娣

科学发展观是当今我国在准确把握世界发展趋势，认真总结发展经验，深入分析自身发展阶段特征的基础上提出的全局性战略思想和执政理论，是进一步推动文化大发展大繁荣的指导力量。社区文化团队是开展社区文化活动的骨干力量，也是群众文化建设的重要参与者。群文工作者应以科学发展观引领社区文化团队的快速、稳定、可持续发展，切实推进社区文化建设。

“以人为本”，构建社区文化团队发展新起点

“以人为本”是科学发展观的核心，全面回答了“靠谁发展”“为谁发展”等一系列问题。“以人为本”也是社区文化团队建设实现跨越性发展的重要突破口，社区文化团队建设就必须确立“以人为本”思路。要将文化建设的根本目标——“人的塑造”贯穿社区文化团队建设的始终，致力于提高队员自身的能力与为其他群众献演的水平，将社区文化团队的建设发展过程作为一个自我提高、服务群众、培育文化的过程。强化辅导，促进社区文化团队水平新提升，社区文化团队要走科学发展道路，就需要不断提升团队的水平与活力。各文化馆站就应该充分发挥其职能，加强社区文化团队的建设。加大辅导力度。许多地区的群艺馆、文化馆都有专门的社区文化辅导员，长期或定期地为

社区文化团队进行文化辅导。但笔者认为，应进一步加大社区文化辅导员下社区辅导的力度与辅导的质量。首先，应该进行有针对性的文化辅导；其次，应制定科学的社区文化辅导绩效考评制度。加大精品化力度。笔者所指的“精品化”并非由文化馆站为主体将社区文化团队的节目打造包装为“精品”，而是通过文化馆站的辅导与发掘，在社区文化团队中挖掘可进一步加工的活动与节目，通过文化辅导员的辅导，由团队的队员发挥自主能力，将节目进一步加工与提高。

解放思想，开辟社区文化团队发展新路径

以科学发展观为指导，社区文化团队合理地走产业化道路。社区文化团队的发展需要一定的物质基础，笔者认为社区文化团队可合理地走产业化道路。许多社区的文化团队水平都较高，已渐渐成为一些商业演出中的重要演出力量，可在社区、街道甚至更大的范围内，成立具有一定规模的“社区文化团队联合会”，到民政部门经过注册成立，建立健全的组织机构，科学地制定规章制度及团队发展计划，并由联合会统一承接、协调、分配业务。以科学发展观为指导，社区文化团队与企业文化“结对”共建。社区文化团队的队员多为中老年人，通过“结对”，可使社区文化团队队员在与企事业单位人员进行文艺交流过程中，拓宽视野，激发活力。而企事业单位在举办新春联欢会、企业庆典等活动中，邀请“结对”文化团队进行表演，促进企业文化的发展。社区文化团队还可协助“结对”企事业单位建立或完善该单位的文化团队，进一步交流经验，共享资源，促进共同发展。

创新思维，打造社区文化团队建设新亮点

为社区中青年、青少年居民打造适合他们的文艺团队。许多社区文化团队中，中青年、青少年队员的比例较小。所以，笔者认为应创新思维，成立一些适合中青年居民参加的文化团队，从而调动中青年、青少年居民参与社区活动，建设社区文化的积极性。如社区可针对中青年的兴趣爱好，组建DV剧社、读书会、饮食文化交流会等文化团队，吸引中青年居民参加。并通过宣传鼓励的方式，引导中青年自主创建团队。通过为他们量身定做文化团队，努力营造社区内人人参与文化建设的良好氛围。社区通过招聘与在各团队中选拔的方式，组建社区文化创作团队。笔者认为，社区文化团队的发展要积极在创排节目上下功夫。可以通过社区内招聘创作人员，或在各团队中物色选拔创作人才、创作积极分子的方式，组建一支社区自己的文化创作团队。该团队主要担负起社区各文化团队中节目的创作、编排，定期邀请专家进行培训。并与当地文化馆站联系合作，努力将社区内的创作人员培养成文化馆站的业余创作力量。创作人员借助文化馆站的平台，予以进一步展示、提高。社区文化的发展离不开社区文化团队的发展，社区文化团队应坚持以科学发展观为指导，进一步明确团队今后发展的方向，引导团队优化组合，完善内部组织管理机制，增强其在社会文化方面的活力，为推动文化大发展大繁荣贡献力量。

（作者单位：湖州市文化馆）

发挥文化馆开展群众故事活动的作用

邵碧霞

随着我国经济的不断发展，文化事业也在逐步前进中，文化馆作为承载文化传播职能的部门，发挥着不可替代的作用。

在和谐社会构建中，作为群众文化之一的故事活动，功不可没。故事，从原始社会先民的生产劳动中诞生后，就寄托着人们的美好理想和对生活的期待与向往，体现了人与人之间的和睦相处，洋溢着和谐精神。那么，如何让这群众故事活动更好地开展和传承下去呢?

引导，让更多的人写故事讲故事。讲故事要有脚本，这就是说，我们讲的故事要自己创作。因此，富阳区文化馆开始引导喜欢文学的人创作故事。为此，每年举办各种形式的讲故事写故事比赛，并规定参加比赛的只能是原创故事。各乡镇、各村纷纷行动起来，开展层层选拔，故事爱好者也脱颖而出，有的还是能写会讲的双面手。故事赛讲活动的开展，使得富阳城乡写故事讲故事氛围非常浓厚。

随着影视、网络的兴起，对故事的创作和演讲有一定的冲击，但富阳区文化馆仍是抓住故事不松手，每年举办故事创作征文比赛，激励着一批故事作者坚守这一阵地。同时，不但组织老故事员重返故事讲台，还开展从下到上的全市少儿故事比赛，带动了学校的故事赛讲活动，使故事创作和演讲后继有人。

培养，让更多人成为故事演讲和创作的优秀人才。通过故事创作和演讲比赛，更多的人迷上了故事。但喜欢讲故事或写故事，并不是进入了故事领域这个门槛。20世纪八九十年代以来，富阳区文化馆派出一名干部主抓故事创作赛讲工作，经常组织各类富有针对性、实效性的故事讲演或创作培训班，使参加学习的故事爱好者在故事创作和演讲方面取得新成效。特别是创作上，在进行故事理论辅导的同时，举行故事题材讨论会，作者把已经写好或刚刚构思好的故事拿到会上讨论，各自提出看法，不能形成故事的当场“枪毙”，如有修改价值的，再群策群力出主意提建议。有不少故事经过讨论后，艺术性和思想性都得到了大大提高，被一些故事报刊采用。这样的培训，缩短了故事作者的成熟周期。沙龙形式的故事讨论会，富阳区文化馆每年都要举办五至十次。有时，把故事讨论会安排在乡下举行，让更多的乡村故事员也来参加。还邀请上海《故事会》、浙江《山海经》、辽宁《故事报》等故事报刊的编辑到富阳进行辅导。由于采取了这一系列措施，故事作者的写作水平大大提高，从中也涌现出一大批优秀故事人才，他们创作的故事不但在故事报刊上发表，频频获奖，一些故事还被搬上荧屏，有十余位作者还出了故事专集。

坚持，让故事成为当地的一张文化名片。在富阳，20世纪八九十年代，讲故事就像唱流行歌曲一样，是当时很重要的一种文化活动。当然，发起人是文化馆和所属的乡镇文化站。现在，在市场经济冲击下，故事的风光有所减弱，但富阳区文化馆还是几十年如一日地抓住故事，仍有抓故事创作的专职干部，故事活动也抓出了成效。

文化馆积极选送本地作者创作的故事参加上级举办的各种比赛，从1979年第一届杭州市讲故事比赛开始，富阳得了五连冠。故事员不但在全省、苏浙沪、全国部分城市的新故事比赛中获奖，有两名故事员讲的故事还被浙江广播电台录音后播放。这样一来，富阳的“写故事讲故事”在省内外有了一定的影响，经常会有江苏、上海、浙江的文艺界朋友来取经，一些故事报刊编辑还直接到富阳听故事、选故事。

在组织参赛的同时，还出版了《翡翠戒指——富阳创作故事选》《富阳故事精选》等故事专集。积极推荐优秀故事作品，使之选入文化局、文联编辑出版的《春江浪花》《文潭》《富阳文艺作品精选》《风雅富春——富阳区文联成立23周年优秀作品选》等书籍。这对打响本地故事品牌，起到很大的作用。

实践证明，富阳区文化馆立足本职，积极发挥自己的职能作用，开展群文活动，为故事搭建平台，使群众的故事演讲、创作得到蓬勃发展，并取得了可喜成绩。这也说明，文化馆对群众故事活动的开展，起着极其重要的作用。

（作者单位：杭州市富阳区文化馆）

推进社区文化建设　构建和谐宜居环境

顾丽娟

社区是社会的组成部分，是大社会的缩影，是具有相对完整意义的社会实体，以社区为载体的家庭文化、庭院文化、广场文化，正显现出一种现代文明的群众文化潮流。

近年来，湖州市凤凰街道以党的十七届六中全会精神为指导，紧紧围绕“推进城乡统筹发展，打造和谐宜居凤凰”目标，着力推进社区文化建设，有效地挖掘、整合社区文化资源。在思路上、方法上、机制上下功夫，寻求突破，努力构建与文化大发展大繁荣相适应的社区文化新架构，为打造和谐宜居环境，营造了良好的文化氛围。

明确职能，加大社区文化建设力度。凤凰街道党委充分认识到社区文化对城市改革、发展、稳定的重要作用及其深远意义，把社区文化建设列入街道文化建设发展规划和社区建设的总体规划中，列入领导干部目标考核责任制体系中，与党建、计划生育、社会治安综合治理一起部署，一起落实，一起考核。做到议程上有位置，内容上有安排，考核上有指标，措施上有保证。

凤凰街道还制定了相应的保障制度来保证社区文化活动正常有序开展，要求各社区担负起社区文化的阵地建设，将过去的“办文化”观念转变为“服务文化”理念，广开渠道，努力抓好社区文化基础设施建设。

加强规划协调，整合社区文化资源。加强对社区文化资源配置的规划，从实际出发，确立整体框架，努力解决文化资源浪费、功能重叠、利用率低等问题。在资源的开发利用上，既要考虑到实际的需要，又要兼顾未来发展的需要。

街道党委在了解各辖区内文化资源的底数，掌握文化阵地建设和运营情况的基础上，注重发挥综合作用，让公园、广场、社区文化中心等设施成为市民开展文化活动的阵地。根据每个社区资源情况，量身打造特色社区，如凤凰一社区——老年服务型社区、凤凰二社区——绿色生态型社区、金泉社区——治型社区、滨河社区——和谐型社区、翠苑社区——学习型社区、美欣社区——休闲型社区、青塘社区——环保型社区、港湖社区——学习型社区、阳光城社区——文化型社区、龙溪社区——体育型社区等。

2011年，街道以实施体育健身工程为契机，社区（村）文体基础设施建设又有新进展。社区文体协会认真做好各社区（村）体育健身场地、设施添置工作，及时做好报修和保养工作，做到数据上报和维修及时。全街道现有各种特色文化小公园18个；各社区和村拥有健身路径25套，篮球场3个，室内乒乓球桌11张，室外乒乓球桌23张。良好的基础设施为全民健身运动的开展和各健身队就近就便的锻炼与比赛提供了有力保障，全街道经常性参加体育锻炼的人数迅速增加，占总人口的40%以上，使各体育团队保持了较强的实力和旺盛的生命力。

重视团队建设，拓展社区文化空间。队伍建设是社区文化建设的核心，社区文化工作的开展，必须依靠一支政治强、业务精、作风正的骨干队伍。社区业余文化团队作为社区文化的重要载体，是社区文化工作的重要内容和主要抓手，也是精神文明建设的具体实践。目前，各社区大都成立了不同形式的社区业余文化团队，街道为各类团队提供固定的活动空间，使他们得到了社区居民的认可，成为社区的品牌。比如，阳光城社区开展的“创建阳光文化社区，营造温馨和谐家园”主题活动，向居民大力开展社区文化活动，丰富社区文化生活，形成了一个品牌。各社区结合自己的实际与特色，也先后开设了文体广场，为居民自娱自乐提供了活动场所，成立了各具特色的68支文体队伍，经常组织丰富多彩的文体活动、趣味运动会、老少同乐活动、知识竞赛等。

注重组织协调，开展多样文化活动。凤凰街道文化站把提高村、社区群众的整体素质作为工作的第一要务，充分利用社区文化资源，把村、社区各个层次，各个岗位有文艺特长的人员汇聚起来，组建群众性文艺团体，组织开展各具特色的群众性文化活动，调动居民群众参与社区文化建设的积极性和主动性，形成文明和谐的社区文化氛围。2011年，在各辖区单位、村、社区的大力支持及配合下，共开展基层文体活动83场。

（作者单位：湖州市凤凰街道文化站）

加强社区文化建设工作

丁爱莲

桐庐县有行政村183个，社区21个，社区数量占全县行政村的十分之一，社区发展的健康与否，直接关系到桐庐县的未来发展。社区文化建设，是创建文明社区的基础工程，是文明县城的重要组成部分，经过多年的发展，21个社区的文化建设已有了长足进步。

桐庐县21个社区文化建设取得初步成效，是我们正确面对社区现状、重视社区文化建设、积极开展社区文化活动、共建和谐文明社区的成果。但由于其发展历程尚短，人们的认识还不到位，因而存在着诸多问题。

桐庐社区文化建设现状

一是社区文化设施滞后。21个社区的文化基础设施有图书阅览室10个、电子阅览室7个、娱乐活动室7个、教育培训室6个。这些文化设施普遍与发展要求不相适应，文化设施的普及率与利用率不高。一方面，文化设施总量不能满足居民需求。文化设施陈旧老化，文化场所面积狭小，设施种类贫乏。另一方面，文化设施总量多余而得不到充分利用。有3个社区为在社区“创先”中取得好成绩，盲目投入，搞形象工程，以提高社区的知名度，但结果超量积压，造成损失和浪费，未能实现使用价值。

二是社区文化队伍专职干部欠缺。21个社区没有专职的文化干部，都是兼职人员，且年龄结构、文化水平、思想观念及能力都难以适应实际的文化工作，使得文化工作落不到实处，文化活动无法有效长期开展，导致社区文化活动品位低、内容乏，不能满足社区居民的文化需求。

三是社区活动自主性不够。21个社区文化建设全部依靠政府主导，乡镇街道对社区的文化活动大包大揽，文化建设、文化活动都由政府"包炉底"，缺乏引导社区居民自主活动，从而使居民参与积极性不高，出现消极被动的现象。

社区文化建设发展的思路

要加强社区文化建设，必须结合社区实际，因地制宜、形式多样、广泛深入地开展好社区文化体育活动。

倡导和谐文化。结合文明社区创建活动，积极开展以倡导"社会公德、职工道德、家庭美德、个人品德"为主旋律的和谐文化活动，营造社区和谐文化氛围，不断提高居民道德素质，逐步形成团结互助、平等友爱、共同前进的和谐人际关系。

完善文化设施。要树立为社区服务、为居民服务的思想，在硬件建设上做到设施齐全，功能完善。在软件建设上做到展示特色，彰显个性，积极开展丰富多彩的文化活动，营造深厚的文化氛围，推动社区文化建设不断发展。

合理运用社区资源。全县共有社区业余文体骨干队伍57支，他们有自己的才艺和特长，深受居民的喜爱和欢迎。这是社区文化事业的骨干和优良资源，是社区文化活动的基础，我们必须充分利用好、发挥好他们的示范带头作用。

经常组织文体活动。每逢节假日，都要因势利导，充分利用现有场地、设施和文体骨干，组织举办丰富多彩的文化体育活动，为社区居民送上丰盛的精神食粮，提高社区居民生活的幸福指数。

激发居民参与热情。为社区居民搭建文化服务平台，不失时机地动员和组织社区居民，让他们积极参与文化活动，释放追求先进文化的热情，体会参与文化活动的乐趣，充分展示自身才华，增加相互交流，加深友谊，共建和谐家园。

积极共建文明社区。社区文化建设要坚持以“提升学习力，激活创造力，优化服务力”为抓手，把居民群众满意不满意作为第一标准，把居民的呼声作为第一信号，把多办实事、解决问题作为第一要求，让每一位居民在社区里都拥有一片精神绿洲，拥有一片文明的天地。

因此，加强社区文化建设，是构建和谐社区的重要途径。只有不断完善社区文化设施，建立社区文化队伍，开展社区文化活动，丰富社区文化内容，才能提升居民的整体素质和社区整体水平，才能构建和谐社区、和谐社会。

（作者单位：桐庐县分水镇文体中心）

街道文体中心需强化公共文化服务功能

丁菊珍

街道文体中心作为当地居民享受文化惠民政策的重要阵地，正产生着越来越大的社会效益。随着人们日益增长的文化需求，对街道文体中心的服务提出了更高的要求，如何真正发挥文体中心公共文化服务功能，并使之成为当地文化建设的集散地及凝聚力所在，已成为文化工作者需认真思考和亟待解决的问题。

问题提出：“少数人俱乐部”现象

杭州市拱墅区米市巷街道文体中心拥有面积超过1500平方米的活动场所，项目完备，设施齐全。该中心在全省内较早较好地推行了全天候免费开放制度。该制度运行以来，在方便辖区居民参与文体活动的同时，也不断显露出了一些值得关注的现象：一是尽管文体中心场所利用率很高，但前来活动的居民对象范围却有一定的局限性；二是尽管天天有居民在这里参加活动，但居民的年龄结构或职业结构却存有很大的局限性。

与此同时，辖区内很多单位、部门或企业苦于缺乏场所而放弃了组织开展员工（职工）文体活动的计划。根据一次面向辖区各单位有关文体服务需求的问卷调查，36%的调查对象没有固定的文体活动场地，53%根本就没有活动场地；63%的调查对象一年中组织活动的次数不超过3次，28%在过去三年中根本就没有组织过一次活动。究其原因，跟本单位没有场地或租用场地费用太高有着直接的联系。

理论引入："拥挤性"的准公共产品

在公共经济学领域，根据竞争性和排他性的有无，所有的社会物品被分为四类：纯公共产品、俱乐部产品、公共资源产品、私人产品。其中，俱乐部产品和公共资源产品通称为"准公共产品"，准公共产品一般具有"拥挤性"特点，即当消费者的数目增加到某一个值后，就会出现边际成本为正的情况，准公共产品达到"拥挤点"后，每增加一个人，将减少原有消费者的效用。

从公共产品理论角度考察，街道文体中心当前推行的"全天式免费制"场所服务，实际上是在为居民提供一种"准公共产品"，显然，这项服务是非排他性的，即所有人都可以使用文体中心的公共场地；但同时具有了竞争性——某些人在使用了，必然会将另外的人排除在外——这就是公共资源产品的拥挤性所导致的。从另一个角度看，"全天式免费制"场所服务"制度上的公平"却造成了"实际上的不公平"——总是特定的某一些人在使用场所，却因"先来后到""占者为王"的原因在客观上将欲享受服务的其他居民排除在外。

笔者认为，街道文体中心绝不应该是私人"家庭活动室"的延伸，而应该是宣传、倡导、教育、培训等满足文体知识需求和提升居民文体素质的公众型场所。

实践建议：文体中心要成为共建共享的综合服务平台

街道文体中心要实现平台功能的转移策略——要将场所服务功能从单纯提

供无偿无门槛服务转移到“集中性的公众型场所服务”，努力提高社会效用，真正体现文化普惠原则。

具体来说，就是街道文体中心要多开展集中性的居民（群众）文体服务项目，用“以点带面”的方式，增强文化的群众影响力，让街道文体中心成为文化力向外辐射的中心。采取的方式可以是：培训、讲座、沙龙等。米市巷街道文化站从去年开始推出的“米市文化大课堂”就是一个典型的范例，这项涵盖各年龄层次人群的文化大餐不仅有利于场所平台的充分、公平利用，还可以有效和较快地提升居民文化素养，从而为打造街道文化精品工程打下基础。另外，还可以针对辖区内众多单位、企业等的文体服务需求，做好安排和计划，为他们提供场地和相关指导，其中也会让更多的“新居民”感受到文化普惠的温暖。

对文化资源进行挖掘整合，打造大文体品牌，也是实现文体中心文化辐射力的重要途径。米市巷街道成立了文体协会，将辖区内40多个文艺团队进行整合，加强团体间协作，共同参与街道文化建设，不断扩容辖区的文体资源，打造米市地区文体精品及文体品牌。

（作者单位：杭州市拱墅区米市巷街道文化站）

最美社区生活模式探讨

任文俊

随着国内房地产业持续升温和旅游产业的异军突起，人们在喧嚣和忙碌中越发向往田园生活，“风情小镇”之风恰在此时扑面而来。转瞬间，“风情小镇”不仅成为房地产业力推的项目标签，也被注入本土文化内涵，成为游客心目中的最美风景。

风情小镇泛指拥有独特地域文化背景、迷人自然风光以及舒适人居环境的小镇生活。世界各国都有形态各异的风情小镇，诸如法国南部“香氛小镇”——格拉斯镇、西班牙海港的“美食小镇”——格塔里亚镇、日本的“环保小镇”——上胜、英国的“迷你小镇”——拉文纳姆……对于国人而言，风情小镇不仅是消费者梦寐以求的桃源式居所，也是开发商心中执着追求的乌托邦式建筑。虽说风情小镇渐成气候，但终究是移植而来，蓬勃的生机尚需时日，因地域文化的差异，风情背后常有迷失。

风格是一种外在的建筑模式，风情则是一种由内而外的生活理念。“风情”即“美”，涵括风雅情趣、风土人情等种种，建筑的风格一眼就能看见，小镇的风情却需慢慢养成，不仅关乎生态环境布置、功能区域划分、文化资源整合等，还在于社区认同、社区文化、社区精神的培养。

国外的风情小镇由于各国历史、经济、社会和资源条件不同，发展道路不尽相同，因此形态各异。国内的风情小镇虽处于培植期，也不乏成功范例。2012年，杭州首推的13个旅游风情小镇独具江南风情：如富阳黄公望村因《富春山居图》而闻名，“风情”源于书画、兴于书画；临安河桥镇历史悠久，因河多、桥多而得名，风情重在生态。一座小镇代表着一种生活，不管在世界何处的风情小镇，共有的特性是都有独特的文化，都代表了一种舒适自然的生活方式，风情莫过于此。

风情小镇因其风情为城市带来一抹清新的同时，也为打造城市社区品牌独辟蹊径，因而，建设之初就须具备清晰的规划理念，把握正确的发展方向。例如杭州的“翡翠城”是一个融住宅、商业和生活配套于一体的超大型人文社区。作为城市风情小镇的代表，“翡翠城”有科学的发展方向，他们认为一个优秀的社区就应该注重社区的生态性和可持续发展，应当把社区和社区的生活方式当作一个活的生命来对待，维护它、保持它、发展它、更新它、美化它。此外，杭州的乡村风情小镇虽类型不同、“风情”各异，但在规划建设之初就已明确了大方向：宜居、宜业、宜游和宜文。不论是蓬勃兴建的房地产风情小镇，还是已建的乡村旅游风情小镇，“有特色”“够风情”才“最美”，“最美社区”也正是风情小镇的努力方向。

“爱美之心，人皆有之。”让风情小镇成为一种最美社区生活模式应该是所有小镇居民的理想，要实现这一理想，必须从社区认同、社区服务、社区文化三方面入手：

培养社区认同，树立家园意识。社区认同就是对所在的社区有一种归属感，有集体意识，有情感的投入，这是构建最美社区的坚实基础。如居住在风情小镇的居民，须具备“小镇是我家”的意识和情感，对小镇及其邻里有心理上的认同与融合，从而，对小镇的公共事务从关心到积极参与进而萌生荣誉感。杭州良渚文化村的实践值得借鉴，该村居民都自称“村民”，2011年初村里颁布实施了一个由村民们自发起草、制定的《村民公约》，内容涵盖生活诸多细节，它的实施在潜移默化中改变了“村民”习惯，培养了社区认同，将小区变成一个和气舒适的家园，良渚文化村也成为杭城最美社区的范本。

创新社区服务，提升人居品质。社区服务是满足社区居民各种需求、提升居民生活品质的关键，风情小镇的服务核心是小镇居民，创新服务、人性化服务是小镇风情的一种外在表达。建议有的放矢地设立服务项目、充实服务内容、突出服务特色、强化服务效果。如设立家政中心、亲子学堂、老年俱乐部、残疾人康复中心等为居民服务，策划丰富多彩的文化活动，倡导健康科学的生活理念等。例如“翡翠城”专门为学龄儿童开办“四点半学校”，解决了上班家长的后顾之忧，为老年人开办“颐乐学院”，让其老有所学、老有所乐，还组建少儿社、青联社、文艺社、健康服务部、志愿者队等，有文化、有服务、有人情味，小镇风情的韵味儿也蕴含其中。

彰显社区文化，增添风情内涵。社区文化涵括社区物质文化、制度文化和精神文化，标志着社区居民的精神价值和群体意识。彰显社区文化是小镇风情的内在诉求。第一，要充分运用物质文化载体，如图书馆、体育馆、活动广场、标志性建筑等，发挥社区文化的教育、陶冶、塑造功能，培养居民的文化意识；第二，要利用制度文化载体，如民间习俗、村规民约等，适时组织各种文化活动，增进交流，建立和谐友善的人际关系；第三，要培育和倡导社区精神文化，把小镇居民凝聚成一个共同体，共同实现“最美社区”的人居理想。2011年夏天，“最美妈妈”吴菊萍的事迹对其居住的闻涛社区居民触动不小，变化也不少，此后，邻里相亲互助的好人好事层出不穷。吴菊萍这一“接”，不仅保住了妞妞幼小的生命，撑起了一个家，也接起了邻里之情，激发了社区之美。当年，吴菊萍以“最美妈妈”“最美邻居”的双重身份成为“杭州市邻居节”的形象代言人。诸如此类的最美风尚，也让社区风情越发显得厚重。

一个坐落于城市或乡村的风情小镇，一种独具文化意味的居住理念，没有最美，只有更美。

（作者单位：金华市文化馆）

加强社区老年文化建设的对策

吴小萍

老年文化建设是社区文化工作很重要的部分，所以，要把社区文化搞好，抓老年文化建设是不可或缺的。在此，笔者就社区老年文化建设提出如下对策思考：

对策一　把老年文化建设纳入社区精神文明建设的框架筹划和运作

老年文化是精神文明建设的组成部分，其在精神文明建设中具有重要的地位和作用，因此将老年文化建设纳入精神文明建设的总体框架，是顺理成章的。这种纳入，主要体现在以下几个方面。一是社区精神文明建设要包含老年文化这一块的内容。这里的老年文化，是指大文化的概念，既有对老年文化生活的关注和引导，有对老年文化娱乐活动的投入和安排，又有对老年不良文化习俗的批评和制约，对健康的精神文化生活的倡导和支持，还包括精神领域的各个方面，包括政治、思想、道德、法律等一切领域的与老年人直接相关的各种问题，要把这一切都纳入社区精神文明建设规划而予以全盘考虑和制订。二是要有老年文化的管理机构。即使社区不可能有独立的专门机构，社区的上一级机构，如街道办事处乃至区政府，也要有这样的机构；即使暂时没有条件建立专门机构，也要有别的相关机构来代理，并代行其职能，或有一些专职的管理人员和工作人员，以便对社区的老年群体进行专门的到位的管理，对社区老年文化进行实事求是和卓有成效的指导。三是要有一定的老年文化工作资金保证，使老年文化工作不流于形式。当然，这只能是基本的资金保证，而且资金的来源可有各种渠道，不是单靠伸手向国家要钱。四是各有关部门要确确实实提高对老年文化的重视程度。要充分发挥老年群体在精神文明、政治文明建设中的作用，不是把他们作为点缀，更不是作为包袱，而是作为一种人才和人文资源进行合理开发和使用，在充实老年人自身晚年生活的同时，又对社会有所贡献，增添社区精神文明建设的新亮点。

对策二　加强老年社团建设，促进各项老年文化活动的开展

老年文化活动离不开组织领导，这里组织领导的一个很好的形式，就是要根据社区（或几个社区，或城市市区）的老年群体特点、特长、爱好等组织成立民间社团，由这些社团组织开展各项活动，这样就有了凝聚力和向心力，活动也就能较有特色地开展起来。如衢州市京剧联谊会就是市区一些中老年（以五十岁以上年龄为主）京剧爱好者自发组织的一个群众团体。他们经常在一起开展京剧联谊活动，平时排练，节庆时公开演出，不收费，在社区活动和广场文化活动中经常有他们的身影，演出京剧全本或折子戏，或京剧清唱，成为城市文化活动的一道新景观。像这样一个民间的群众的京剧联谊组织，不花国家的钱，却为城市的群众文化注入了活力，又使那些老年艺术爱好者达到了“老有所乐，老有所为”的价值目标，是政府和文化部门应当倡导的，是扎扎实实开展群众文化活动的一种好形式。除京剧以外，还有越剧、老年舞蹈、书画、健身健美，乃至钓鱼、养花、刺绣剪裁等，都可以成立完全老年性的或以老年

为主的社团，以便组织起来开展活动。

对策三　充分挖掘群众文化单位潜力，加强对社区老年文化的指导

在过去相当长的一个时期，群众文化工作基本上没有包括老年文化，这是因为过去老龄化问题不突出。现在情况发生了很大变化，不但许多城市进入了老龄化社会，而且老年群体越来越被社会所重视，老年人由于自身条件的改善而对文化的需求越来越强烈，大力开展老年文化工作的时机已经成熟。群众文化部门介入社区老年文化工作，主要可从以下几个方面入手。一是直接参与组织开展社区老年文化活动，如参与社区文艺晚会的活动组织，广场文化活动和省市文艺赛事中老年文艺节目的创编、辅导和活动组织等。二是开展群众文化信息交流，把外界或上级有关老年文化活动信息向社区反馈，开拓社区老年文化工作思路。三是举办老年艺术培训班，提高老年人艺术素质，可单独举办，也可与社区合办。四是以社区老年人为对象开展文化调研，搜集民间文化遗产，抢救濒危艺术。社区有一些民间艺术老人，要发挥他们“活化石”的作用。

（作者单位：衢州市文化馆）

当前企业文化建设中存在的问题与对策

陶丽君

企业文化作为一种全新的企业管理理论和管理方法，对推动管理思想的创新，形成企业内部凝聚力和外部竞争具有重大的促进作用。企业文化的核心是培育创造一种充满活力和奋发向上的价值观和企业精神。但目前有些企业的企业文化建设还存在不少问题，主要表现为以下四方面：

一是对企业文化建设的重要性认识不足。企业文化是企业健康快速发展的内在强大驱动力。它对于企业员工思想道德和科学文化素质的提高具有特殊的渗透力和影响力，对企业实现战略目标、提高经济效益和核心竞争力及塑造良好的企业形象等都具有潜移默化的促进、支撑和保证作用。但不少企业领导对企业文化的重要性认识不足，对企业文化建设缺乏正确的指导思想和长远战略规划，致使企业文化建设效果不理想。

二是有些企业对制度文化建设重视不够。一个企业既要有科学的制度等硬要素，又要有丰富的精神等软要素，才能成为有坚强精神支柱的生命体。但有些企业只强调精神文化和物质文化建设，忽视了制度文化建设，使三者不能协调发展，严重影响了企业文化建设。

三是企业文化建设与生产经营活动缺乏紧密联系。企业作为社会经济的细胞，不仅是市场经济的经营主体，而且是市场经济的文化主体。它的生产经营活动不仅具有经济意义，而且具有文化意义。但由于有些企业既没有把企业的文化建设纳入战略发展规划，又没有与生产经营活动紧密联系，两者之间的互动效果不明显。

四是企业文化建设受传统体制影响，不善创新。许多企业不善于学习和借鉴国内外先进企业的管理模式，以致许多企业创新精神不强，自主创新难度大，跨文化管理水平较低。

当前，要加快企业文化建设步伐，不断提高企业核心竞争力，必须做好以下三方面工作：

第一，加强宣传教育，营造良好的企业文化氛围。只有通过多种形式的宣传教育，才能增强员工的企业文化意识，逐步形成现代企业文化氛围。应结合我国政治经济文化实际，积极开展现代企业文化理论和实践的探索，在探索中加快建设。应以培养“四有”新人为目标，强化对企业员工的培训工作。另外，我国企业文化与西方发达国家企业文化差距较大的一个重要原因，是投入不足。因此，应加大投入，搞好文化基础设施建设，为发展企业文化创造良好的条件。

第二，精心培育企业价值观和企业精神。企业价值观是企业文化的核心，是企业精神的思想基础。企业精神则是企业价值观的集中体现。为此，应从本企业的实际情况出发，发挥企业家和先进人物的作用，精心培育富有鲜明个性的企业价值观和企业精神。而企业形象是社会公众和企业员工对企业整体印象的综合评价，是企业物质文明和精神文明的综合体现。良好的企业形象一旦树立起来，所带来的经济和社会效益是无法估计的。塑造良好的企业形象，要对企业形象的现状进行正确评估，制定出总体规划设想，利用产品展览会、用户洽谈会和新闻媒体等形式进行有效展示，及时总结评价并提出改善的新思想、新办法，着力树立名牌形象、优质服务形象、优良秩序形象和优美环境形象。

第三，弘扬主旋律，不断提高企业综合竞争力。大力弘扬时代主旋律是建设企业文化的主题。抓住了主旋律，就能更好地振奋精神，鼓舞斗志，凝聚力量，激发企业活力。无论政府部门还是传播媒介，在评价和宣传企业文化建设成果时，既要重视其外在方面，又要重视其内在基础的方面，使企业文化建设健康发展。广大企业领导及员工应树立正确的世界观、人生观和价值观，切实重视和加强制度文化建设，把思想和行为统一到企业发展的方向和目标上来。另外，无数中外企业的实践证明，企业文化与企业经营效益之间是相互促进的关系，因为企业用无形资产盘活有形资产是通过人来实现的，只有盘活人，才能盘活资产。而盘活人的关键是文化先行，这也是企业提高经济效益和综合竞争力的制胜法宝。

（作者单位：缙云县五云镇文化站）

民营企业文化发展漫谈

杨雅贞

作为国民经济重要基础的乡镇民营经济，在新时期的经济发展中起着极为重要的作用。乡镇民营企业的发展是乡镇经济发展的必然要求，它的发展必须以本地为基础，充分发挥企业核心能力，培育现代企业文化。

近年来，杭州市萧山区坎山镇民营经济的发展已全面融入了世界潮流。笔者认为：要做大做强民营企业，没有较完善和良好的企业文化氛围是不行的，反之，一个发展较快、健康有序的企业就一定会有健康的企业文化为之服务。

文化是企业长久的保鲜法宝。企业文化是指企业在经营管理中，根据企业的任务、性质和所处环境所提出的以共同价值为核心的观念与信条。企业文化是企业群体的共同价值观，企业精神文明状况的反映，是随企业产生而产生、随企业发展而发展的。

企业文化与企业发展有着怎样的关系？先来看一看经济强国日本。第二次世界大战后，日本经济在一片废墟上迅速崛起，这一奇迹让世界震惊。日本之所以能迅速崛起，除了管理方面，更因为他们注重人的精神方面，那种民族文化传统中的奋发向上和忠诚的团队精神。“杰出而成功的公司都有强有力的企业文化”，即有明确的经营哲学，有企业全体员工的共有价值观，有被企业全体员工共同遵守但往往都是自然俗成而没有书面形式的行为规范，有各种用来宣传、强化这些观念的仪式和习俗。正是企业文化这一非技术、非经济的因素导致了这些企业的成功。企业的发展壮大对于资本与文化不可或缺，文化是企业长久的保鲜法宝。

民营企业文化仍存在诸多不足。目前，坎山镇不少民营企业在对自身文化系统不断进行调整和完善后提高了整体文化素质，与物质生产力发展的连接度有所增强，但从总体看，企业文化仍存在诸多不足。第一，企业文化的核心层面——基本价值观的形成、传播与扩散——处于被动状态，且多在被约束情况下进行。第二，企业文化的层级偏低，难以支撑企业长期快速的发展。民营企业文化层级高低是由企业文化的类型决定的。民营企业文化主要分类为情感型、制度约束型、理念引导型和境界追求型。坎山镇民营企业文化的发展史告诉我们，由于企业文化的形成和发展不规范、不系统，产生的文化力不强，对物质生产力的推动作用较弱，必须尽快予以加强，再造就出较高的理念引导型企业文化，特别是境界追求型文化。第三，企业文化的形成、传播与扩散没有较好地建立在党的思想建设基础上，没有形成正确的政治方向，导致企业文化基础较弱。第四，企业文化的形成源——企业家个人文化素养——仍停留在传统阶段，未能进行自我进取理念、境界方面的根本革命，阻碍了企业文化向更高层次的飞跃。第五，企业文化的形成、传播和扩散环节较多，时间较长，成本较高，降低了企业文化力。

民营企业文化发展工作必须创新。第一，企业家要自觉地进行理念革命，重塑高层次的核心价值观。第二，重新构建企业文化层级，打破多等级企业文化界限，要尽快建立与理念引导型企业文化、境界追求型企业文化相适合的新型的企业文化管理体制。第三，要将企业的团队精神作为开展企业文化及成功的保障。一个企业是不可分割的整体，众多员工的热情投入，多方关注，快速捕捉市场变化，才能在市场中夺得先机，交出有新意的产品。因此，团队精神也是企业产生创造力的保证。第四，创造条件建立学习型组织，是实行企业文化发展的重要组织保证。企业文化发展是一种人际化的行为，必须有广大员工的积极参与，才能使发展获得成功。现在，乡镇民营企业文化一般仍徘徊在由儒家文化沿袭形成的“家庭制”层面，这种专断性的企业文化严重地束缚了民营企业在新时期的发展。不论是采用“强力型企业文化”“策略合理型企业文化”，还是“灵活适应性企业文化”，针对企业的文化发展，我们首先要在企业内部形成企业核心价值观、核心理念、行为文化、制度文化，从而使企业形成一个统一思想的精神支柱的整体，才能大力拓展市场。

（作者单位：杭州市萧山区坎山镇文化站）

“致中和”五加皮的文化传承与发展

周福明

来到风景秀丽的新安江畔，人们除了领略青山秀水，沐浴凉风奇雾，体验17摄氏度江水，三百年老字号产品——严东关“致中和”五加皮保健酒更受人们青睐。致中和五加皮酒以“酒色如榴，香如蕙兰，味醇甘甜，浓郁挂杯”的产品特色和“采世间五谷杂粮，珍药异草；融天之甘霖，地之饴露；经自然发酵、酿制而成”之传统技法，结合现代营养学和先进的生产工艺，历经300年经营，在海内外盛销不衰，它是一种食品，更是一种文化。2009年，致中和五加皮酿造技艺被列入浙江省非物质文化遗产名录。如今，致中和五加皮酒已是家喻户晓，驰名中外。

明末清初，我国民族工商业开始萌芽发展，酿酒技术有了重大进步，蒸馏酒工艺渐臻成熟。清乾隆二十八年（1763）就有几家药店兼制药酒，如严州府城的九德堂、济成堂等几家中药店，开始采用蒸馏白酒泡制五加皮酒，前店后坊，上柜销售，烧酒泡药，药借酒力，效果倍增，一上市便大受欢迎。是年，饱读诗书而又精通药材的徽州药商朱仰懋来到严州府，慧眼识珠，对当地土制的五加皮进行精心研究后，发现五加皮酒既能造福人类，又潜存巨大的商机，看中五加皮酒的巨大价值，广泛搜集、潜心研究民间的五加皮酒配方，集百家之长，最终形成了现在仍在使用的严东关致中和五加皮酒配方，设坊批量生产五加皮酒。当时，他特地在古建德严州府选择严东关这块风水宝地专门销售五加皮酒，并以《中庸》一书中的“致中和”为店号，严格配方、精心酿制，创制出了远近闻名的致中和五加皮酒。这就是致中和企业的历史发端，为了与其他地区生产的五加皮酒相区别，致中和五加皮酒在产品外标识上均冠以产地“严东关”字号。自此，“严东关致中和五加皮酒”面世。

致中和五加皮酒，选用五加皮、当归、党参、地榆、山柰、砂仁、玉竹等29味名贵中药材，经特酿白酒浸泡后，添加糯米米酒、白糖、蜂蜜，采用独特的“九酝发酵，四度浸药”酿造工艺与新安江水精制而成，饮之舒畅开怀，能吸收最自然的营养成分，有助于增强人体的免疫力，是养生保健的好酒。致中和五加皮酒酒质醇厚，色泽红褐泛金黄，酒渍粘杯，酒香、药香、蜜香协调，入口和润、回味持久，构成了非同寻常、耐人回味的独特风格。五加皮酒具有活血、抗寒、祛风湿、消疲解乏、添精补髓、补气益神、健身益寿的保健功效。新安江江水透明见底，水质清纯爽口，格外优良。江水水温常年保持在17摄氏度，江上四季都有浓雾弥漫，气候湿润，对制曲、发酵、窖醅都十分有利。同时也十分适宜五加皮酒原料苦荞麦和黄栀的生长。关于它的功效至今还流传着一个故事。据史书记载，元朝末年，朱元璋打败陈友谅、张士诚部以后，在南京建立明朝。陈、张水军旧部不愿上岸称臣，漂泊在江河之中，以打鱼为生，明廷招安不成，把陈、钱、林、袁、孙、叶、许、李、何等九姓渔民统统贬为贱民，规定他们不准上岸、不准读书、不准与岸上人通婚，只准他们在水上漂泊，打鱼为生。由于九姓渔民长期在水里讨生活，易患风痹湿症，为了健康生存，他们用草药泡酒，自酿自疗。五加皮能祛风湿、壮筋骨，俗名“追风使”，民间有“宁得一把五加，不用金满车”之说。渔民们经过长期摸索，选优汰劣，配方逐渐趋同“致中和五加皮”，并常年酿制食用，治病养身。

始创于1763年的五加皮酒，1876年，因其酒色如榴花，酒香如蕙兰，入口醇厚甘甜，在新加坡国际商品博览会上荣获金奖。自此，致中和五加皮酒誉满海内外：在1915年巴拿马万国博览会和1929年西湖国际博览会上分别获得银奖和优质奖，并被誉为世界四大区域特色名酒之一；2001年迄今，“致中和”商标三次蝉联“浙江省著名商标”；2003年获浙江省知名商号；2006年被国家商务部首批认定为“中华老字号”“中国地理标志性产品”“中国驰名商标”。

（作者单位：建德市文化馆）

“欢乐大舞台”提升百姓幸福指数

王丽洁

在群众文化活动呈现多元化的今天，如何引导和组织广大人民群众的基层文化活动，让社会主义精神文明，优秀的民族传统文化和现代各种健康阳光、积极向上文艺形式的正能量来占领基层群众文化活动阵地，是每一个文化工作者应认真思考的问题。

桐庐县文化馆几年来在积极开展和推进群众文化事业过程中，举办的“欢乐大舞台幸福桐庐人”群众文化活动，是一个较好的典型，并且收到了积极效果。

自2012年以来，该馆组织并开展的“欢乐大舞台幸福桐庐人”基层百姓达人秀至今已开展三季，每一季都受到广大人民群众的热烈追捧，根据这几年的实践，我们认为组织和开展品牌性群众文化活动的客观社会现实基础，以及他们采取的办法和措施主要有以下几点：

一是初步富裕起来的广大人民群众尤其是农民兄弟们确实需要积极健康的文化活动来丰富他们的生活。初步进入小康社会的桐庐人民不愁吃不愁穿，迫切需要一些提高他们生活品位的文化活动，丰富他们的生活，寓教于乐地提高思想境界，展现新时代的精神风貌，提高他们的幸福指数。桐庐县采取了“欢乐大舞台幸福桐庐人”群体文化品牌活动的形式，以全民性、草根性为特点，为全县人民搭建属于老百姓自己的舞台。

二是人民群众中蕴藏着极大的热情和积极性，也迫切需要一个展现他们文化艺术风采的平台。历史上桐庐县就是一个文化底蕴较深厚的地区，有一定的文学艺术氛围和基础，民间也活跃着很多有一定天赋的文艺人才。而且广大群众参与文艺活动的热情极高。根据现实的条件和民情，为大力推进桐庐县群众文化事业，全力打造桐庐县的群众文化活动品牌，桐庐县结合“百姓日”活动，每年从各类项目中选取有一定群众基础并受群众欢迎的舞台表演形式组成赛事。在这里，文化是鲜活的，群众自编自演精彩节目，在属于自己的舞台上圆文艺之梦；在这里，文化是独一无二的，村史村俗，那被重新收藏的记忆带来与众不同的色彩；在这里，文化是正能量，道德讲堂、乡风评议、模范评选……似细雨和风，润物无声。钱袋子越来越鼓的农民们，在寓教于乐中净化和提高了精神境界，更加注重自身的文化素质提升和“精神富有”。

三是鼓励全民参与，重在参与，爱护和积极引导群众的热情，实行零门槛制。桐庐县的各级领导部门，以推进群众文化事业，树立社会主义文明新风，提高全民素质为目的。“欢乐大舞台幸福桐庐人”的活动项目、内容形式不限，所有桐庐户籍人员、部队官兵、学生以及在桐创业的新桐庐人均可报名参加，着力凸显“全民性、草根性、连贯性”特色，只要有参加活动的热情和愿望，会唱会跳，能写会画，这个舞台就属于他们。比赛以乡镇、街道为单位分初赛、复赛、决赛三个阶段进行，每年的5月6日即“百姓日”当天举行决赛。县有关部门也在经费上给予积极支持，并逐步列入财政预算。

四是以社会主义核心价值观、爱国主义、真善美的正能量把握群众文化活动的主方向，取得了“两个文明”双丰收。2014年10月，习近平总书记在文艺座谈会上说：“好的文艺作品就应该像蓝天上的阳光、春季里的清风一样，能够启迪思想、温润心灵、陶冶人生，能够扫除颓废萎靡之风。”学习习总书记讲话，桐庐的各级领导倍感亲切，也更加坚定了他们努力把群众文化活动的开展更上一层楼的决心。

“欢乐大舞台幸福桐庐人”群众文化活动旨在调动群众参与文化建设的积极性，促进文化共享；推动基层文化事业建设，增强文化软实力；提升群众文化素养，促进社会和谐，增强桐庐人民主人翁意识、自信心和幸福感，意义重大。这项新型、大型的品牌性群众文化活动真正为百姓搭建了属于自己的展示舞台，群众参与热情高涨，各地涌现出不少民间才艺达人，精彩的节目更是花开遍地，大大推进了全县群众文化事业发展，展示出桐庐人民的风采，也成功打造了该县的群众文化活动品牌。

（作者单位：桐庐县文化馆）

新形势下群众文化演变趋向

赵　莲

群众文化是根植于社会基层的一种文化形态，是群众文化活动、群众文化工作和群众文化队伍的总称，而其中的核心内容则是群众文化活动。与其他的文化形态一样，群众文化在其存在状态、内容形式、受众需求、组织体制和价值取向诸方面，都有着鲜明的个性特点。

随着经济社会的发展和人们生活方式的改变，群众文化的基本形态已明显地出现了新的走向。为进一步抓好群众文化的培育与促进工作，使其在满足基层群众日益增长的文化需求，推动社会主义文化大发展大繁荣的进程中发挥更大的作用，我们很有必要对新形势下群众文化个性特点的演变趋向有所了解和掌握。

第一，它正在从封闭型向开放吸纳型演变。群众文化的根基在基层，它是在基层群众的喜怒哀乐中生长和发育起来的一种乡土文化。由于不同地域的基层群众在生活习俗、语言风格和性格特点等方面存在着明显差异，所以不同地域的群众文化也呈现出不同的风格特点。这一风格特点，最终凝成了群众文化最鲜明的个性，那就是地域性很强。群众文化的地域性，不仅表现在群众文化的内容、形式和风格上，而且还明显地表现在群众文化的存在状态和运作方式上。但自改革开放以来，随着人们观念的更新，社会人员的流动以及经济的改革发展，群众文化也开始了从封闭型向开放吸纳型的演变。群众文化从封闭走向开放，从排斥转为吸纳，从固守变为流动，这是其顺应时代潮流的一种新的姿态，也是群众文化走向发展繁荣的必由之路。

第二，它正在从传承型向传承创新型演变。无论是哪一个区域的群众文化，也无论是哪一种群文样式，其中多数的又一个鲜明特点就是传承型。在新的形势下，素来推崇传承的群众文化开始了从传承型向传承创新型的演变。不少传统项目按照传承与创新相结合原则，在注重发掘、注重传承的基础上大胆地进行了探索与创新，使其在承载内容、表现手法和演出技巧等方面植入了多种外来元素，体现出了新的时代精神和运作活力。

第三，它正在从单一型向多元选择型演变。长期以来，基层群众由于长期受本地文化的熏陶和传统习惯的影响，加之文化素养方面的原因，所以在精神文化需求方面要求不高，而且还比较单一。但从20世纪90年代后期起，随着经济社会的快速发展，尤其是广播电视的普及和多媒体的兴起，加上广大基层群众文化水平的提高和现代审美能力的不断增强，人们在精神文化方面的需求也随之日益提高，推动了群众文化从单一型向多元选择型的演变。

第四，它正在从公办型向民办公助型演变。群众文化是以基层群众为主体，以满足自身精神生活需要为目的，以文化娱乐活动为重要内容的社会性文化。群众文化工作的出发点和落脚点都是基层群众，它的发展状况和工作水平直接关系到千家万户的切身利益，可以说是文化民生的一项重要内容。我们认为，群众文化从纯公办型逐步地向民办公助型演变，这是改革开放环境下群众文化一种新的发展方向，它不仅有利于群众文化真正回归民众、扎根民间，而且还有利于群众文化在基层群众这块丰厚的人文土壤中获取更大的发展潜力。

第五，它正在从娱乐型向娱乐经营型演变。群众文化的任何样式，其萌生和发展的着眼点都是为了娱乐，以使辛勤劳作在基层的广大群众在娱乐中受教育、长知识，在娱乐中享受生活的幸福。如今，随着不少地方大力鼓励群众文化为旅游业服务，为当地的经济建设服务，形式多样的群文活动便与经济紧紧地连在了一起。渐渐地，群众文化被作为一种经济资源开始了尝试性地开发利用。尤其是经过近十年来的探索与发展，经营性的群文演艺团体和群文服务组织现已遍布各地，几乎已发展成了基层群众文化活动的主力军。可以预见，随着改革的进一步深入和体制的进一步创新，“演艺团体经营，人民政府买单，基层群众娱乐”这三位一体、相辅相成的运作方式，定然会在群众文化的工作实践中不断完善，最终成为新形势下群众文化活动的基本模式，为繁荣和发展群众文化事业辟出一条新路。

（作者单位：杭州市文化馆）

“文化走亲”助推城乡文化接地气

郑雪锋

“文化走亲”活动是浙江省文化厅推行的一项统筹城乡文化资源、实现多层面跨区域文化联动、让不同区域的广大人民群众共享我省文化改革发展成果的惠民举措。

2011年3月，由浙江省文化厅、湖州市人民政府主办的浙江省“文化走亲”活动在湖州大剧院启动，至今，全省各地开展的内容丰富、形式多样、载体新颖的“文化走亲”活动，深受基层群众欢迎。以杭州市下城区为例，近年来，该区把“文化走亲”活动纳入构建现代公共文化服务体系的项目之一，纳入公共财政年度文化活动项目预算之一，纳入文化惠民项目与群众需求对接内容之一，在城际与城乡互联互通和共享中，助推城乡文化统筹“接地气”。2014年度，下城区用于区本级、街道及社区开展的“文化走亲”活动经费达121.5万元，开展“文化走亲”活动达64场次，受众人数达18.9万人。

公共文化资源的互联互通获得融合共享。公共文化资源应是属于本区域的以政府公共服务为主导的全民共享的文化设施、文化人才、文化产品、文化服务、文化遗产等资源的总和，具有不同区域经济社会发展的不同特征。开展“文化走亲”活动，破除了区域与区域之间公共文化资源在共享上的传统“壁垒”，促进两地融合发展。2014年9月，下城区与山东省济南市历下区文化局在历下区文化馆展览厅共同举办“共享翰墨情·共筑中国梦——2014杭州下城区·济南历下区庆祝新中国成立65周年视觉艺术大展”；同时，在山东博物馆广场举办“区域联动·文化联展——杭州市下城区、济南市历下区庆祝新中国成立65周年文艺汇演”。在视觉艺术大展中，下城区有书法作品28幅、国画作品22幅参展，尽显浙派书画温婉、写意的艺术风格；历下区精选50幅书画作品参展，突出齐鲁文化刚健、写实的艺术特色。而在山东博物馆的露天广场上，一场糅合吴越文化与齐鲁文化的文艺晚会，将两区的“文化走亲”活动推向高潮。同时，历下区的文化队伍通过表演节目，也向杭州来的客人展示泉城特色，一来一往之间，两区域的文化融会贯通，促进了文化交流融合。

文化惠民项目的供给与需求形成协调发展。“文化走亲”是实施文化惠民项目的有效载体之一，而群众是评价“文化走亲”活动品质的主体，根据群众需要而设计、实施的“文化走亲”活动，更能体现投入的绩效性，更能体现现代公共文化服务体系建设的先进性和导向性，更能体现“文化走亲，越走越亲”的亲和力与同向力。2014年，下城区的《社区文化动态评估体系》纳入浙江省文化厅第二批创建省级公共文化服务体系示范项目的验收，同期，下城区文广新局会同下城区质量技术监督局制定《下城区社区文化动态评估规范》，作为下城区地方标准规范发布。在下城区2014年度开展的“文化走亲”活动中，结合公共文化服务体系示范项目创建工作，在取得理论成果的基础上，注重示范项目的实践性和引导性，注重示范项目在应用和成果转换过程中的务实性，以更好地服务群众文化需求。该区在组织举办“美丽下城·魅力武义——2014年杭州下城之夜文艺晚会”“美丽下城·秀水淳安——2014年杭州下城之夜文艺晚会”等活动中，在策划编导前期，首先征求当地意见，然后形成完整的活动方案，努力使供给的预期与需求的效果高度一致。

服务技能和水平的提质提升得到有效推进。开展“文化走亲”活动，突破了文化主管部门主办文化活动的单一格局，打破了地域间文化交流的层次限制，走出了一条多元活动主体、城乡文化优势互补互动、共同发展先进文化的新路子。从目前我省各区域开展的“文化走亲”活动而言，实施活动的主体是当地的文化馆，具体表现在活动策划与论证、经费预算、外出请示、后勤服务、活动在实施进程中的监督和绩效预设等方面，而确保上述工作处于良好的完成状态，必须依附在一个环环相扣的运作链中，这样才有助于不同区域间文化馆人员的专业技能和服务质量的互相交流、互相促进和互相融合。同时，下城区文化馆专业人员在“文化走亲”的交流、合作和互动中，也开阔了视野，学到新的知识。

（作者单位：杭州市下城区文化馆）

文化馆服务基层的实践

张　跃　毛斌锋

近年来，舟山群众文化建设已具规模，丰富多彩、健康向上的文化生活对基层群众养成良好的生活习惯和提升文化素养等方面发挥着越来越大的作用。

随着人们物质需求的不断满足，人们的精神需求变得更加迫切，参与群众文化活动的热情也在不断高涨。如何进一步优化基层服务环境、提升基层服务质量，成为摆在众多文化工作者面前的一道难题。为此，笔者以为：

文化馆服务基层时间更趋常态。根据文化部、财政部出台的《关于推进全国美术馆公共图书馆文化馆（站）免费开放工作的意见》，要求文化馆（站）免费开放。舟山市文化馆自2009年起就主动实行了免费开放制度。不仅免费提供公共空间设施场地，还提供了与职能相适应的基本公共文化服务项目，包括免费演出、展览、培训、讲座、活动指导辅导等，馆内常设免费活动时间为每天8小时。县区文化馆也积极按照免费开放的要求，为基层群众提供服务。如普陀区文化馆将舞蹈厅、音乐厅、书画室免费向公众开放，同时还设立了渔民画展示厅供市民参观，在多功能展厅内定期或不定期地开展各类展览活动，常设免费活动平均每天超过6小时。

文化馆服务基层设施更加优化。2008年全市文化工作会议后，《中共舟山市委舟山市人民政府关于加强公共文化服务体系建设的实施意见》出台，“扎实推进基础性文化设施建设”成为社会各界关注的焦点。市文化馆作为公共文化服务体系建设的重要力量，开展的新馆建设得到了各级领导的高度重视。2012年底，舟山市文化馆新馆建成启用，共有馆舍面积13700平方米，设有表演艺术创作中心、表演艺术指导中心、视觉艺术调研指导中心、社会艺术活动培训中心、非物质文化遗产保护中心等，配有专门的文化活动室、综合培训室、艺术档案室、展览厅和排练厅等，室外活动场地使用面积达到2000平方米，群众文化活动用房使用面积达到总使用面积的71%。各县区文化馆也拥有完备的场馆设施。

文化馆服务基层经费有效增加。从全市角度来看，进一步明确了公共文化建设和经费投入的责任主体。各县（区）财政按人均不低于每年5至10元的标准将基层乡镇文化活动经费列入预算。同时，各县（区）还设立文化事业发展专项资金，重点补助基层渔农村公共文化基础设施建设、培育渔农村文化队伍和加大“送文化”“种文化”力度等，极大地保障了渔农村文化事业的发展。同时，在市、县区各级文化馆的文化专项资金中，均安排了针对性服务基层渔农村的经费，确保服务基层活动有稳定的经费支持。

文化馆服务基层队伍更趋稳定。近年来，舟山市创新了基层文化人才选人用人机制，由县区文化部门选聘一批专业文化干部，县区文化馆负责业务指导及技能培训，将专业文化干部分配到基层乡镇全年长期帮助基层开展文化活动。如定海区全省首创的乡镇文化业务干部“县聘乡用”模式，普陀区基层文化干部“双重管理”模式，岱山县专职文化干部与乡镇义务“种文化”辅导员“组合服务”模式，嵊泗县乡镇文化辅导员“县乡联合考评机制”等。至今，全市43个乡镇（街道）共有104名专兼职文化干部（不包括岱山义务“种文化”辅导员），基层文化人才队伍在数量上和质量上均得到明显改观。

文化馆服务基层内容更加丰富。目前，全市各级文化场馆内的培训、辅导工作已实现全年、长期开展，提高了文化场馆的阵地利用率。在此基础上，通过长期不懈的免费培训工作，逐渐在基层群众中树立了良好的业务口碑。如市文化馆自2009年开设“艺术大讲堂”群众文化品牌活动，至今已举办各类活动百余场，开展音乐、舞蹈等方面的培训，每场均有较多群众自基层赶来参加。如定海区文化馆实施“百姓课堂”文化惠民工程，采用全免费、全自愿、全方位和有求必应的方式，为基层群众提供文艺培训辅导。此外，不断拓展门类，从广场舞、摄影等广受欢迎的培训项目，延伸到戏曲综合艺术、合唱等基层呼声甚高的全新项目。活动自2009年2月启动以来，“送培训”累计达近千场次，近2万人受益，惠及城乡，社会反响良好。

（作者单位：舟山市文化馆）

让乡贤文化助推乡村和谐发展

陈 韬

党的十九大报告提出要实施“乡村振兴战略”。习近平总书记也曾强调，要认真汲取中华优秀传统文化的思想精华和道德精髓，深入挖掘和阐发中华优秀传统文化讲仁爱、重民本、守诚信、崇正义、尚和合、求大同的时代价值，使中华优秀传统文化成为涵养社会主义核心价值观的重要源泉。那么，在社会主义新农村建设进程中，我们该如何助推乡村的和谐发展呢？窃以为，应积极发挥“新乡贤”的作用，不断推进乡村治理现代化，引领社会主义新农村文化建设，弘扬和践行社会主义核心价值观。

随着我国城镇化进程的不断加快，乡村治理人才流失、主体弱化、对象多元化、环境复杂化等问题日益凸显，而“新乡贤”在乡村治理中的作用也越来越大。乡贤，大都是在外面工作的企业家、专家、行业领军人、致富带头人。他们见多识广，文化视角、知识阅历也比较丰富，有资本，有贤德，有威望，说话和做事有分量。他们是接地气、能带头、起作用的民间力量。为此，凝聚乡贤力量，汇聚乡贤文化，发挥他们联系广泛和“黏合剂”“安全阀”的作用，在推进农村扶贫济困，社会治理、引领道德风尚、涵育社会主义核心价值观等方面，可以有所作为，当好邻里纠纷的化解人，当好公益事业的热心人，当好社情民意的知情人。

乡贤文化作为一个地域的精神文化标记，是连接故土、维系乡情的精神纽带，是探寻文化血脉、张扬固有文化传统的精神原动力，更是乡愁文化构建过程中的重要组成部分与重要载体。他们有良好的家风家训，育子有方，他们的经营理念是引领一个地域发展的“活样板”。挖掘乡贤文化元素，设立宣传展示阵地，将他们取得的经验逐步推广，可以为村民心灵注入精神食粮，为地域发展丰润深厚的文化内涵。

乡贤文化根植乡土、贴近村民，能凝聚人心、鼓励群众见贤思齐，更能深深地影响村民们的行为。因此，挖掘古贤事迹，整理名人史传，建立当今知名乡贤数据库，修复古代遗存风貌，不仅将德祠、族规、族训、族谱以及忍让谦恭礼仪、家风、祖训、家训，形成乡贤文化长廊，还可以地域文化建筑为中心，沿古道遗址为契合点，供人观赏。“留住美丽，展示乡贤，记住乡愁。”乡贤是文脉，景观是文象，脉以象生，象凭脉传，美好乡村在储蓄历史底蕴的乡贤文化中凸显出来。

乡贤文化也是中华优秀传统文化的重要组成部分，更是濡养乡愁的精神脐带和血脉胎盘。文化的活力和生命有赖于顶天立地的人。无法体现人的精气神的文化，是无法传承的。五千年的历史长河，我们中华文化之所以在一次次民族融合中不断茁壮成长，就是秉持了“人本”这个核心，并且始终勿忘初心，勇于爬坡过坎，得以行稳致远。数千年的中国乡村，历经无数次战火兵燹，仍然保持宁静祥和的稳定姿态，端赖生生不息的乡贤，把文化薪火相传，把乡风文明传承。他们无论走到哪里，居庙堂之高抑或处江湖之远，功成名就之时，曲终人散之际，基本上都是“少小离家老大回”，在家乡兴办书塾，讲经布道，启蒙教化，惠泽乡梓，从而形成独具中国特色的乡贤文化。如果没有代代接力的乡贤和他们创造的乡贤文化，中国农村“耕读传家，诗书继世”的精神血脉就早已经断裂，更不会有延续千年的“乡愁记忆”。

（作者单位：义乌市青少年宫）

群文创作与弘扬社会主义核心价值观的思考

王　优

群众文艺作品有着特殊的以文化人优势，我们要明确群众文艺创作的责任，将社会主义核心价值观融入群众文艺作品中，引领社会思潮。

一、弘扬社会主义核心价值观，群文创作大有可为

首先，弘扬社会主义核心价值观，是群文创作的基本要求。习近平总书记强调：文艺是时代前进的号角，最能代表一个时代的风貌，最能引领一个时代的风气。群文创作可以生产出广大群众喜闻乐见的群众文艺作品，弘扬社会主义核心价值观。其次，群文创作是满足群众精神文化需求的重要途径。习近平总书记说："人民需要文艺。"广大群众需要大量的群众文艺作品来满足自身日益增长的精神文化需求。例如，丽水市的"乡村春晚"，200多个村上演着自己的村歌，群文创作成为满足群众日益增长的精神文化需求的重要途径。再次，弘扬社会主义核心价值观，群文创作优势明显。群文创作最能贴近实际、贴近生活、贴近群众，它以文化产品的方式，将社会主义核心价值观所倡导的价值目标、价值取向、价值准则融入群众文化，进而广泛传播，最终实现引领人们对社会主义核心价值观的认同和接受，将社会主义核心价值观内化于心、外化于行的目的。

二、弘扬社会主义核心价值观，群文创作喜忧参半

一是作品“接地气”，但精品力作少。丽水市群众歌曲创作，在弘扬主旋律、培育和践行社会主义核心价值观方面做出了很大的努力，涌现了一大批反映家乡建设、民俗风情、校园文化、家庭生活等方面的优秀作品。但是，群文创作又往往存在着作品概念化等问题和不足，许多作者容易忽略作品思想性和艺术性的统一，特色精品力作偏少。二是投入渠道多，但扶持动力小。群文创作资金的投入除了政府财政渠道外，还有许多社会渠道，比如企事业单位、村集体经济、社团组织都会因为自身需求或“双赢”预期而投入经费。但由于受管理观念的影响，投入量十分有限，有的投入只注重短期的、眼前的创作，没有扶持和激励创作的制度，许多作者因此放弃创作的理想，有不少优秀作品就这样被扼杀。三是参与人员多，但长效机制缺。群众文艺创作的一个优势就是作者群体多、分布广泛。然而，一个成熟的群众文艺作者，必须通过长期的工作实践，不断地积累经验，才能更好地适应时代发展的要求，由于文艺门类多、分工细，又缺乏可持续的培育机制，各地的文艺门类发展往往失衡，优秀文艺人才特别是领军文艺人才严重缺乏。

三、弘扬社会主义核心价值观，群文创作要多措并举

其一，群众艺术作者要扎根人民，扎根生活。艺术是扎根生活的时尚。习近平总书记强调：文艺创作最根本、最关键、最牢靠的办法是扎根人民、扎根生活。我们要创作出优秀的群文作品，必须深入群众，深入生活，从全面建成小康社会的生动实践中，发掘动人的细节，提炼深刻的内涵，唱出内心的声音。其二，群文作品要以小见大，日日趋新。外延越小，内涵越丰富。弘扬社

会主义核心价值观，既要从大处着眼，又要从小处着手。一滴露珠可以折射太阳的光辉，唱响主旋律，并不一定要有宏大的叙事，而是可以以小见大，“把人民的喜怒哀乐倾注在自己的笔端”，从一朵鲜花的盛开感受春天的美丽，于细微处见精神，去触动人们的内心，彰显动人心弦的力量。其三，主管部门要鼓励积累，注重培育。“不积跬步，无以至千里；不积小流，无以成江海。”群文创作，人才是关键。习近平指出：加强和改进党对文艺工作的领导，要把握住两条：一是要紧紧依靠广大文艺工作者，二是要尊重和遵循文艺规律。作为群文创作的主管部门，应该进一步树立“积累”和“培育”的理念，制定有关鼓励群众文艺作者不断积累创作经验，提升群众文艺作者创作能力的制度和政策，促进群文创作人才的发掘和培养。

（作者单位：丽水市文化馆）

“四省四市”跨区域群众文化联动的思考

周　丹

衢州市位于浙、闽、赣、皖四省交界之地，与福建南平、江西上饶、安徽黄山地域相连，自古有“四省通衢”之说。

2004年，衢州市委、市政府提出四市应当加强文化交流联系，促进文化交融发展，也可以促进社会经济的进一步交往。这一提议得到福建南平、江西上饶、安徽黄山的热烈响应和支持，并很快商定联合主办大型民间文化艺术活动框架一年一次，由四市文化局轮流承办民间艺术节活动。

共建共享，构建四省“边界文化圈”

浙江衢州、福建南平、江西上饶、安徽黄山四地远离省域中心。通过四地联动，有效地整合、利用区域内文化资源，降低公共文化服务成本，提高公共文化服务效益；利用浙闽赣皖四省边际这一特殊的地理优势，将公共文化服务放到更大的格局中，加强同质和异质文化之间的交流、交融和互动，促进区域内文化的共享、共建与共荣；通过实施区域联动项目，活跃和丰富城乡文化生活，满足人民群众的精神文化生活需求；通过打造边际民间艺术节项目品牌，以区域文化联动促进经济社会文化协调发展、促进社会和谐稳定。

政府主导，轮流主办，社会参与

每届“区域文化联动”项目的实施都得到了四省四市市委、市政府的高度重视和支持。除了文化部门主办外，还通过为之创作节目和进行宣传，吸引宣传、司法、计生、卫生等政府部门参加，同时，通过设立企业形象展示的平台，吸引民营企业参加。资金方面，采用政府主导、企业赞助、社会参与的多元化方式。内容丰富的大型文艺演出，以及民间文艺创作研讨、民间文化理论研究交流、书法美术摄影交流展、业余文艺团队大展、非物质文化遗产展览展示等多种形式，让老百姓享受免费的文化大餐。

流动服务，扩大了公共文化服务覆盖面。在实践过程中，衢州的“流动文化加油站”品牌得到了进一步推广，形成了流动文化大篷车、流动文化电影院、流动文化博物馆、流动文化文化馆、流动文化图书馆和流动青少年宫，流动工人文化宫等“5+X”的模式。“5+X”的衢州流动文化模式在四省四地促进了当地的供给公共文化服务均等化。

通过四省边界民间艺术节积极推动各地全民艺术普及，从内容上来看，突出了地方本土文化、优秀传统文化。一些濒临灭绝的民间舞、民间音乐，通过挖掘、保护传承，在民间艺术节中得以展示。从本质上来看，也是一种流动文化服务，在政府投入没有较大增长的情况下，通过跨区域文化联动把优质的文化资源进行分享，盘活了各地文化存量，使公共文化活动迅速丰富起来，在一定程度上满足了基层群众的文化需求。跨区域文化联动突破了以行政区划为界限配置公共文化服务资源的体制限制，拓展了省界地域文化建设途径和空间，对于广大集中连片贫困地区创新文化服务方式、提升活动效能，提供了有益的启示。活动开展十多年来，从未间断，盘活了四省边界的农村民间文化资源，创作并挖掘救活了一批民间音乐、舞蹈、曲艺等节目，极大地丰富了区域内群众文化生活，破解了当前边远地区文化建设中存在的经费紧张、设施落后、人才短缺、艺术水准较低等问题。

（作者单位：衢州市文化馆）

非遗研究篇

现代民间戏曲社团的特点与功能

朱　颖

民间戏曲社团自诞生之日起就承担着戏曲爱好者交流、学习、提高、联络和资源整合的功能，是推动戏曲艺术良性发展的最原始却最有效的组织形式之一。

纵观戏曲艺术的发展历史，改革开放三十多年来，民间戏曲社团的发展也和其他各个艺术门类一样，社会功能得到了很大提升。笔者依据自身的工作经历和对民间戏曲社团粗浅的认识，就现代民间戏曲社团特点与功能做以下论述。

组织形式上更具多样性。现代科技的发展，给人们的生活方式带来了巨大改变。而改变较为明显的应该算是通讯和交通的发展给人们带来的办事效率和信息传播方面的提升。通过网络、QQ群，我们就能把原来要花很大精力和时间才能完成的烦琐而又复杂的组织工作轻松完成。以婺剧为例。婺剧是一个在我省流传甚广的地方剧种。据了解，金华目前有专业剧团10多个，而农村剧团却有近百个。婺剧已成为金华农村最引人注目的风景。目前，活跃在金华的名为“婺剧群”的QQ群，是现代“民间戏曲社团”的一个较典型的“时尚版”。在这个特殊QQ群里，可以完成从一场小型的“婺剧交流演出”到一场大戏的排练，甚至到一演就是三五天的民间庙会和各种传统节日的大型民间

“戏台”上演出，从团队人员组织、器材（服装、道具以及乐器等）落实，到落实排练场地、时间、资金、工作人员，以及一系列在传统组织机构下，原本需要“主办单位”协调、开会才能落实的组织工作，在这个群里只需通过成员间的普通“聊天”就基本解决了。

活动内容更加丰富。民间戏曲社团的活动由原来较为单纯的交流或演出，拓展到培训、研究、出版与整理剧本和演唱资料，开展跨国、跨地区的文化交流，帮助成员评定职称，甚至还参与“申遗”等重大活动。如杭州的“大华昆曲社”，是杭州最主要的昆曲曲友活动基地。曲社活动有日常清桌、正式曲会、户外曲叙、延师授课等多种方式，不定期举办各类雅集。曲社每年代表浙江省参加著名的苏州虎丘曲会以及上海、扬州等地曲会，此外，海内外众多曲社曲友也会来杭交流曲叙，并不定期延请老师、曲家拍曲、踏戏和讲演。

活动辐射面更加广阔。第一，表现在活动的传播途径和渠道上。如金华婺剧促进会成立后，依托“今日婺城”“婺城新闻网”“婺城新闻”三大平台，做到婺剧活动宣传报纸有文字、电视有图像、网站有发布。第二，体现在活动场所和受众面上。如杭州大华昆曲社位于赵公堤路7号，一幢白墙黑瓦的院落。推开门，数十人聚集在那里，男女老少皆有。正中方桌边，有人拉二胡，有人拨三弦，有人吹横笛，有人则亮开嗓子。没轮着上场的，则围坐四壁，一边喝茶，一边轻吟，手指轻轻地在椅子扶手上叩出拍子。西湖之畔的良辰美景，因了这柔美风流的昆曲而更添韵味，常有游人因他们而驻足，甚至加入其中。这里，便是杭州大华昆曲社每周必然举行的“雅集”。第三，表现在团队组成的社会阶层和人群上。近二十年来，除了社会性的团队蓬勃发展以外，由学校、街道和单位发起组建的各类社团和学会、沙龙应运而生。

社会功能更加凸显。第一，戏曲社团为戏曲票友（业余爱好者）与专业戏曲工作者、戏曲表演艺术家的交流和切磋搭建了平台。如浙江传媒学院的“月雅剧社”自2002年创办至今，不但屡次被评为“校级优秀社团”“最具魅力社团”“最佳社团”，并且因成绩突出而受到杭州市戏剧家协会的青睐，破格发展了四名会员成为剧协会员。第二，戏曲社团是地区间、国际间文化交流的纽带。由台湾著名作家白先勇领衔制作、两岸艺术家历时数年倾心打造的青春版《牡丹亭》，自2004年4月29日台北首演以来，演出足迹已遍布国内外几十个城市，每到一处都大获成功。在青春版《牡丹亭》的带动下，昆曲也越发为年轻人所喜爱，譬如杭州，也出现了专门的昆曲社团。青春版《牡丹亭》的成功，远远超越了昆曲本身的范畴，它更被看作是一次有意义的文化实践。

（作者单位：杭州市文化馆）

从非遗视角解码温州文化基因

金　照

非遗是人们生活中代代相传，并随着社会变迁而不断传承发展的口头文学、艺术、技能和习俗等民间传统文化。文化基因是人类社会的遗传特质，而非遗的特点就决定着其隐含着大量的文化遗传密码，从解码文化基因的角度，非遗是一个值得深入挖掘的基因富矿。

丰富的非遗资源是温州文化基因库多样性的见证。温州拥有世界级非遗代表性名录4项、国家级34项、省级145项、市级747项。温州的国家级、省级非遗项目数在全省排名第二，国家级、省级代表性传承人数在全省排名第一，这既是温州地域文化多样性的体现，也是温州文化基因库极为丰富的见证，特别难得的是，温州这些非遗项目基本上保持了“见人见物见生活”状态，其非遗文化基因还处于较好的原生状态。

从非遗项目分析温州各县（市、区）之间的文化基因差异。如温州市下属的两个县级市乐清和瑞安，这两个城市的人口、经济总量等指标难分上下，地理位置处于温州市区的一南一北，但从非遗角度来分析，就比较容易分出两者文化基因的差异性：黄杨木雕、细纹刻纸等无疑是乐清非遗的代表，鼓词和木活字印刷等则是瑞安的代表；乐清列入省级非遗名录的手工技艺（传统技艺、传统美术）有10项，瑞安仅为5项。从这两者的比较不难得出，乐清非遗项目涉及手工技艺的较多，瑞安非遗项目更多和文化相关。

而非遗大县泰顺县，有编梁木拱桥营造技艺、药发木偶戏、畲族民歌、碇步龙、提线木偶戏、木偶头雕刻6个国家级非遗项目，这些项目最主要的特点是大多和“山”“木”有关，这说明泰顺是一个山高林密的地方，畲族民歌虽然没有“木”字，但因畲族自称“山哈”，即指山里客人的意思，更证明了泰顺是山区环境。又比如洞头区，有海洋动物故事和妈祖信仰2个国家级非遗项目，这两项都很明显地表明了洞头是海洋文化地区。就算民间信仰，洞头跟泰顺也有很大不同，洞头人信仰的是“海上女神”妈祖（国家级非遗），而泰顺人信仰较多的是同样来自福建的“陆上女神”陈十四陈靖姑（省级非遗）。对非遗项目的比较和分析，就比较容易得出温州各县（市、区）文化基因的差异点。

从非遗项目的比较来解码温州文化基因的特质。从非遗的十大门类，即民间文学、传统音乐、传统舞蹈、传统戏剧、曲艺、传统美术、传统技艺、传统体育游艺与竞技、传统医药、民俗，将温州列入省级非遗的145个项目各门类的比重和全省做一比较，可以发现，温州较明显高于全省平均值的是“传统美术”和“传统戏剧”，分别高8个百分点和4个百分点。这说明温州的文化基因在这两项有不同之处，下面做一深入分析：

其一，温州是百工之乡。关于这一点，首先来分析温州的国家级非遗项目中，直接与“百工技艺”有关的就有13项，占总数的38%，比重之高说明“百工之乡”名副其实。同时浙江省也有“百工之乡”之称，那温州的“百工之乡”在浙江省的“百工之乡”里有什么区别？不妨再具体去分析，“百工”一般包含了非遗的“传统美术”和“传统技艺”，“传统技艺”产生的是实用品，而“传统美术”产生的是欣赏品。比如温州的木拱桥营造、蓝夹缬技艺、泽雅屏纸制作属于传统技艺，是生产生活需要；而瓯塑、瓯绣、黄杨木雕、彩石镶嵌则都是欣赏品，是美的生活需要，属于传统美术。温州非遗项目的一大特点就是“传统美术”比例高、项目众多，占了总比重的16.55%，大大高于浙江省的平均水平8.5个百分点。由此不难看出，温州明显高于全省平均水平的“传统美术”，说明温州这个“百工之乡”，能工巧匠云集，温州人更擅长“精”与“美”的结合，占据的是高技术附加值领域，如瓯塑、细纹刻纸、黄杨木雕、彩石镶嵌等温州独有的非遗项目，表达的是历史上长期激烈竞争产生的文化基因，这也说明了温州人的文化基因胜在心灵手巧。

其二，温州不仅仅是传统戏剧之乡，更是戏曲的最早成熟形式——南戏的发源地。温州共有省级传统戏剧之乡15个，列入省级传统戏剧非遗名录有15项，约占全省总数的1/3，还有市级传统戏剧名录29项。永嘉昆曲作为昆曲的分支列入人类非物质文化遗产代表作名录，瓯剧等6项传统戏剧列入国家级非遗代表性名录。从种类上看，不仅有永嘉昆曲、瓯剧、和剧、高腔等剧种，还有药发木偶、提线木偶以及单档布袋戏等戏曲和技艺相融合的传统戏剧。若说“一部中国戏曲史，半部在浙江”，可说“一部浙江戏曲史，半部在温州”。

戏曲是我国独有的一种戏剧形式，所谓“歌舞演故事”，更重要的是，戏曲的唱词传承自唐诗、宋词、元曲，是中国独有的舞台艺术。历史上在南宋时期，温州民间诞生了一种用南曲演唱的戏剧艺术，称为南戏。南戏是中国戏曲的最早成熟形式，时称“温州杂剧”或“永嘉杂剧”，因此，温州被称为南戏的发源地。此外，迄今所发现最早、保存最完整的中国古代戏曲剧本《张协状元》，是由南宋时温州“九山书会”才人所编撰；“南戏之祖”高则诚是温州瑞安人，他的《琵琶记》是南戏的巅峰之作；号称“百戏之祖”的昆曲，就传承自温州南戏的四大声腔之一昆山腔。南戏确立了中国戏曲表演的虚拟性、程式化、代言体等基本特征，标志了戏曲的正式诞生。因此，从这个意义上说，温州是南戏故里，其实也就是戏曲的故里。时至今日，温州老百姓把看戏当作是传统文化娱乐和宗族仪式的一项重要内容，传统戏剧在温州仍具有深厚的群众基础，戏剧的基因铭刻在温州人的内心深处。

温州人敢为人先的精神，源自独特的自然环境和多种文化融合的遗传基因。温州老百姓接受新事物快，思维活跃、敢为人先、创新进取的文化基因，是和温州独特的人文、历史、环境分不开的。历史上，温州的环境相对闭塞，外来文化汇入诞生了斑斓多姿的瓯越文化，相对闭塞的环境又给温州人更多的大胆创新空间。中原文化、耕读文化、山水文化、海洋文化、移民文化乃至华侨文化等在这块土地上交汇交融，温州非遗既依附于温州山、江、河、海的多样性环境，又有温州历史文化的特征，方言、艺术、技艺、饮食乃至民间风俗、民间信仰等各项非遗，造就了丰富多彩的瓯越文化基因。一样的节日都有不一样的过法，如元宵节“东方第一龙”的鳌江划大龙，乐清的首饰龙、龙档、蒲岐抬阁，瓯海周岙挑灯，泰顺百家宴，蒲城拔五更等，都是传承和大胆创新的结果。

从非遗的自然环境和历史属性来分析，温州非遗依环境而生，如木拱桥营造、雁荡山飞渡、山歌（温州撞歌）、竹丝镶嵌属于山地文化的产物；省级非遗塘河龙舟竞渡、王顺发船模制作技艺属于江河文化的产物；海洋动物故事、妈祖信俗、贝雕、贝壳舞属于海洋文化的产物。非遗也是一个地方历史的传承，如瑞安的藤牌舞、龙湾汤和信俗，承载的是温州人英勇悲壮的抗倭史；民间文学刘伯温传说、谢灵运传说、张阁老传说、王十朋传说等则讲述的是温州历史名人的故事；而《叮叮当》《对鸟》等民间歌谣，曲艺温州鼓词、温州莲花，则是温州人心底的乡音乡情。一方水土养一方人，非遗也少不了地方美食的技艺传承，温州鱼丸、温州馄饨、藤桥熏鸡，乃至那热烘烘的永嘉麦饼，都是温州人心目中最可口的美食。

（作者单位：温州市文化广电旅游局）

略论当前戏曲的市场化及其前提

管尔东

近年来，剧团体制问题、戏曲观演的市场化日益引起人们关注，无论是学术界还是各级政府、剧团都积极展开这方面探索。那么，究竟怎样才能有效复兴戏曲市场？

“梨园”进行商业化操作本是理所当然，而且旧时的戏曲班子普遍是私营的，戏曲一度呈现繁盛景象。以往剧团的普遍私营，艺人能够凭借营业演出求得生存，这与当时人们以看戏为主要娱乐密切相关。历史上，戏曲历来是我国民众最主要的文娱形式之一。从宋代勾栏瓦舍直至民国时期演员的私人组班，戏曲的观演也向来不乏商业化的运作体制。这充分说明戏曲的市场化在过去本不是问题，该种局面一直延续到新中国成立初期。而新中国成立后的大规模“戏改”运动却将戏曲市场化、商业化的特征作为需要改造的主要症结……到“文革”时，丰富多彩的戏曲艺术一度被改得只剩下寥寥几出样板戏。这十多年的梨园荒废直接导致了戏曲演员、剧目、观众的“三断档”，这种艺术自然渐渐变得失去活力、脱离市场。

如今，随着外来文化的冲击、娱乐形式极度丰富，作为传统艺术的戏曲进一步脱离大众，更趋边缘化，年轻一代对旧戏产生了深深的隔膜和排斥，只有一部分老戏迷以及一些农村尚对戏曲具有一定的欣赏需求，因此如今的梨园市场显然不能与20世纪二三十年代同日而语，也比不上新中国成立初。由于“多演多赔、少演少赔”，一些地方的专业剧团甚至常年无法公演，仅依靠政府资助勉强维持生存。而在这种本已没有多少市场份额的情况下，如果不根据各个剧种的不同境遇，不区分不同地区文艺市场的差异，一视同仁地硬性将戏曲推向市场，要求剧团从某年某月某日起摆脱政府拨款，完全通过商业演出的盈利来谋生，其结果显然不是对戏曲的振兴，而是毁灭。事实上与任何一种商品一样，戏曲要在市场中生存，就首先必须拥有市场，因此在实施市场化改造之前，我们必须先行对梨园市场进行充分的调研和恢复，而这一过程的完成恰恰不是靠市场化，相反，需要进一步加大政府对戏曲的调控和扶持。

自古以来，戏曲编演就具有双重性质：既是艺术行为，又属于商业行为，所以要实现梨园市场的复兴，我们需要探索和改革，应采取一定对策：

首先，观众买票看的是戏，根据观众喜好对戏曲进行艺术上的改革自然是提升票房的关键。然而，由于今天文化日趋多元，观众对戏曲的要求同样不尽相同：表演上，既有老观众痴迷于传统技艺，也有青年热衷于声光电等时尚元素；内容上，既有精英阶层对精神文化的强调，也有一般民众对情节噱头的渴望，更有政府对服务现实、宣教作用的要求。这种观众分化、众口难调现状，显然提升了戏曲改革的难度。其实，要解决这一难题不外乎分待（治标）与兼合（治本）两种手段。如果面对观众类型相对集中的场合（如下乡、入校演出），剧团不妨根据当地的审美需求准备相应的剧目，进行定向的改编或创作。而兼合则要求艺术家将传统和现代、娱乐与精神等各种元素巧妙地融合起来，使不同的观众在观看同一剧目时能各取所需、皆大欢喜，同时又不违背戏曲本身所固有的编演规律、艺术特征。这看似极为困难、少有可能，但近年来《曹操与杨修》、青春版《牡丹亭》等剧目的成功证明了该种尝试不无可能，其所需要的是演员与编导的通力合作，政府的积极支持。

其次，作为商业行为，戏曲演出的成败又与许多艺术之外的因素密切相关。不仅宣传、票价等对演出至关重要，甚至民众的经济实力、文化水平同样能够影响票房。而这些因素不仅需要剧团在考察地区差异、观众喜好的前提下，充分做好剧目选择和市场营销，也需要各级政府发挥文化职能，进行有效调控。当下怎样使剧团从争奖转向争市；让创作兼顾评奖和市场的双重要求；如何降低票价、扩大宣传；既培养观众又激励剧团，这些问题的解决对戏曲走向市场尤其关键，而这些都离不开政府的经济扶持、政策引导。另外，在实施市场化过程中，政府同样应该对戏曲编演进行合理的监管，因为由市场化带来的低俗性同样不符合艺术和公益的要求。

再次，要实现戏曲的市场化，不能只顾及当下现有的观众群，而是要正视戏曲观众老龄化、边缘化现状，积极培养年轻观众。由于不同于其他艺术形式，戏曲程式、虚拟、唯美的特征决定了其欣赏需要一个较长的入门过程。正如梅兰芳所说的“观众有‘看热闹’与‘看门道’之分”，而从“看热闹”到“看门道”显然不是一蹴而就的，它既需要长期的熏陶，也要有内行的引导。但如今的青少年以“看热闹”的形式来接触戏曲的机会也很少，这自然大大阻碍了戏曲艺术的流传和发展。所以，日后我们一方面要积极推广“戏曲进校园”活动，进一步为孩子看戏创造条件、提供方便，另一方面也要营造一个重视传统文化、复兴民族艺术的氛围，给戏曲的复苏扫清障碍。

综上所述，市场化虽然代表了日后戏曲的发展方向，是对历史遗留问题的纠正，但这一改革的具体实施却不能操之过急、草率行事，而是要兼顾艺术与经济的双重规律，借助艺术家和政府的互助合作。只有事先以非市场的手段培育了市场，戏曲的市场化才能拥有基础，才会行之有效。

（作者单位：浙江省文化艺术研究院）

加强传承保护机制建设　振兴浙江地方戏曲

——以台州乱弹为例

何昌廉

随着经济社会的快速发展和互联网信息技术的广泛应用，人们的生产生活方式、文化消费、娱乐方式等日趋多元化、现代化和个性化，传统戏曲尤其是地方戏曲面临前所未有的挑战和生存危机。台州乱弹是一种主要流行于台州，兼及宁波、绍兴、温州、金华和丽水等地的地方戏，被誉为“戏曲的活化石”，2006年被列入第一批国家级非物质文化遗产名录。台州乱弹大型历史剧《戚继光》成功献演国家大剧院，台州乱弹绝技翎子功登上央视羊年春晚，并且多次赴美国、德国、新西兰等国家和地区，参加国际艺术节活动演出。现在，台州乱弹俨然已成为台州文化的一张金名片和文化符号。因此，解剖台州乱弹的兴衰史，通过案例实证分析，旨在找出一条振兴浙江地方戏曲的机制和新路，促进浙江文化的大发展大繁荣。

一、台州乱弹的兴衰盛败分析

台州乱弹兴盛于民国时期，后经风雨坎坷，停演于20世纪90年代。加上一些老艺人年岁已高，台州乱弹面临消亡失传的危险。进入新世纪以后，在台州、椒江两级政府及社会各界的关注和扶持下，台州乱弹凤凰涅槃，走出了一条传承发展的新路。台州乱弹之所以从濒临“死亡”的边缘涅槃重生，再创令人瞩目的新辉煌，主要有以下几方面原因：

（一）灵活的管理体制和良好的政策环境

从体制上讲，台州乱弹剧团原来是全额拨款事业单位，现在是民办公助性质的专业剧团。新乱弹剧团脱离老乱弹剧团，两者没有任何关系，轻装上阵，实行市区两级文化部门共管体制，更具支持力度。从政策上讲，除去国家、省里出台的相关传承发展政策外，更离不开市区两级的关心和扶持。一是领导高度重视。特别是蔡奇同志任台州市委书记期间，十分关心台州乱弹保护发展工作。市、区两级党委政府和宣传、文化等相关部门通过各种方式给予了台州乱弹和剧团莫大的关注和支持。二是出台扶持政策。每年市政府和区政府各出资300万元和100万元以购买演出服务的形式列入预算。对于编排大戏精品创作、获得大奖或出国演出的，另行资助或奖励。

（二）优秀的“领头雁”

台州乱弹剧团现任团长尚文波是个非常优秀的带头人。一方面，他经营一家演艺公司，颇有实力，在国内很有影响力，精通经营管理；另一方面，他本人集导演、编剧、演员于一身，身兼中国戏剧家协会会员、中国曲艺家协会会员、台州市戏剧家和曲艺家协会主席。他创作的《老村新路》等现代戏作品在全国和全省大赛中获奖。正是这样一位既精通管理又精通艺术的团长，带着一种对台州乱弹的情怀非常投入地工作。

（三）高效的人文管理

一是规划团队目标，用宏伟目标激发人。剧团既规划五年规划，更规划每年计划。注重用美好蓝图激发每一名成员朝着规划目标努力。二是加强绩效考核，用经济手段激励人。推行优劳优得，多劳多得。按照每位演员承担角色的重要性和表演量来计发报酬，既公平合理，又能充分发挥演员的主动性和创造性。据统计，剧团主要角色每年的收入可达十六七万元，就是普通角色一年也有五六万元。三是营造家文化的氛围，用温暖感情融入人。通过剧团“我的乱弹我的团”核心价值观凝聚人心，用每人每月轮流烧一菜制度来增添家的温馨。另外，增加“孝心工资”薪酬项目，每三年以上团员按不同在团工龄，以团名义给团员父母每月发定额的“孝心工资”等。

（四）用心传承，精心创作

一是剧团设立“传承办公室”，每年复排传统剧目，出版一本抢救性专著，专门建成“台州乱弹陈列室”，邀请专家一年举行一次高规格的传承座谈会。组织地方音乐挖掘小组，走遍整个台州，曾花一年多时间对剧种所有曲牌进行全面整理，成功举办了一场意义深远的台州乱弹专场音乐会。在秉承传统的基础上，强化“文戏武做，武戏文唱”的剧种风格，将“台州式的硬气”渗透到剧种文化风骨中，逐步形成了兼具现代审美和古调本色的自有风格。二是不断创作精品。坚持传承基础上积极创作精品力作，大型历史剧《戚继光》就是一个典型，荣获了浙江省的“五个一工程”奖。为了创作这部大戏，剧团请来全国知名编剧姜朝皋老师和戏界新锐导演，邀请业界专家多次举行座谈会征求意见。

（五）人才保障，确保队伍后继有人

剧团的生存、传承和发展，人才是关键。一是物色好带头人。市、区两级文化部门共同聘请尚文波担任团长。二是精心培养剧团骨干演员。通过送出去培训、请进来指导、压担子、薪酬激励等多种方式培养核心主力演员，涌现了如鲍陈热、朱锋、叶省伟、张萍等一批骨干演员。三是加快培养后备演员。在政府的牵头协调和支持下，剧团联合黄岩技校专门招收本地41名学生开办了

“台州乱弹专班”，毕业后全部到剧团工作，有效解决了后继无人的问题。另外，充分发挥老艺人的传帮带作用，聘请老乱弹剧团的几位优秀老艺人如朱冬康等加盟剧团，既是传承了老乱弹，又带起了新人，起到了很好的传承作用。

二、浙江地方戏曲传承保护存在的问题

浙江是戏曲大省，南戏的发祥地，“百戏之祖”昆曲的复兴地，有“一部中国戏曲史，半部在浙江”之说。据调查显示浙江省现有18个剧种，其中24个国家级非遗项目，56个省级非遗项目。正常演出的剧种17项，濒危的近20项，台州乱弹属于濒危剧种之一。可以说，受区域城市化、娱乐方式多样化和互联网普及化等历史和现实多种因素的影响，传统戏剧的保护面临难题。

（一）认识不到位，重视不够

马克思主义认识论告诉我们，只有认识事物的本质和规律，才能正确把握事物的发展方向。虽然各级领导对优秀传统文化重要性的认识有了很大的提高，但不可否认，在一些地方有的领导还没有深刻认识到传统戏曲文化的宝贵，没有深刻认识到濒危剧种抢救的紧迫性，没有深刻认识到优秀传统戏曲对社会主义核心价值观的正面教化作用，往往凭着其个人的喜好或某种戏曲观众不多的现状就抱着一种无所谓或随其自生自灭的态度，更没有采取有效行动措施进行传承保护，致使有的地方戏曲剧团处境艰难，艺人生存困难，有的濒危剧种甚至随着老艺人的离去而消亡。实际上，在一个地方，特别是主要领导的认识到位与否、重视与否，直接关系到该区域地方戏曲的生死存亡。

（二）观众面缩小，市场萎缩

对台州乱弹问卷调查的情况显示，超过60%的台州人不知道台州乱弹这个

剧种，在知道的36%人群之中，真正了解台州乱弹的人又不足30%。走访中了解到，台州乱弹在20世纪五六十年代辉煌时演出场场爆满，一票难求，而今却“门前冷落车马稀”，遭受了前所未有的冲击。城市里基本上没有观众，演出除了政治的需求外，大都安排在农村。农村观众中，年龄老化现象相当严重，年轻人几乎没有，乱弹一定程度上沦为老年人的艺术。

（三）经费严重不足，剧团生存困难

浙江现有民营剧团有600多家，还有其他的一些民间剧团多家。但是目前，这些专业剧团和民间班社除去一些大团外，普遍存在经费紧张的问题。尤其是政府扶持补助不足，市场演出不好的剧团更是捉襟见肘，生存困难。《浙江文化文物统计年鉴（2011）》艺术表演团体综合情况表数据显示，2011年，332个戏曲剧团全年演出86350场次，其中在农村演出的场次达68470场，全年演出收入2亿多元，而支出为3亿多元。可见，如果戏曲剧团没有政府扶持，完全市场化运作的话，演出的场次越多，亏损就越大。

（四）人才流失，队伍匮乏

戏剧要继承、革新、发展、繁荣，有无艺术人才传承是关键。戏剧艺术是保存在演员身上，演员强艺高，演员弱艺衰，演员亡艺失。比如，宁波国家级非物质文化遗产项目“象山唱新闻”就是后继乏人。国家级非物质文化遗产项目“苏州弹词”自20世纪80年代以来，浙江省的专业苏州评弹团体陆续撤销或因后继无人而名存实亡，由10个评弹团锐减至仅剩浙江评弹团一个（现属浙江曲艺杂技总团有限公司）。2010年，我省还有10位弹词演员和1名弹词见习演员……由于企业改制，有2名中年演员提前退休。至2012年又有2位优秀青年弹词演员调离，目前实际仅有苏州弹词演员6名。浙江省的苏州弹词表演后继乏人，青黄不接。其他地方戏曲也都普遍存在人才流失，队伍匮乏的问题。

三、振兴浙江地方戏曲的机制建设

（一）领导重视保障机制

党的十九大报告指出，“文化是一个国家、一个民族的灵魂。文化兴国运兴，文化强民族强。没有高度的文化自信，没有文化的繁荣兴盛，就没有中华民族伟大复兴”。习近平总书记在文艺座谈会上的讲话强调，实现“两个一百年”奋斗目标、实现中华民族伟大复兴的中国梦是长期而艰巨的伟大事业。伟大事业需要伟大精神。实现这个伟大事业，文艺的作用不可替代。各级领导要充分认识文化的极端重要性，充分认识地方戏曲的极端宝贵性，切实增强传承保护扶持地方戏发展的文化自觉。同时，要把地方领导对地方戏的重视程度纳入当地的文化考评体系，建立一种领导重视支持地方戏传承保护发展的长效保障机制。

（二）经费扶持保障机制

经费是剧团或班社生存的保障，也是地方戏赖以生存发展的基础和先决条件。许多地方戏或濒危剧种就是因为经费短缺保护传承不力而消亡。目前国家层面在2015年出台了《关于支持戏曲传承发展若干政策》，提出实施地方戏曲振兴工程。而我省则从2014年起实施了《浙江省传统戏剧保护振兴计划》，开展了“浙江省濒危剧种守护行动”，建立了浙江省传统戏剧非遗项目保护传承专项资金。总体来说，国家和省级层面比较重视传统地方戏曲的发展。但由于国家政策相对比较宏观、省里政策往往“撒胡椒面”，所以真正受益的剧团并不多。

鉴于此，参照省内宁波、金华、嵊州及台州乱弹经费保障做法，建议由当地政府设立传承发展地方戏曲的专项资金或基金，把传承发展地方戏曲的经费纳入年度预算，增强保护传承的力度和刚性。

（三）人才队伍保障机制

地方戏曲在传承发展过程中面临最大的瓶颈就是人才不足，老化严重，后备短缺。所以传承发展地方戏曲，加强戏曲人才队伍建设至关重要。一是加强“非遗”传承人的抢救保护和传承。我省在传统戏剧保护振兴计划中，启动了“五个一百”的保护措施，其中之一就是在全省培育100名濒危剧种青年传承人。当地政府可以对各自地区戏曲的传承人尤其是年龄较大的老艺人加强抢救性的保护，做好录音录像和剧目的挖掘整理工作。二是加强对剧团或班社优秀人才的培养，特别是领军人物的培养。浙江小百花越剧团之所以名扬海内外，关键是有一个擅表演善管理的好团长茅威涛；台州乱弹剧团也是如此，没有尚文波就没有剧团今天的辉煌。三是加强与高校、职校或戏曲专业院校合作，培养专业戏曲后备人才。台州乱弹剧团与黄岩职校合作开设“台州乱弹专班”。四是加强戏曲进校园力度。戏曲非遗进校园很受学生欢迎，也是培养戏曲接班人的需要。省文化部门在“五个一百”的保护措施中就有在全省培育100所戏剧传承学校。如2008年金华市委宣传部就开展婺剧进校园活动，取得显著成绩。

（四）管理创新保障机制

台州乱弹在逆境中奋起重树品牌，很大程度上取决于剧团的性质。老台州乱弹剧团属全额拨款事业单位，编制数十个，为什么会走向瘫痪，趋于停演，其中一个很大原因是体制的束缚，缺乏活力，干多干少一个样。而新台州乱弹剧团（现浙江台州乱弹剧团）属民办公助性质，既有一部分公办的经费保障（市、区两级政府共同扶持列入预算），又有民营企业体制的灵活和高效。

同时，消除吃“大锅饭”的弊端，优劳优得，多劳多得，充分调动发挥每位职员的积极性和主动性。这种体制上的改革创新具有一定的示范意义。

（五）精品创作保障机制

地方戏曲属于戏剧百花园中具有地方异域特色的奇葩。要按照习总书记在文艺座谈会上的讲话要求，“以人民为中心不断创作出更多传播当代中国价值观念、体现中华文化精神、反映中国人审美追求，思想性、艺术性、观赏性有机统一的优秀作品”。台州乱弹几年来在挖掘整理《吕布与貂蝉》《白蛇前传》《借妻》《九件衣》《拾儿记》等传统优秀剧目的同时，勇于创新，不断推出精品力作，如前文提到的投入数百万元创作的新编大型历史剧《戚继光》。另一部大型台州乱弹现代戏、以大陈岛垦荒精神为题材的《我的大陈岛》正在酝酿创作中。

形成精品创作的长效保障机制，建立精品创作立项申报补助、获奖奖励和社会资本投资为一体的经费保障体制，无疑是一条良策。当然，引导社会资本投资戏剧创作，也需要政府给投资企业以税收优惠，如投资戏曲创作的资金可以税前列支等。

（六）市场开拓保障机制

戏剧与其他艺术门类一样，好不好最终要靠市场检验和观众口碑。对传统戏曲而言，一方面要不断巩固赖以生存的基础农村市场，另一方面更要大胆拓展城市市场。对一些濒危剧种而言，单靠自己闯市场，还是有局限，需要政府支持保障。但对绝大多数的民营剧团而言，市场开拓就是自己的生命线。据统计，截至2016年上半年，我省已有民营剧团近千家，占全省文艺表演团体总数的94%，涉及越剧、京剧、绍剧等25个剧种，从业人员达2万多人，每年演出场次21万多场，占全省文艺表演团体总演出场次的95%，演出收入约10亿元，占全省文艺表演团体演出总收入的90%。

要考虑地方戏曲生存发展的现状和市场开拓的难度，建议设立市场开拓专项资金，建立分层次和量化考核补助相结合的奖扶机制，如区分重点戏曲院团和一般剧团，对达到一定演出规模的单位进行重点补助。同时也可评定相关奖项，鼓励拓展戏曲市场。

（作者单位：台州市椒江区文广新局）

“送戏下乡”管理机制的设计与实践

金　照

“送戏下乡”作为公共文化服务体系建设的重要内容，连续多年被温州市政府列入“十大民生工程”内容之一。温州市文广新局通过机制创新，在这项工作中引入竞争机制、品牌机制、供需机制和监督机制，充分调动各方的积极性，经过几年来的实施和不断完善，已形成一套行之有效的管理机制。

在机制的激励下，送戏下乡工作呈现出演出团体抢着去送、演出地点抢着要的良好局面，历年来均高质量超额完成省市政府的目标任务，赢得各方一致好评。本文从机制创设分析入手，探讨送戏下乡长效管理机制的经验与收获。

竞争机制。在竞争机制创设上，一方面引入民间剧团参与送戏下乡与国有剧团进行竞争，另一方面在民间剧团入选资格上打造一个公开、公正、公平的竞争机制。通过各县（市、区）局、民间职业剧团协会、媒体、网站等渠道发布送戏下乡采购信息，经公开报名、资格审核、价格竞标等程序确定送戏下乡单位，充分调动民间剧团参与送戏下乡的积极性。2012年，全市多达20余个民间剧团报名参选，经严格评议后，10个实力较为突出、节目类型丰富的民间剧团被确定为本年度送戏下乡单位。通过良性竞争态势的营造，进一步激发了送戏下乡的内在活力。

品牌机制。送戏下乡作为文化部门开展的一项惠民工程，以“政府买单，群众免费观赏”的良好社会形象获得群众的广泛认可。因此，我们在选择演出团体、演出节目过程中，一直坚持“优中选优”原则，采购的演出团体并不是价格越低廉越好，而是坚持“质量优先，兼顾价格”原则，同类型的剧团比实力，同样的实力比价格，用优质的演出质量、公益的社会形象树立“送戏下乡”的品牌。能否进入政府送戏下乡采购平台，从一定意义上是演出团体整体实力、节目质量和社会认知的体现。为塑造剧团良好的社会形象，一些民营剧团为了能进“送戏下乡”这个平台，全力以赴拿出最强的阵容、最优的节目和最低廉的价格，甚至有个别团体表示愿意免费演出来参与“送戏下乡”活动。通过公益品牌的打造，进一步扩大了送戏下乡的社会影响力。

供需机制。在供需机制创设上，坚持以需求为导向，充分考虑演出地点、演出团体的意愿，建立了一套双方互选的管理机制。一是“摘牌制”，即国有团体和民间歌舞综艺类演出团体提早10天提出送戏下乡申请，由市文广新局将演出信息发布给各地进行摘牌。摘牌成功后，以演出任务单的形式派给演出团体和演出地点，并派遣舞台车支持演出。二是“匹配制”，即民间戏曲剧团入选送戏下乡单位之后，我们根据各地上报的演出地点，对双方的意向进行匹配，采用“指定地点、不指定时间”原则，由演出单位和演出地点自行协商确定时间进行演出。三是“点菜制”，即演出地点不仅可以选择演出团体，还可以选择演出的节目内容，避免了送过去的节目群众不爱看、群众爱看的节目又不送的尴尬局面。通过服务机制的创新，进一步增强了送戏下乡的吸引力。

监督机制。为确保送戏下乡的高水平与高质量，我们从三个方面健全监督评估机制。一是演出团体异地交流，规定剧团一般不在注册地送戏下乡，便于当地文化部门开展监督；二是演出效果书面反馈，演出团体和舞台车服务单位需凭借演出地点书面反馈意见来领取补助；三是演出现场监督，当地文广新局、乡镇政府对演出现场进行监管，市文广新局进行随机抽查。同时，我们还将国有剧团的演出质量、数量列入各单位的年终考评。通过监督机制的建立健全，进一步提升了送戏下乡的执行力。

（作者单位：温州市文化广电旅游局）

发挥非遗志愿者在城镇化建设中的作用

骆金伟　宋雅青

杭州市临安区上田村的志愿者服务组织成立于2010年，目前有队伍8支，共有志愿者200余名，主要成员为党员、团员、妇女、退休人员、学生等，大学生村官成了本村的志愿服务专管员。

临安板桥镇上田村，素有“茶香竹海、文武上田”美誉。全村区域总面积10平方公里，辖9个自然村，18个村民小组，共有农户560户，总人口1876人，有党员82名。上田村是浙江省书法村，上田村的十八般武艺被列入浙江省级非物质文化遗产名录。上田村在城镇化建设中牢牢把握了文化特质，积极发挥非遗志愿者的作用，留住了乡愁。

该村全年开展各类志愿服务活动6次以上，内容主要有清洁村庄、治安巡逻、文体服务、应急救援、纠纷调解、扶贫帮困等。笔者从上田村在城镇化建设中留住乡愁、发挥非遗志愿者保护作用的实践中，体会如下：

要助推中心工作。当前就是美丽乡村建设。2013年11月29日《中国文化报》刊登了《浙江，将美丽非遗融入农村文化礼堂建设》一文，其中表扬了上田村：“全力推进农村文化礼堂建设，不但在农村精神文明建设方面取得了成效，而且也通过在礼堂内建非遗展示馆、举办民俗活动，让非遗的魅力在乡村得到了彰显。比如，在浙江省（杭州市）临安区上田村。”无疑，上田非遗保护志愿者建设积极促进了美丽非遗美丽乡村美丽上田建设。2013年初，全省文化礼堂建设现场会在上田村的举行就是最好的证明。

农民是主体。农民是美丽乡村文化建设的主体，也是非遗保护的重要力量。村里坚持以人为本，建立健全农民的教育保障制度，保障对农村义务教育、农村职业技术教育、农民科技文化培训的投入，提高农民整体素质。村支书老讲这样的话：这些上田村的非遗项目都是祖辈传给我们的，文脉不能断，如果因为我们的原因，在我们手里丧失了，那我们肯定对不起下一代，成为历史的罪人。现在这些意识已成为上田人的集体意识，也成为志愿保护主题的内在动力。

领头羊举足轻重。羊群走路靠头羊，村支书潘曙龙的人格魅力非常巨大。他就是一个志愿者的先进典型。为十八般武艺传承呕心沥血，现在有杭州市级传承人3名，临安区级传承人4名。非遗馆建设期间，潘曙龙利用休息日出去学习，有时半夜才回到家，一路上还在思考，非遗馆的图纸都是他构思出来的。他还出政策，对于积极参加传承并且传承成功的人员给予1000元奖励。他也做好保障，如统一提供表演需要的道具、器械、服装等。

活动是有力载体。以书法等传承为例，老师、学员都是志愿者。2013年，有中小学生书法培训班、村民书法学习班、书法刻字班，在村文化礼堂举办“新人礼”“开幕礼”等，送春联500余联，等等。现在上田村书法分会共有成员162人，其中浙江省书法家协会会员10名，杭州市书法家协会会员13名，临安区书法家协会会员20名。2014年每月一活动分别是：民生“写春联、送春联书法活动”，文明“礼仪培训、新人礼”，诚信“民主法治宣传月”，感恩“最美上田人颁奖礼”，敬业中心村建设推进工作会，友善十八般武艺展示，信仰春泥计划活动，责任开蒙礼，科学科普培训、宣传，爱国“与海外学子对话”成人礼，创新“生态产业工作会”，和谐年度工作评议会等。活动一大特点就是志愿者的项目式管理。

礼堂阵地是保障。文化礼堂的发源地就在上田，村的“两堂五廊”成为志愿者留住乡愁的重要场所，成为抒发乡愁的寄托地。文武廊的创建重点突出了村的文武特色，文明户、文明村民、道德模范、新中国成立后的村书记与主任、非遗传承人、优质志愿者和优秀学子等的展示，不仅提高了他们的个人荣誉感，也使他们成了村民们学习的榜样，使村民的整体素质得到了提高。文化礼堂成为非遗保护志愿者的精神家园，乡愁的见证地。

（作者单位：杭州市临安区非遗保护中心、杭州市西湖区非遗保护中心）

漫谈乡村非遗保护、传承与利用

陈　韬

“非物质文化遗产的普及和日常化推动了传统文化的复活与再现，也增强了传统文化与现代化在时间张力上的冲突、对抗与新一轮的融合。面对传统与现代的互补共生，创造性传承成为我们不可回避的一种选择。”中央美术学院非物质文化遗产研究中心教授乔晓光曾经这样说过。

时代流转变迁，农耕文明在信息工业化时代仅剩些许影子，机械化生产代替了手工制作，手工技艺在现代城乡生活中渐行渐远，甚至淡出人们视线，也许下一代早已遗忘了那些传统手工艺，根本无从知晓那些技艺背后所承载的生活信息与文化内涵。因此，普及乡村非遗文化的作用至关重要。

非遗是民族智慧的结晶和文化的财富，是一个民族的文化印记，是一个地方珍藏的记忆，一个地方文脉的延续……更是我们心中深深的乡情、浓浓的乡愁。非遗作为文化的一种存在方式和表现形态，一直与人们的生命、生活、思维、习惯、风俗等融为一体。非物质文化遗产的最大特点是不脱离民族特殊的生活生产方式，是民族个性、民族审美习惯的“活”的显现。它依托于人本身而存在，以声音、形象和技艺为表现手段，并以身口相传作为文化链而得以延续，是“活”的文化及其传统中最脆弱的部分。因此对于非物质文化遗产传承的过程来说，人就显得尤为重要。非遗作为中华传统文化的重要组成部分，更多表现为精神性、智慧性、技艺性的呈现形态，它与我们的精神、情感、思维方式相联系，而非玄学道家书呆子，令人厌烦，让人却步。

随着城镇化建设日新月异，农村城镇化、农民市民化的转变加速，非遗所赖以生存的自然生态与文化生态发生改变，非物质文化遗产保护的任务与责任更重，面临的压力更大。为此，一方面要谨防城镇化建设对非遗的二次破坏与损伤；另一方面要创新非遗保护理念，要有前瞻性、主动性和预见性，变事中呼吁、事后指责为事前介入，规划先行、学术研究先行、保护工作前置，以推动非遗保护与经济建设、民生改善良性协调发展。

一是建立和完善非遗保护和传承机制。在现有非物质文化遗产保护机制的基础上，继续加大名录体系建设、传习场所及非物质文化遗产博物馆建设力度和财政资金投入力度。

二是加强各级名录项目的保护工作。对已入选各级名录的非物质文化遗产项目，进行分类指导，深入研究保护方法和措施，开展有针对性的保护，对于具有市场开发潜质的传统手工技艺和民间艺术，合理开发利用，在生产中加以保护。

三是加强对代表性传承人的保护。建立健全针对民间工艺大师、非物质文化遗产传承人的保护和激励措施，特别是重视对年事已高的传承人所掌握的知识和技艺的收集，资助传承人开展授徒传艺、教学、交流、展示等活动。

同时，生产性保护要认真落实“保护为主、抢救第一、合理利用、传承发展”的方针，充分挖掘非遗项目的内涵，把握好“生产”尺度，既要避免“门可罗雀”“后继无人”的惨淡状况，又要防止受利益驱使而过度开发，从而保证一个个、一项项优秀的非遗项目得以更好地传承与发展。

非遗保护，任重道远，需要全社会的共同参与，更需要各方面的共同努力。如果人人能提高保护意识，改善传承条件，扩大继承范围，形成人人参与、自愿传承的一个保护局面，也就真正实现了我们全社会的文化自觉。

（作者单位：义乌市青少年宫）

非遗保护助推学校特色教育

徐旭升

近年来，玉环市以传承中华文脉、弘扬优秀传统文化为主线，以非遗进校园活动为载体，开展了展示展演、传承人授课、组织走访等多种形式的活动，营造了良好的校园文化氛围，取得了较好效果。

目前，玉环市有坎门二中、坎门中学等5个省、市级传承教学基地，其中以坎门二中的发展最显著。

多年来，坎门二中通过传承“坎门鱼龙灯舞”“玉环渔民号子”“玉环渔民画”等多个非遗项目，为实现非遗在校园的传播、发展特色学校大胆实践创新。其中，“坎门鱼龙灯舞”是最早的“海洋非遗进校园”项目，也是学校特色办学的龙头品牌，荣获“2012年玉环市阳光体艺评比金奖”，被编进《台州市地方文化进校园研究成果集萃》，学生渔民画作品被选入浙江人民美术出版社出版的玉环渔文化主题墨迹荟萃《潮涌雅韵》，校本课程《坎门鱼龙灯舞》被评为“台州市首批精品课程”“浙江省精品课程”，《鱼龙文化，非遗传承》专题纪录片被评为中国第十届校园专题影视银奖。

一是组织领导到位。学校成立了“鱼龙灯”队领导小组和监督小组，对学校“鱼龙灯”建设发展进行领导、组织、协调、督查；下设办公室，负责“鱼龙灯队”建设发展的方案设计、实施、总结等，确保“鱼龙灯队”的建设、发展落到实处。二是思想认识到位。活动开展前，以党员大会、行政会议、校务会议和课间广播为载体，确定发展思路，颁布发展方案，大力宣传。三是专家引领到位。专门开设了“鱼龙灯队民俗文化课程”，并聘请有多年“鱼龙灯舞”排练经验的民间艺人为课程指导顾问，确保有效开展。四是经费保障到位。学校将组建发展“鱼龙灯队”的经费作为学校预算，设立专项资金用于“鱼龙灯队”进校园的培训、奖励、道具服装购买及外出表演等。五是制度保障到位。学校将“鱼龙灯队”进校园纳入学校长期发展计划，制定发展方案，形成校本课程，使它和其他课程同安排、同考核、同评价；对“鱼龙灯队”建设表现突出、积极性高、影响力强的师生定期表彰，逐步形成长效机制。

确定时间。学校将“鱼龙灯队”建设与综合实践课相挂钩，确定每周一、三、五下午第三节为上课时间；截至目前，教师教得有趣，学生学得兴致，师生都按时到位，认真学练。确定地点。上课地点为学校大操场或校四楼舞蹈室，晴天大操场，雨天舞蹈室，确保上课有场所、有监督、有安全。确定人员。聘请“玉环渔民号子”非遗传承人曾焕祥为授课教师，舞蹈老师和体育老师与上课学生一同排练学习，并逐步让舞蹈老师和体育老师亲自授课，在全校各个班级推广。确定内容。“鱼龙灯队”教学内容和进程，主要由五大单元组成：“鱼龙出宫”“串游四海”“激流勇进”“蛟龙戏珠”“鱼跃龙门”，每一单元又分龙灯舞和鱼灯舞的动作要领和来源说明，每节课前，指导教师都认真思考准备，事先确定教学内容，保证教学有序进行。确定目标。鱼灯队建设以每学期为一个小周期，每学年为一个大周期推进，每个周期都确定相应目标，并以是否完成目标作为考核标准；长期目标是让学生全面了解鱼龙灯舞的历史、掌握鱼龙灯舞的要领及编排、学会鱼龙灯的制作和用鱼龙灯舞服务社会公益活动。

玉环市非遗进校园活动的开展，不仅推进了和谐校园建设，同时也促进了传统艺术教育资源的整合，为学校文化建设注入活力。今后，我们将结合学生身心特点和时代特征进行大胆摸索创新，使玉环市的非遗进校园活动形成特色，实现“四大提升”：校园文化品位实现新提升，教师专业水平实现新提升，学生特长实现新提升，学校服务社会能力实现新提升。

非遗的“活态性”决定了它会随着传承人的离世而消失，而通过学校教育途径传承，非遗则能从很大程度上保障非遗的持续性发展。只有获得青少年的支持，非遗的传承、传播才会有永续发展的动力和支持。

（作者单位：玉环市文化广电旅游体育局）

做好基层非遗保护工作的思考

骆金伟

2015年6月，我们迎来中国第10个“文化遗产日”。文化遗产千秋传承，保护弘扬万代受益。2015年也是《国务院关于加强文化遗产保护的通知》（国发〔2005〕42号）、《国务院办公厅关于加强我国非物质文化遗产保护工作的意见》（国办发〔2005〕18号）出台十周年。

十年非遗热火朝天，十年非遗薪火相传。作为一名基层的非遗保护工作者，笔者结合基层实际，对新形势下进一步做好基层非遗保护工作积极思考。

一要提高非遗保护的重视度。十年来，“非物质文化遗产”这个概念可谓家喻户晓，妇孺皆知，但热热闹闹的背后，仍然掩盖不了非遗还是“弱势群体”这个事实。非遗群里热闹，非遗群外冷清。除了非遗保护工作者、传承人之外，真正参与保护的人不多。在基层，以杭州地区为例，非遗机构及人员的设置相较于文化馆、文物馆来说，独立的只有2家，人员更少，专业的都不到2人。经费也只有数十万元。面对越来越多的保护对象，一切都显得不是那么对称。文化不是中心工作，非遗在文化部门也不是中心，所以对非遗保护流于纸上谈兵也在所难免。非遗是精神家园的一部分，是血脉，是民族的魂，一定要千方百计地传承下去，一些非遗保护机构、人员、经费的解决及大家真正重视都是需要解决的迫在眉睫的事情。物质文化与非物质文化的保护整合及发挥

“1+1>2”的问题也值得顶层设计部门重视与定夺。一些有关非遗的法律比较宽泛，有的也跟不上形势，需要修改完善。

二要扎实做好传承传播工作。各级名录的申报已经走过十年，名录的效应正在显现。一定要加大宣传展示力度，一定要加强传承人培养。代表性传承人的引领作用一定要积极开拓，平台的搭建、地位的提升等需要政府部门支持。当前，一些传承人的申报工作值得探讨，如限定每一个项目只能最多申报2个代表性传承人。我觉得，这种不分名录一刀切的做法不一定科学，也不利于一些项目的保护。如鸡血石雕、龙泉青瓷等，不可能只有2只领头羊。一花独放不是春。一些传统舞蹈、一些民俗项目由于是群体性传承，个体只能是其中的一部分，独立申报带来的后遗症还是明显的。部门的联动也需要，大家要共同作战，一起传承传播，不能让非遗中心或文化部门孤军奋战。传承基地不能挂牌了之，要加强监督，切切实实发挥基地作用。当地县一级非遗馆的建设要加强，应该成为地方文化的一个标志。

三要积极做好“非遗+”文章。非遗保护不能限制在自己的圈圈里，应该是一个向外面无限放射的圆，有无限大的外延。走出去，再走出去，开拓非遗保护的方式方法，学习“互联网+”，积极做好“非遗+”文章。如做好非遗+互联网，非遗+校园，非遗+旅游，非遗+文创，非遗+设计，非遗+影视，非遗+微信微博，非遗+年轻人，非遗+电商……不为非遗而非遗的传承才更有影响力、更有吸引力，力量也会更大，传承也才会生生不息。杭州地区在这方面还是走在前列的，余杭区今年在塘栖举行的“非物质文化遗产月”就很成功。临安八百里养生园积极申报省级非遗旅游小镇的举措值得称道。临安衣锦小学传承国家级非遗钱王传说，建设钱王文化园别具匠心。新媒体时代，非遗保护必须紧跟时代步伐，融入科技元素，才更有生命力。今年“文化遗产日”活动的主题为“保护成果全民共享”，做好“非遗+”文章，让十年非遗保护成果全民共享，让更多的人像爱惜自己生命一样保护文化遗产，是我们的责任与追求。

（作者单位：杭州市临安区非遗保护中心）

"四问并重"推进基层非遗保护工作

骆金伟

非遗保护在我国已走过十年，成绩有目共睹，保护也深入人心。当前，新一届领导集体把传统文化的保护和弘扬提升到前所未有的高度，习近平总书记在任浙江省委书记时曾一个月连续五次对浙江非遗保护做出批示，重视程度可见一斑。正因如此，浙江非遗保护风生水起，成绩斐然。

由于非遗保护是一个新生课题，无论是理论界还是实际践行界，都是摸着石子过河。随着保护工作的深入，也碰到了一些问题。本人以为，这些实实在在的问题需要得到注重和解决，这也将有力推动新十年非遗保护工作再上台阶。

一是由小到大。非遗名录、非遗传承基地、非遗项目代表性传承人等非遗保护内容不断增多，保护的对象和范围越来越广，推进的步骤也很快，可是作为"政府主导"的非遗保护部门却势单力薄，工作人员数与保护经费远远跟不上保护推进的速度。同时，非遗保护中心也承担了文化馆的一部分功能，现实中非遗机构很多仍然是文化馆的一个附属，这种脱胎于文化馆的非遗保护导致其先天性不足。还有，物质文化遗产和非物质文化遗产应该是遗产的两个部分，不能分家，应该加以整合，发挥"1+1>2"的作用。随着非遗保护的推进，《非遗法》及地方非遗保护条例的修改完善、地方文化地标之一的非遗馆的建造也迫在眉睫。

二是由粗到细。《关于加强我国非物质文化遗产保护工作的意见》规定了非遗保护工作的十六字指导方针：保护为主、抢救第一、合理利用、传承发展。实际上，我们在执行方针的时候，申报非遗名录，公布非遗传承基地，评审非遗代表性传承人，等等，大多是粗线条的，具体到保护每一个名录项目，有欠缺，还不够细。浙江要求省级非遗项目实行“八个一”保护措施，是指每一个省级非遗项目都要有“一个保护方案、一个专家指导组、一个工作班子、一个传承基地、一个展示平台、一套完备档案、一册普及读本、一项配套政策”。这“八个一”应该说很细，对于保护名录来说，作用明显。但实际上，市县级名录保护由于客观原因要走上走好“八个一”道路甚至更细的非遗保护途径还有困难，也很难实现。

三是由点到面。非遗是活态传承，保护的目的是传承发展利用。如今，非遗保护观念应该说深入人心，但真正参与到保护工作中来的仍然不多。如何让全民来自觉参与保护，是我们需要面对的课题。如：部门联动很重要；非遗代表性传承人的评审需要逐步完善与研究，一个项目需要几个代表性传承人是科学合理的，值得研究，很多项目是团体性传承，这在评审传承人的时候更需要注意。这方面，温州做了很好的尝试，证明团体性传承是可行的。但一个新的问题也随之而来，就是传承人津贴的发放、其他待遇等。如果这些问题都解决了，那么传承的面将大大增多。

四是由表及里。非遗保护要注重真实性、整体性和传承性，也要重视生态性、人民性、发展性（创新性）、精神性。城市化进程毁灭了很多非遗生存的土壤，让它走进了博物馆，这很可惜。好在今天很多有识之士看到了这个问题，一些生态保护区应运而生，这值得赞赏，但步子应该更大一些，范围应该更广一些，投入应该更多一些。非遗保护应该注重原汁原味，这就是生态。非遗保护对象应该在人民中更好地传承，而不是仅靠非遗专家、非遗保护工作者的提升改造。人民是最有智慧的，也是最有底气、最原本的，要相信百姓的力量，政府部门不能越俎代庖而成为传承的主体。非遗要更好地活下去，当然要与时俱进，不断创新才能更好地发展，特别是一些传统民俗、节庆、传统技艺、传统舞蹈类非遗项目。非遗传承不能只注重形式，应该精神与形式并举，这样才能更好地展现非遗的魅力，也能更有利于促进社会和谐与可持续发展。

（作者单位：杭州市临安区非遗保护中心）

文化礼堂篇

谈农村文化的“造血”机能

姚海霞

“送文化”只是新农村文化建设中的外部动力，真正要使文化融入农民生活还必须靠农村内生力驱动。

每当夜晚来临，桐庐县凤川镇的操场上、公园里充满了欢声笑语、悠扬琴声与激情锣鼓声，广大百姓不仅享受着“文化下乡”带来的精神食粮，而且还自己“种”起了文化。凤川镇文化站以“文体活动乐百姓、骨干培训带百姓、阵地建设惠百姓”为目标，在全镇范围内积极开展了“种文化”活动，极大地丰富了老百姓的精神文化生活。

凤川镇文化底蕴厚重，文艺表演队伍更具有深厚的群众基础，近年来建立了凤川镇戏迷协会、梅花锣鼓、太极拳、腰鼓、柔力球、健身操、门球、篮球等10多支文体活动队伍。这些有特色的团队除每年参加县组织的活动外，逢年过节常常活跃于乡村、社区。第一，老年文化体育活动开展得有声有色是该镇的一大文化亮点。以退休老同志为骨干的这支老年文体队伍，仅3年就参加县组织的各类文体比赛10多次，并多获殊荣，他们的腰鼓、健身操、柔力球表演所到之处锣鼓声、欢呼声、掌声热烈，深受百姓喜爱。第二，节假日的文体活动频繁，利用元旦、五一、中秋节返乡人员多的时机，积极开展全镇性文体活动，组织篮球、乒乓球、拔河、象棋、歌咏等比赛，活跃广大群众的业余文化生活。第三，企业文化活动红火，随着凤川镇工业园区的初具规模，入园企业逐渐增加。全镇拥有60%的年轻外来务工人员，如何丰富企业员工的业余文化生活，如何使他们工作之余能有一个休闲好去处，解决这些问题都是我们群文工作者的职责，因此，我们就经常性地组织企业职工开展文体活动。第四，积极开展时节文化活动，利用过时节的机会，亲戚朋友聚在一起喝喝酒、品品茶，办几桌好菜好饭招待四方来客。尤其是一块由凤川镇文化站主办的“‘村村种文化’文艺演出”大型横幅拉到哪里，哪里就成了群众演员开心表演的舞台，成了台上演员与台下观众互乐互动的场地，因为这批土生土长的演员表演的舞蹈、越剧、快板等节目特别有亲和力。

新农村建设带来了农村文化建设的新局面，为了适应广大群众日益增长的文化需求，文化站狠抓重点，积极推进镇、村文化阵地建设，2008年，投入100多万元将文化活动中心进行了改建，整个文化活动中心面积达1000多平方米。文化综合楼内设培训室、活动室、健身室、电子阅览室、文化展厅等，活动内容丰富，特色鲜明；2009年1月，桐庐图书馆凤川分馆建立。室外活动场地有灯光篮球场、乒乓球场、健身苑点，是当地村民和企业职工文娱休闲的乐园。全镇建有篮球场28个，健身活动点24处，乒乓球场室35个，村级图书阅览室9个，每个行政村都开通了远程教育网点。目前已村村建立文化活动场所、星光之家、党员干部现代远程教育系统、有线数字网络等，全面实施文化信息资源共享。“种文化”让农民成为文化活动的参与者，在农村文化的大舞台上，农民既是观众，又是演员；既是文化产品的生产者，又是文化产品的享受者。就像农民种庄稼一样，让先进文化的种子在农村生根、发芽、开花、结果。多方面地“种文化”最大的变化是：农民参加文体活动已经由过去的“你要我参加”变为“我要参加”，从过去农民当观众变成现在既当观众又当演员。潜藏在农民身上的艺术天赋被发现，隐藏在他们心底里追求美好生活的愿望被释放。正是“种文化”培养了农民自己的文化队伍，该镇8个行政村有5个行政村外加两个自然村相继建起了腰鼓队、排舞队、篮球队、锣鼓队。目前全镇共有文体骨干队伍12支，三级、二级体育指导员24人，这可说是两年来该镇村级文化建设的一大收获和亮点。正是“种文化”，让老百姓在不愁吃不愁穿的前提下，注重身体健康，追求丰富多彩精神生活的愿望得以实现，满足了广大农民群众不断增长的精神文化需求。

（作者单位：桐庐县凤川镇文化站）

要大力加强新农村文化建设

许东平

文化作为上层建筑，其存在与发展受经济基础的制约，要想壮大群众文化队伍，丰富群众的精神文化生活，就必须牢记发展是第一要务。坚持以经济建设为中心，不断满足人民群众物质生活需要，为精神生活提供有力的保障。

建设社会主义新农村，必须在大力发展经济的同时，充分利用和依靠文化、教育、科技力量，切实加强农村文化建设，促进农村各项事业的全面发展。乡镇文化站更有责任带领广大群众与时俱进、不断创新，使群众文化活动富有特色、富有风采。

以经济发展促进农村群众文化活动。经验证明，凡是经济基础比较好的乡村，各种文艺队伍和文化阵地都像雨后春笋般涌现，群众通过自发组织文艺队伍，反映改革开放成果，展示自己丰富的内心世界，表达自己美好的愿望。因此，发展经济是农民扩展文化艺术队伍、加强文化阵地建设的根本保证。

加强农村基础设施建设，促进文化活动开展。当前，建设新农村已受到全社会的高度重视，在人们日益关注文化生活质量的今天，农村文化建设面临着较好的发展态势。第一，要在完善公共财政体系的前提下，加大政府投入。第二，在将文化建设专项基金向农村倾斜的同时，把闲置的房屋等资源充分利用，作为农村文化娱乐的活动场所，进一步加强乡村公共文化基础设施建设，形成农村公共文化服务网络。第三，按照资源共享原则，统一规划文化体育中心、全民健身点、文化站等综合性文化体育活动场所，通过健全的文化设施为农村文化事业的健康发展提供重要载体。

积极服务引导，规范文化阵地管理。针对农村文艺队伍自发性、流动性特点，政府合理引导，有效管理和积极服务，充分发挥农村文艺队伍的积极作用，政府管理应以服务为主，为农村文艺队伍提供有效的政策、信息、资金等全方位服务，使其在成长中壮大，使农村文化阵地成为丰富农民群众精神文化生活的主战场，让农民群众在参加文艺表演、欣赏文艺作品的同时潜移默化地接受文化的熏陶。

从三个层面加强农村文化建设。农村文化建设要从精神文化层面、物质文化层面、制度文化层面来具体地抓、具体落实。一是精神文化层面，这个层面的文化是非物态文化，包括政治思想的树立、道德修养的熏陶、文化科学知识的教育、素质能力的培训、思维方式的引导等方面。要通过灵活有效的方式把党的主张、党的思想、党的方针政策、党的声音传播到广大农民群众中去，并被他们所接受，让他们感受到在党的领导下能得到最大实惠和最好发展。要通过思想教育、舆论宣传、党员干部行为引导与感化、先进典型示范引导、具体事务处理示范引导、各种文明创建活动的影响引导等各个方面的教育示范和引导作用，促进农民群众形成符合时代要求的积极、健康向上的精神，道德追求和思维方式。通过广泛的社会化教育和培训，不断提高农民群众的文化知识水平、科学技术水平、生产劳动能力和就业能力。二是物质文化层面，这个层面的文化是物态文化，包括文化活动的方式与方法、载体与场所、产品与内容、组织与实现等各个方面。精神文化等一切非物态文化必须通过物质文化来实现。所以，新农村建设既要顺应历史发展的潮流，依靠新科学和高科技建设新农村，又要不脱离农村实际和历史传统，有针对性地建设中国特色社会主义新农村。三是制度文化层面，这个层面的文化包括社会法律法规、纪律制度、道德准则、风俗习惯、社会约定等。总之，在构建和谐社会，大力加强新农村文化建设中，我们要与时俱进，不断创新，使群众文化活动富有特色、富有风采。

（作者单位：杭州市萧山区浦阳镇文化站）

文化礼堂实现农村新跨越

邵碧霞

农村文化礼堂建设，是认真贯彻党的十八大精神的实际行动，是打造“美丽中国”先行区的重要内容，也是巩固党的农村宣传文化阵地，实现向新农村跨越，丰富基层群众精神文化生活的重要载体。

如何让农村文化礼堂成为群众精神家园，笔者根据富阳区文化礼堂建设的实际，谈谈自己的体会。

因地制宜，挖掘地方特色的文化形态。我们的传统文化源远流长、异彩纷呈，这是民族智慧和心血的结晶。十里不共俗，生产方式、生活方式、地域特点、文化背景也有差异。每一个地方的文化，都具有自身的鲜明特色，特别是农村，祖祖辈辈居住于此，形成了自己特定的文化风俗。因此，农村文化礼堂应坚持因地制宜，深入挖掘地方特色的文化形态。

富阳区湖源乡窈口村，位于富阳最南端，与诸暨、浦江、桐庐为邻，距富阳城区39公里。金萧支队在这里撒下了文艺的种子，使这个村的“文艺香火”一直延续下来。自文化礼堂创建工作开展以来，窈口村依托得天独厚的历史文化资源，挖掘山乡传统文化，传播现代文明，弘扬社会主流价值观，彰显历史文化、红色文化、农耕文化和草根文化这条主线。通过对历史资料、物件的挖掘、搜集整理，办起了新四军金萧支队陈列馆、农具文化博物馆。除此之外，还有文化长廊、戏剧文化陈列室和板龙文化展示馆等三个板块。通过这一系列的本土文化展示，乡村文化品位和文化内涵得到大大提升。窈口村乡土地方特色浓厚的文化礼堂，不但成了当地村民爱去的地方，还成为外地游客的体验点。

寓教于乐，创新活动形式。道德讲堂，也是农村文化礼堂的一项重要内容，在专用或共享的场所，通过“身边人讲身边事，身边人讲自己事，身边事教身边人”的形式，开展道德实践活动，把“爱国守法、明礼诚信、团结友善、勤俭自强、敬业奉献”的公民道德基本规范，“务实、守信、崇学、向善”的价值观融入村民生活中，不断提升他们思想道德素养和村庄文明程度。这种活动，一般是老师授课为主，往往内容单调，效果不佳。如何让村民乐于接受呢？富春街道创新了活动形式，使“道德讲堂”走出课堂，来到广场。以当地的道德模范故事为原型，通过歌舞、朗诵、小品等群众喜闻乐见的形式，变讲为演，使广大群众容易接受，乐于参加。广场道德讲堂，已成为富春街道致力打造农村文化礼堂的一大创新形式。走出课堂之后的道德讲堂，通过轻松愉悦的文艺形式，普及社会主义核心价值理念，引导众人“积小善为大善，积小德为大德”，让更多的群众接受道德教育，成为道德的传播者和践行者。所以，文化礼堂应寓教于乐，创新活动形式，用“讲、演、看、评、议”等多种活动模式，开展各种各样的活动。

增强实用性，垒砌精神家园。增强农村文化礼堂的实用性，使之成为集礼堂、讲堂、文体活动中心于一体的农民精神家园与乡村新型共同体重构的平台。富阳农村文化礼堂建设内容以“两堂五廊”为主。两堂包括礼堂和学堂，礼堂主要利用现有村级旧礼堂、闲置校舍等场地，满足农民群众举办文化节庆、文化仪式、文体活动以及村民议事集会等功能需求；学堂则利用现有宗祠、家庙等公共场所，开设乡村业余学校，开展道德教育、主题教育等。而“五廊”是指村史廊、民风廊、励志廊、成就廊和艺术廊。

富阳区大源镇赆口村，以原有村文化大礼堂、李氏宗祠和盛氏宗祠为基础，建成集学教型、礼仪型、娱乐型、长效型于一体的文化礼堂。把农家书屋、电教室、棋牌室、乒乓球室、书画展厅等迁至盛氏宗祠，每天向村民开放。文化礼堂以村史沿革吸引村民，以身边人物感染村民，以文体娱乐活跃村民，以共同喜好凝聚村民，以知识学习熏陶村民，弘扬传统文化，提升道德水平。同时，围绕重阳节、国庆节等，举行敬老、爱国、开蒙、婚礼等礼仪活动。如此一来，赆口村文化礼堂吸引了广大村民，每天都热热闹闹。

文化礼堂已不是一个单纯的文化活动场所，而是一个集思想道德建设、文体娱乐活动、知识技能普及于一体的农村文化综合体，成为群众的精神家园。

（作者单位：杭州市富阳区文化馆）

将文化礼堂打造成农民的精神家园

张伟莲　严慧荣

农村文化礼堂，就是建成集思想道德建设、文体娱乐、知识普及于一体的农村文化综合体。这是营造共有精神家园举措的新突破，应引起各级党委政府的高度重视。

当前浙江省委、省政府推进建设文化礼堂的战略部署，具有划时代意义。

加强优秀传统文化传承体系建设，营造共有精神家园和建设文化礼堂，当前在推进文化礼堂建设中还存在一定的差距。一是农村文化缺乏氛围，二是形态文化缺乏载体，三是思想文化缺乏品位，四是传统文化缺乏创新。

建设农村文化礼堂要围绕加强优秀传统文化传承体系建设，以社会主义核心价值观为引领，增强文化的服务功能，真正在文化礼堂建设中寻求破解。

文化礼堂建设要正确定位。农村文化礼堂建设的总体布局可采用“一点三线”。“一点”即城中村文化礼堂，形成以县城畲族文化中心为中心，以各社区文化场所为功能点的大城区文化礼堂。“三线”即沿溪线、沿山线、沿湖线，形成以中心镇、中心村为重点、“三沿”人口集中村为分布点的大农村文化礼堂，把农村文化礼堂打造成传播现代文明的新平台、展示村庄形象的新窗口、传承传统文化的新载体、普及科学知识的大课堂、农民文体活动的主阵地。

文化礼堂建设要贴近农村。整合利用宗祠、老大会堂、村委办公楼以及一些民间文化工作室等，建设畲族文化主题风格、非遗文化主题风格、景区文化主题风格、乡村文化主题风格、道德文化主题风格的各个类型的农村文化礼堂。既要注重标准要求，更要注重挖掘地方特色。

文化礼堂建设要有“载体”。要依托现有资源，开发新的资源，修建“两堂”，两堂即一个礼堂、一个讲堂；整合四室，四室即广播室、图书室、共享室、活动室；布置“六个展”，分别展示村史村情、非遗专题、乡风民俗、崇德尚贤、美好家园、成绩荣誉。

文化礼堂建设要依托畲乡文化资源优势，充分发挥优秀传统文化的引导作用，力争把畲乡文化礼堂建成充满人文关怀、人文风采和文化魅力的农民“精神富有”的综合体。

一是把文化礼堂建成一个群众文养会所。文化礼堂建设要做到载体创新，要以新颖的平台去抓落实。要坚持政府主导、群众参与的工作方针，建设和完善县、镇（街道）、村三级文化服务设施，建设大批有品位、有特色的文化设施作为样板，成为文化载体的创新力、推动力。要加强村级文化队伍建设，培育、扶持、打造一批具有特色的乡村文化设施品牌、文化活动品牌、文化精品品牌，使广大群众既可以接受文化熏陶，又延续和发展乡村文脉。

二是把文化礼堂建成一个群众思想会所。在文化礼堂活动载体设计上，不能简单停留在“求热闹、求娱乐”的层面上，要有计划地组织开展思想政治教育、形势政策宣讲、科学和法律知识普及、生产技能培训等，积极构建农村新的教育引导体系，通过广泛开展思想政治教育、形势政策宣讲、主题实践教育活动，使其成为马克思主义大众化在农村的新载体。

三是把文化礼堂建成一个乡风文明会所。要开展礼仪文明实践活动，极力塑造人民群众文明健康心理，塑造讲文明、重礼仪、团结友善、热情好客的良好形象。它将农村精神文明建设贯穿始终，整理挖掘村庄积极健康的家训、族训、村规民约；展示展出对村庄发展做出重大贡献的村民以及各类最美人物、道德模范；组织开展精神文明创建活动、乡风评议活动；组建成立留守老人互助中心、留守儿童之家等，讴歌真善美，远离假丑恶，成为社会主义核心价值体系建设在农村的重要载体。

四是把文化礼堂建成一个群众休闲会所。在城乡大力推进文化礼堂建设，要顺应当前农村群众公共文化需求显著增长的态势，农村文化礼堂在基层农村发挥作用，最直观、最直接地体现在“它是一个群众能够参与的文化礼堂”，它承载着举办农村传统节事、大型群众文化活动，组织“天天乐”群众文娱休闲活动等职责功能。把文化礼堂建成群众茶余饭后看书、下棋、健身、舞蹈、唱歌的休闲好去处，是繁荣农村文化活动的重要载体，能有效地激活农村文化娱乐环境。

（作者单位：景宁畲族自治县文化广电旅游体育局）

把文化礼堂打造成村民“会客厅”

陈勇行

海宁市《关于推进我市农村文化礼堂建设的实施意见》下发后，海宁市周王庙镇长春村在调研论证的基础上，按照“两堂五廊”（礼堂、讲堂、村史廊、民风廊、励志廊、成就廊和艺术廊）的标准建起了集学教型、礼仪型、娱乐型、长效型于一体的农村文化礼堂，并依托文化礼堂开展各类活动，注重道德教化、精神引领、心灵洗礼，有了更强的引向“真、善、美”力量。

周王庙镇长春村的文化礼堂是文化活动中心的升级版，是寓教于乐的综合体，我们要努力把文化礼堂打造成村民的“会客厅”。

突出“三个坚持”推进农村文化礼堂建设

坚持宣传先行，转变观念。充分利用村报纸、广播、宣传栏等各类宣传媒介，以及各类会议、进村入户等形式，广泛宣传农村文化礼堂建设的重要意义和作用，提高村民关于农村文化礼堂建设的知晓率，激发全村广大群众支持、参与建设的主动性和积极性。

坚持因地制宜，彰显特色。立足长春村“四季长春”的文化特色，以高标准、高起点推进农村文化礼堂建设，充分挖掘地方特色元素，努力打造彰显长春村特色的文化礼堂。以“美丽乡村”和文化礼堂建设为契机，建设生态文化园和生态文化广场，在全村铺开精品村庄园点建设，建设五个文化园，即板桥头党建休闲园、程家兜法制文化园、潘婆桥孝义文化园、东村上计生文化园、村部廉政文化园，各有特色。

坚持群众参与，共建共享。在推进农村文化礼堂建设过程中，充分发挥广大农民群众的主人翁作用。建设前，广泛征求群众意见，就特色、内容等方面集思广益，优中选优；建设中，积极引导群众参与文化礼堂的建设与监督，加强与村中能人、知名人士的沟通联系；建成后，结合村级风俗活动，组织开展贴近群众实际，满足群众需求的文化活动，让群众在主动参与中共享精神文化生活。

实现“三个转变”提升农村文化礼堂品位

实现“单一文化”向“综合文化”的转变，健全功能。农村文化礼堂不是一个单纯的文化活动场所，而是一个集学教型、礼仪型、娱乐型、长效型于一体的农村文化综合体。我们要充分利用文化礼堂的“两堂”和“五廊”等展览陈设载体，全面展示我们村的历史沿革、文化古迹、乡风民俗，宣传农村的道德模范人物、先进工作者、好婆婆、好媳妇、老寿星、“文明示范户”、“五好家庭”等，进一步弘扬主流价值观、传承村庄文明、架起党和群众联系沟通的新桥梁，秉承“一堂多能、一室多用、灵活多样”原则。

实现“文化”向“教化”的转变，以文化人。在充分挖掘传统文化的基础上，依托文化礼堂开展活动：以“上要养好老、下要教好小，家和万事兴”作为乡风文明建设的切入点，每季召开乡风文明广播评议会，积极倡导以“务实、守信、崇学、向善”为内涵的当代浙江人共同价值观。

实现“活动场所”向“精神家园”的转变，凝聚人心。白天，村民可以在家门口的文化礼堂里看书、健身、下棋、听讲座；晚上，村民可以在礼堂内观看文艺演出、数字电影……使农村文化礼堂真正成为对农民有凝聚力、向心力、归属感的精神家园。

依托“三个载体”集聚农村文化礼堂人气，依托文化礼仪活动发挥教化功能。深入挖掘优秀传统文化，依托“春泥计划”平台，在春节、元宵、清明、端午、中秋、重阳等节日开展“我们的节日”文化节庆活动。

依托道德评比活动传播道德正能量。结合文明村创建，举行小孝星、文明好少年、星级文明户等“最美”系列评选，传递道德正能量。开展乡风评议活动，定期根据需要召开道德风尚评议会，召集村民就村里存在的某些不道德、不文明、不和谐现象进行评议，协商解决邻里纠纷，遏制村里的歪风邪气，引领乡风文明。

依托休闲娱乐活动汇聚文化礼堂人气。在文化礼堂组织开展群众喜闻乐见、丰富多彩、参与面广的排舞、体育比赛、文化走亲等各类文体活动。同时，还可以举行大事通报、村民选举等活动，使“文化礼堂”成为村民议事集会的重要场所。

（作者单位：海宁市周王庙镇文化站）

漫议农村文化礼堂建设

郑西法

农村文化礼堂建设，是浙江文化强省的又一重大举措，是实现“精神富有，打造精神家园”的重要载体；它如同先前我省实施的“送文化”“种文化”工程一样，旨在改善民生，强化农村文化阵地建设，发挥文化对人的精神抚慰和凝聚作用。

如何科学地进行文化礼堂建设，切实为农村文化服务，是基层文化工作者要探讨的课题。

文化礼堂建设要注重“乡土性”

文化礼堂建设涵盖广大的乡村，我们在文化礼堂建设中首先必须考虑融入独特的乡土风情，突显“乡土性”，以此展现文化礼堂的吸引力、亲和力和生命力。浦江县文化礼堂建设首个完成的郑家坞镇溪东村，就是以国家级非遗保护项目“板凳龙”为主题，以龙舞溪东村为主线，乡土情怀浓厚，群众参与性高。文化礼堂建设的“礼堂”选址，要尽力考虑乡土情怀，可选择古祠堂、厅堂或古建筑集聚地，让群众感受到礼堂在身边，在村中，有古色。

文化礼堂建设要突出"民俗性"

民俗文化根植农村，民俗的传统文化生生不息；它源于广大民众日常生活，流传在乡里田头，传承于村民之间。把民俗文化植入文化礼堂建设，有利于保护与传承民俗文化，激发和培育文化创造力，回归民俗文化原体，保持农村文化活力。民俗文化，村与村有共性的项目，但总有不同的形式，把本村最突出、最特有的传统习俗，镶入礼堂的"五廊"展示中，或者建设一个民俗非遗项目陈列室，来激发民间传人的感情，引导村民传承一方文化的积极性，使礼堂展示更具观赏性。

文化礼堂建设要坚持"灵活性"

文化礼堂建设的定位是"精神家园"，它承载了传播现代文明，弘扬当代社会核心价值观，展示村庄形象的使命，它最终目的是传递道德建设的正能量，推动道德风尚整体提升。因而在建设规划设计工作中，既要考虑"真善美"的传承，引导群众积极参与到提升社会公德行动中去，在活动中受到教育，得到启迪；又在摸索中积累经验，通过相互模仿而改进完善。基于这一点，在建设文化礼堂时，千万不要为图省事而照搬硬套，不要出现十个村的文化礼堂几乎雷同的情况。浦江县2013年示范点建成后，出现"模仿秀"现象，全县"五廊"建设出现制作上的雷同，视觉不佳。在操作工作中要灵活融入传统文化元素，突出历史、风俗、人文、自然景观。一句话，本村有什么最能展露的，就设定为主题内容。

文化礼堂建设要展现“一村一特色”

农村文化礼堂建设，要与新农村建设、美丽乡村创建结合起来，因地制宜突出地方特色，合理整合资源，注重内容展陈。“两堂”建设要达到规定要求，选址符合村情，对“五廊”建设要结合村的实际，廊目设计可合理增加，突出村落特点，突出思想道德，注重礼仪活动；实现一村一品、一村一韵、一堂一色、一堂多能、一堂多用，以群众为主体，使其参与其中。作为宣传文化指导部门要有较强协调能力，谋划好展示载体的意义。

总之，农村文化礼堂建设要与农家书屋、电子阅览室、文化活动室、“春泥计划”有机结合起来，制定长效管理体系，使其有活力、保活跃。

（作者单位：浦江县郑家坞镇文化站）

农村文化礼堂的展陈设计

王子扬

浙江文化礼堂是广大农民的精神家园。文化礼堂中的村史村情、乡风民俗、崇德尚贤、美好家园展示，深受农民欢迎。作为文化礼堂建设重要内容之一的展陈设施，具有宣传、观瞻和教化功能，是全景式展示村情村史村貌、传承文化、弘扬文明的宣传平台，同时能极大地激发村民的自豪感。

2013年，我省农村文化礼堂建设全面铺开。在文化礼堂里开展的文明礼仪、文化娱乐等活动和村情、村史、村貌展览展示，聚焦着农民的兴奋点，吸引了广大村民的参与热情，更激发了农民的归属感和家园感。在此，笔者根据自身实践，谈谈农村文化礼堂中展陈设计的实践体会。

展陈设计的功用效能

一是展陈设计资料搜集、整理过程，就是对本地本村优良传统的挖掘、提炼过程。比如，临海市邵家渡街道大路章村，从民国至今出了100多名教师，有的还担任过学校校长，为此，就在展陈制作中专门设计了一面教师墙，以达到激励后生的作用。

二是展陈内容可有效传承本村历史、文化理念。如临海汛桥蒋山村在展陈内容整理过程中，从家谱中挖掘出了先人对家乡美景的描述，将“蒋山十六景”及附诗展现在人们面前。人们了解到，原来蒋山村边上的盖竹洞就是道家三十六洞天之一，景色宜人，只是未曾开发。春节期间，许多在外务商、打工的人归乡后，纷纷按文化礼堂中展示的内容，寻找“蒋山十六景”，自然成了大家山村游的“导游图”。

三是展陈可弥补文化礼堂设施建设和活动开展的不足，提高文化礼堂功用效能。文化礼堂的创建过程中，将本地族训、族规、家训、家规以及村规民约展示在文化礼堂醒目位置上，可以让更多的村民自查自律。临海白水洋镇上官村用60平方米的房间作为农具展览室，建成后成为该村年轻人喜欢参观的亮点。古城街道两水村、东塍镇东溪单村，将本村小辈孝敬长辈的事迹用文字和图片展出后，也在全村引起了很大反响。

展陈设计的区块分布

文化礼堂的展示展陈制作，应该把弘扬社会主义核心价值观放在首位，把提高农民群众的思想道德素质和科学文化素质当作着眼点，突出思想引导、道德教化、礼仪培养、文化熏陶等内容，充分利用农村自然资源，挖掘和传承农村优秀传统文化资源，注重传统民俗文化与现代文明的融合创新，着力在展示内容、活动样式等方面形成特色。

一是体现社会主义核心价值体系内容。社会主义的核心价值体系，是我们共同的思想基础，这是文化礼堂设计展陈内容的主线和根本，我们必须重视根本，坚持兼容。

二是注重民族、民俗文化的传承。我们在选择文化礼堂展陈内容时，除村庄历史沿革、文化遗存、先贤故事、村规民约、物产特产、重大事件活动等内容外，还应该将有关儒、释、道文化等内容加入展陈制作之中，增加文化礼堂的教化效果，引导广大村民讲文明、守诚信、知廉耻、行善事，自觉做“一个有道德的人”。

三是注重励志作用。筛选出古代和近代的名人志士，评选出现代模范、典型人物，把他们的先进事迹搬上展示廊，让全体村民学有标杆、做有榜样，以此来激励广大村民。

四是兼顾文化礼堂建设后瞻性。开始筹建文化礼堂时，就应考虑让文化礼堂的管理人员来参与建设、参与设计、材料搜集与整理，以更好地管理。其次，展陈展示内容的材质要好，要耐晒、不易褪色，起码能保持2年时间。同时，要考虑到便利和耐看，吸引更多的人来活动和欣赏。

五是尽可能调动各方面积极性、主动性和创造性。要从镇（街道）、村两级干部开始，树立农村文化礼堂建设的正确认识。或采用倒逼机制，因为农村干部相当一部分还是靠选的，以农民群众的精神文化需求的满足度来倒逼村干部搞好文化礼堂建设。采用以点促面的方式，即重点鼓励和支持几个做得好的村，让农民切身感受到政策给他们带来的利益，提高广大人民群众的参与率，以此激发、带动周边村干部群众的创建热情。

（作者单位：临海市文化馆）

农村文化礼堂的可持续发展

陆学先

2013年，浙江省委、省政府提出了推进农村文化礼堂建设的战略举措，总体目标是通过五年努力，在全省行政村建成一大批集学教型、礼仪型、娱乐型于一体的农村文化礼堂，使农村文化礼堂在提升农民素质、打造精神家园、繁荣农村文化、促进农村和谐中发挥重要作用。

为确保农村文化礼堂建设的健康、有序、可持续发展，真正发挥它的积极作用，笔者以为有必要注意以下几方面问题。

农村文化礼堂建设必须依据各地主客观条件，循序渐进，不宜一刀切，搞遍地开花。省委、省政府也提出了作为试点建设年的2013年内较审慎的目标任务，但是在实际推行中，还应不断强调务必戒除急躁冒进的弊病。要避免各地基层在相关考核的影响下以及短视的政绩观冲动下，不顾基本条件而一味追求数字膨胀。必须认识到，不顾质量、效益的速度，不但于事业不利且反而有害。

农村文化礼堂建设必须尊重地方民意及习俗传统。农村文化礼堂并非一般的楼堂馆所，它的根本内涵是成为当地村民获得精神支柱的文化空间。因此，它必须从硬件软件各方面建设取得村民的高度认同。在硬件建设方面，如礼堂的选址、规模、样式、内部结构等，都要广泛征求村民意见。以选址为例，在通常情况下，一个村子总有自然形成的村民们喜欢的集聚地，这就是民意的体现，也是最宜建文化礼堂的。如果不具备这样现成的条件，也须由村民们讨论决定，选择交通最方便、人气最旺盛、环境最适合的地方。从软件建设方面，安排怎样的文化、礼仪活动项目，配备怎样的管理人员，采取怎样的管理、运作方式，最好都能听取来自民间的声音。这样才能使农村文化礼堂建设从一开始就奠定坚实的群众基础，始终保持它的生命活力。此外，乡村传统习俗是本地人民在长期的生产生活中所创造并世代传承的社会性事象，它深深扎根于民众的心灵，是他们思想情感、心理观念、审美取向等的集中体现，历来为他们所自觉接受、喜爱。农村文化礼堂的文化、礼仪活动安排，应充分尊重传统习俗，有的传统艺术、礼仪活动可以完全照搬，有的可以根据时代变化的客观情势加以改进利用。这样能使文化礼堂开展的各方面活动得到村民的欢迎，激起他们参与活动的自觉性和积极性。自然，传统民俗文化也需要和现代文明进行融合、创新，但也要注意不能脱离民俗民情的基本精神。应把握的原则，一是已在当地民间流传的具有新时代特征的新民俗可与传统项目并行不悖，二是创新的形式、内容尽可能与传统民俗有着外在或内在特征上的一定联系，符合村民集体意识的基本习惯，能让他们从心理、情感上真正接受。

农村文化礼堂建设必须建立健全可持续发展的长效机制。农村文化礼堂建设的根本宗旨是打造农村群众的精神家园，使之成为以社会主义核心价值观为引领的全体村民的心灵殿堂，因此，它的长效性、战略性要求不言而喻。同其他事物相类，“创业难守成更难”也是农村文化礼堂建设必须面对的一个严峻考验。建立可持续发展的长效机制，包括以下三点。一是权益体现机制，包括农村文化礼堂的所有权、使用权等基本权益归属，农村文化礼堂运行、经营过程中重大事项的决策权、决策程序的明确规定等。二是投入机制，即文化礼堂运行资金的来源，必须有明确的常规性的保障渠道。其中首要考虑的是行政村本身具有自筹资金的能力，最好能明确相对稳固的筹资来源，如集体资产中的某一块收益作为文化礼堂运行的常规资金等。乡镇及县以上财政只能作奖励性、补助性的投入，不能对此有过高的希求。三是管理机制，即管理人员组成方式、管理办法等都要有制度性保障。其中的要义是能充分体现村民自治精神，即管理人员尽可能由村民选举产生，管理办法的制定也要经由民主决策程序，其他诸如财务、资产的管理等也要有一套民主监督制度。

总之，农村文化礼堂建设只有在体现村民集体意志的制度化、规范化保障之下，才能保证其长盛不衰的可持续发展活力。

（作者单位：湖州市吴兴区妙西镇综合文化站）

开展农村文化礼堂礼仪活动探析

金晓霞

如何真正发挥文化礼堂的功能，实现精神家园目标，礼仪活动是其中一项重要内容。建设新时代的新礼仪，引导群众参与到文化礼堂的礼仪活动中来，帮助他们树立正确的道德观、礼仪观，努力建设好礼仪新风尚，是我们基层文化工作者的新课题。

我们从当前农村群众的思想意识、修养行为入手，积极培养、发扬良好的传统礼仪意识、习惯和氛围。

一是搞好调研，确保礼仪活动针对性。开展礼仪文化活动，不能面面俱到，急功近利。如何有的放矢地开展活动呢？关键是要做好走访调研。在组织礼仪活动之前，应该深入细致地做好调研，了解实情，知道群众在想什么、最缺什么，急需提升的是哪些方面，进行系统整理分析后，确立“组织什么样的文化礼仪活动”构想，挖掘题材、积累素材。对相关的村情、家族史，尤其是老百姓身边具有教育示范意义的人和事，深入挖掘和提炼，结合目前农村、社区存在的现实问题加以提升，有针对性地筹备文化礼堂的各项礼仪活动，使礼仪活动更吸引群众参与，潜移默化，促进社会文明、人际关系和谐。

二是规范程序，坚持礼仪活动科学性。礼仪活动重在道德教化，丰富多彩的传统礼仪活动，涉及内容和门类繁多，个别还带有封建迷信色彩。因此，我们在文化礼堂礼仪活动的组织中须规范程序，坚持科学性，选取具有鲜明民族或地方特色、贴近老百姓生活、有道德教化作用、有积极意义的传统文明礼仪，如尊老敬贤、和睦乡邻等，加以锤炼与承传。一要注重内容与形式的有机结合，发挥重大节日、纪念日以及参与者在礼仪活动中的作用，把握各个环节，如清明祭祖礼、重阳敬老礼、春节团聚礼等，根据节日特点、参与人群的差异等来确定组织形式。二要注重程序的科学性与可操作性。在礼仪活动程序设计中，应针对农村群众文化水平相对低等特点，采用浅显易懂、便于操作的方式，再融入现代知识和理念，使活动更具科学性。在部分环节的选择上，要与迷信色彩区别开来，取其精华、去其糟粕。三是注重礼仪活动可持续发展。新时期礼仪活动应拓展内容，丰富程序，注入新思想、新内涵。此外，可借助网络、通信等手段来传播。

三是强化示范，提升礼仪活动辐射性。在开展礼仪活动时，要充分发挥典型引领、示范带动的作用。以下试举几例说明。一是礼仪程序内典型的人和事。组织礼仪活动，需有的放矢，要精心挖掘身边典型，不管是正面还是反面教材，都需认真筛选，加以提炼。二是活动典型。礼仪活动在我国的生长“土壤”和氛围都受到了破坏，所以有必要让部分文化底蕴深厚、创建积极性高的文化礼堂先行动，帮他们策划礼仪活动，其他建设村观摩学习，以点带面，营造良好活动氛围。如临海市东塍镇东溪单村尊老爱幼活动，在每年正月和九月九举办活动，坚持了十多年，不但在村内起到较好作用，还使邻村受到影响，由羡慕转为效仿，让“孝”文化活动在周边村传播。当此项活动成为经常性活动时，村民在“孝”道上就有新发展。典型引路，带动其他村开展礼仪活动，效果就好得多。

四是弘扬民俗，保持礼仪活动地域性。反映当地民俗的文化，是文化礼堂建设中的宝贵资源，应好好利用。一是需挖掘传承优秀的地方民俗文化礼仪活动。如临海涌泉等地正月“请新媳妇”的民俗活动，夫家女性长辈请本门新媳妇吃饭，并传授女工、女经等，目前基本失传，我们需加以整理和充实。二是丰富传统民俗礼仪程序。各地的婚丧、祭祖、生辰等有不同的礼仪方式，我们可学习和借鉴好形式、好程序，充实自己的礼仪程序，使礼仪活动易操作，易被群众认可与接受。三是开发新型民俗礼仪活动。开工开业、新人就职等随着社会发展而进入人们的生活，且大都是有丰富程序的礼仪，其间也有当地的特色民俗存在，但活动没个性规范，随意性强，我们应该把此纳入开发新型民俗礼仪活动的范畴，加以组织和开展。如目前已经开始推广的村干部就职仪式，让村干部承诺，给村民希望等。

（作者单位：临海市文化馆）

均等化背景下的农村文化礼堂建设

俞来金

嵊州市仙岩镇西鲍村在文化礼堂建设中，按照“文化礼堂，精神家园”定位，坚持“内容为先，资源整合，分类推进，彰显特色”原则，因村制宜，初步建成了集教育型、礼仪型、娱乐型、长效型于一体的农村文化礼堂，为嵊州市全面建设文化礼堂树立了样板和典型。

2014年以来，嵊州市西鲍村围绕建设农村文化礼堂示范村的目标，明确责任、整合资源、聚力借力，与美丽乡村建设、居家养老服务中心建设、“三改一拆”等工作紧密结合，已初步形成了“一村一品、一堂一色”格局，文化礼堂建设工作初见成效。

一是整合资源强化了文化阵地。投资180万元建成了村公共文化服务中心，建筑面积达2200平方米，中心广场2000平方米。投资50多万元修缮了古色古香的“鲍氏祠堂”，投资70万元建成面积5000平方米的灯光球场，投资20万元增设了一套健身路径，真正成为内外结合、动静结合（求知与健身）、教乐结合（培训与娱乐）的综合性文化中心。

二是凝聚人心促进了新农村建设。为实现“生产发展、生活宽裕、乡风文明、村容整洁、管理民主”目标，村干部带领全体村民积极开展新农村建设和旧村拆迁改造工作。西鲍村拆除违章建筑面积3000多平方米，这为“无违建”

创建扫平了障碍，基本完成“无违建”创建。

三是传承历史彰显了文化特色。在文化礼堂建设中，西鲍村通过挖掘和整理农村优秀传统文化资源，形成了三大文化特色。围绕千米文化墙，集中展示了西鲍村各姓氏的家族祖训、礼仪故事，倡导文明之风、勤劳之风、务实之风，展示了村的榜样、梦想等内容，充分展现了西鲍人的自豪与自信；围绕村史陈列室，集中展示了村史村情、名人乡贤、唐诗文化、造纸历程，增强村民的归属感、自豪感，也激发了村民的感恩之心，增强了村庄的凝聚力和发展动力；围绕鲍氏礼堂，突出严谨而庄重的宗族文化，宣传祖训和族规族约，倡导文明礼仪，形成了群众性自律机制和行为规范，构筑村庄和谐的思想基础。

文化礼堂不仅给农民群众提供文化休闲场所，更重要的价值是构建农村的精神家园，引领共同的价值取向，培育农民的文化自觉，重塑农民的精神世界。可以说，文化礼堂建设为培育农村基层文化综合体提供了鲜活启示。

一要上下联动才能形成合力。建设文化礼堂涉及面广、难度大、时间跨度长，必须上下联动形成合力，村里要发挥创建的主体作用，乡镇要履行协调组织作用，做到全程参与，给予组织保障；文化馆站更要发挥服务职能作用，从设计布展、组建团队、策划活动到辅导培训，做到上门服务、现场指导，为集教育型、礼仪型、娱乐型、长效型于一体的农村文化礼堂献计献策。

二要干群齐心才能坚持长效。农村文化礼堂的建设，需要基层领导干部的积极参与，才能更好地推进区域文化礼堂构建的进程。作为省级文明村的西鲍村，整个村庄散发的是干群齐心，推进文化、经济发展进程的气息，构建文化礼堂靠的不是单纯的强制政令，通过干群合力，才能加速文化礼堂建设的进程。

三要民众参与才能彰显实力。构建农村精神家园，不仅需要职能部门的制度保障，还需要一定的资金投入。这些资金之源，除了政府下拨之外，还需要汇聚社会多方力量，从而为文化礼堂的构建提供必要的人力、物力支撑。投资金额达到100多万元的“千米文化墙”，展示着自西周至今西鲍村的文化精髓，这一文化长廊的构建，就有着西鲍村九家企业经营者的资金参与。

四要教育引导才能学有所获。文化礼堂不单是阵地，不能仅停留在“求娱乐、求热闹”的阶段，更应该成为推进农村宣传思想文化工作的载体与平台。西鲍村正试图从文化聚民、文化乐民，提升到文化育民，在扩大参与中凝聚、教育、引领群众，把居家养老服务工作与文化礼堂建设有机结合，整合优势资源，创造性地通过“礼堂聚老”“礼堂养老”“礼堂乐老”“礼堂孝老”“礼堂用老”等活动载体，进一步开拓农村养老工作思路，努力提升农村老年人的生活品质。

（作者单位：嵊州市仙岩镇文化站）

发展公益文化事业之我见

吴利萍

加强公益性文化事业建设，是党和政府实现好、维护好人民群众基本文化权益的一项重要工作内容，坚持把发展公益性文化事业作为保障人民群众基本文化权益的主要途径，可丰富和活跃广大人民群众的精神文化生活。

当前，文化理念、思想认识问题仍然是制约社会主义文化大发展、大繁荣的主要障碍。虽说经济是文化发展的基础，但有些经济发达的地区为什么文化建设仍然没有上台阶，没有新起色？难道经济不发达地区就不要文化投入，不要搞文化设施建设了吗？对此，笔者有以下认识：

转变文化理念，加大文化投入。在当今社会主义市场经济大潮下，在文化建设环境发生深刻变化形势下，无论经济发达、比较发达或不发达地区，一级政府部门都必须转变文化发展理念，加快推进政府职能转变，使政府文化行政部门的工作重心由过去的“办文化”为主转到为公益性文化事业和文化产业的发展创造良好环境、研究制定文化发展战略和规划、提供政策指导和服务、保障全体公民的基本文化权益上来。

只有政府部门在文化建设发展上形成了新的文化理念，认识到位了，文化工作才得以重视，文化设施建设才不是纸上谈兵，文化发展才不是一句空话。只要政府部门认识到位，他们就会为本地区的文化事业出谋献策，不遗余力。

有条件要上，没有条件创造条件也要上。有经费要搞文化建设，没有经费也要千方百计使文化建设上规模、上档次。实践证明，一个地区的文化要发展要繁荣，关键在于政府文化观念的转变。

整合文化资源，拓宽服务范围。发展社会公益性文化事业，必须按照公益性、广泛性、参与性、便利性、均等性的原则，广泛挖掘民族文化、民间文化、民俗文化、传统文化、特色文化这些丰富的文化资源，并积极地将他们与社区文化、农村文化、企业文化、军营文化、校园文化、广场文化加以整合、利用，努力拓宽公益性文化服务范围，不断提高公益文化服务能力和文化产品的供给水平，使公益性文化真正面向基层、面向群众，以满足人民群众日益增长的精神文化需求，让人民群众享受到更丰富的文化发展成果。民族文化是一个民族的血脉，是一个民族赖以生存的精神支撑，也是一个民族的灵魂。我们中华民族是具有五千年历史文明的伟大的民族，弘扬中华民族文化是每一个中华儿女的神圣使命。民间文化是老百姓自己创造的文化，是流传于民众中并为广大群众喜闻乐见的通俗朴素的文化。民间文化是镶嵌在中华大地上的璀璨明珠，传承民间文化是发展社会公益事业的重要组成部分，也是文化工作者肩负的神圣职责。民俗文化是指一个区域劳动民众在生活劳动中形成而流传下来的民俗活动，是民众的集体创作，民俗文化具有很强的辐射效应，一传十，十传百，随之积淀为一种文化形态。民俗文化是中华民族共同的精神财富，传承民俗文化是发展公益性文化事业的历史责任。传统文化是丰富人民群众精神文化生活、发展公益性文化事业的重要载体，我们必须大力弘扬传统文化，发展多元文化。特色文化反映了一个区域的民俗风情，体现了一个区域的文化底蕴，我们必须努力打造特色文化，多出文化精品，让人民群众享受到更多的文化实惠。

创新人才机制，培育新型人才。当前，文化事业单位人才缺乏仍是制约公益性文化事业发展的一个重要因素，因此，文化专业人才的培养应当引起政府部门的高度重视，必须创新人才管理机制，培育新型文化人才，充分展示文化人才的智慧和创造力，以适应社会主义文化发展的迫切需要。要改善用人机制，政府要实行新的用人管理机制，对没有文化专业水平的人员采取分流措施，坚决实行人才聘用制度，能者上，庸者下，彻底破除吃“皇粮”的传统观念。要采取引人机制，引进适应现代文化发展的文化专业人才从事文化工作，做到人尽其才，才尽其用，为发展公益性文化事业提供人才保障。要加强人才培训，积极培训一批适应本地区文化活动开展所需的专业人才，努力造就一支专业素质高、业务能力强的文化队伍，为发展公益性文化事业发挥他们的聪明才智。总之，发展公益性文化事业，政府是主导，领导是关键，经费是保证，人才是保障，资源是根本，活动是载体，参与是主体，共享是目的。我们要为推动社会主义文化大发展大繁荣做出积极的贡献。

（作者单位：杭州市萧山区戴村镇文化站）

全域文化礼堂助推乡村振兴

——以建德市富塘村为例

傅庆铃

富塘村坐落在建德市大同镇西南部，山清水秀，环境优美，交通便捷。该村历史悠久，是建德市境内形成较早并存续至今的少数村庄之一。唐末即有周氏家族居住。宋、明、清诸代及民国时期，均有新的姓氏迁入，至今发展成为由6个自然村组成的292户、总人口921人的村落。富塘村地灵人杰，宋朝时，富塘村文人胡国瑞任吏部尚书，其弟胡国俊应招驸马，富塘村有“常传孝友尚书第，世代文章驸马家”之美谈。

如今，富塘村围绕“家训育人、村规育民、文化育村”为主题，按照“一村一品”要求，挖掘宗祠文化，丰富德育内涵，以打造“全域文化礼堂”为创新点，建设鲜明特色的德文化示范村，助推乡村旅游，努力推动乡村振兴。

三大古祠堂转身为文化礼堂。2013年开始，富塘村从打造“全域文化礼堂”思路出发，深入挖掘整理宗祠文化，通盘考虑、整体布局，从而使三座古祠堂华丽转身，成为本村文化礼堂的地标：具有600多年历史的胡氏宗祠重点体现文化活动特色，提升农家书屋，打造“幸福三吧”；具有380多年历史的毛氏宗祠突出抓好儒家讲堂特色，传承德文化，并挖掘“锲而不舍”“岁进士”精神，建设“富塘村谱牒展陈馆”，展示家谱、家风家训；具有280多年历史的江氏宗祠注重产业发展特色，用于展示本村的农耕文化，打造三花农耕展陈馆，让美丽文化成为美丽经济。与此同时，富塘村又花力气打造村级主题公园和德文化示范村。富塘村在2017年打造德文化示范村，提升毛氏宗祠的儒家学堂的传承德文化功能，“谱牒展陈馆”充分展示本村“建功立德”的特色内容，在村风建设中彰显“忠、孝”文化特色。

虚实结合，整体推进。富塘村全域文化礼堂建设到位后，设置活动载体，充分发挥文化礼堂促进乡风文明建设的作用。第一，修编村规、村志。结合村情村史，修编简约版村规民约、编撰出微村志；建立村级微信公众号，创编特色村歌并开展传唱活动。第二，统一设置德文化“好家风”门牌，提升美丽庭院。第三，在村文化礼堂开展“建功立德·小木片大变身之德文化木片展”活动，作品全部围绕中华传统文化表彰的八种德行，即孝、悌、忠、信、礼、义、廉、耻，以及格物、致知、诚心、正意、修身、齐家、治国、平天下等理念。第四，开展建功立德之“绿水青山醉美杭州·我身边的治水故事”采风活动，用故事的方式宣传村里的悠久历史。第五，提炼了一个切实可行的治理环境卫生的法宝：垃圾兑换超市。第六，推出了“三花三祠三季游”特色乡村旅游，成功举办了三届“稻香小镇古韵富塘菊花开摘节”、首届寻年味活动、首届“忆芳华”知青民宿推介活动等，使富塘的“德文化”逐步成为富民增收的特色产业。

全域文化礼堂结硕果。在现有基础上，富塘村加快村庄建设和环境整治，各项事业和谐发展，村民住房、交通出行、文化娱乐、教育、卫生、通信等民生质量得到巨大改善，村民收入不断提高，生活提前跨入小康阶段，成为建德市社会主义新农村建设的典范、浙江省级历史文化名村。2017年，因为有“全域文化礼堂”建设为基础，富塘村也成功申报杭州市风情小镇建设，争取到项目建设资金800万，村庄建设日新月异，先后获得浙江省“美丽宜居”示范村、浙江省卫生村、杭州市“精品村”等诸多荣誉。2017年获评浙江省书香之村，富塘村文化礼堂被评定为五星级文化礼堂，毛氏宗祠也入选2018杭州“家在钱塘”十佳农村历史建筑保护修缮和活化利用单位。通过打造对外宣传的载体和平台，每年有近万名游客来富塘。富塘村打造全域文化礼堂的实践证明，拓展思路充分利用本地资源，才能找准切合实际的创新点；创新点子运用到位，就能彰显文化礼堂的鲜明特色；特色鲜明才有生命力和可持续性。

（作者单位：建德市大同镇文化站）

谈渔村文化礼堂建设

——以嵊泗县为例

沈利兵

近年来，随着社会经济的飞速发展，嵊泗县通过构建“生态秀美、人居优美、生活和美、人文淳美”美丽海岛建设价值体系，从社会管理、生活观念、文化形态、生态环境等层面入手，为嵊泗的未来勾勒出一幅宜居、宜游的“离岛·微城·慢生活”图景。而建设特色化的渔村文化礼堂则是推动“美丽海岛”建设进程的重要一环。

嵊泗县地处东海之滨，是浙江省最东部，舟山群岛最北部的一个海岛县。全县共有3镇4乡，独特的地理环境造就了嵊泗人民以岛为家、以海为生的生存方式，造就了嵊泗独特而绚丽多姿的海洋文化。嵊泗先民们大多由宁波、温州、上海等地迁徙至此，他们上承吴越古风，下创海岛特色，形成了独具海洋特色的本土文化。嵊泗渔民画、嵊泗风光摄影、嵊泗渔歌以及嵊泗海洋剪纸被称为嵊泗列岛的四张文化名片。

近年来，随着文艺活动的开展，文化品牌的形成，愈加浓厚的群众文化氛围推动着民间艺术团队如雨后春笋茁壮成长，其中较有海岛特色的是阿姐团锣鼓队、渔嫂剪纸队与二阿姐排舞队。这些团队集中了全县艺术水平较高的人才，积极参与文化礼堂的各项演出活动，在村、社区、小岛进行慰问演出，为推动嵊泗县渔村文化礼堂的建设进程做出了应有的贡献。但也应该看到，由于地理位置的区别，嵊泗渔村文化礼堂建设与其他县区农村文化礼堂建设也存在一定差别。结合嵊泗渔村文化礼堂建设现状，我们应发挥优势，扭转劣势，推进嵊泗渔村文化礼堂建设进程。

一是打造特色文化团队与品牌，将“一乡一品”融入文化礼堂建设中。在现今渔村文化礼堂建设中，要注重“一乡一品”的特色文化提炼，也就是精心提炼独具魅力的乡镇、社区文化元素，打造团队，整合品牌，着力打造各具特色的文化礼堂。这不仅需要各个乡镇的规划与具体实施，更需要文化部门的指导。文化馆是文化礼堂主要业务指导部门，2014年，我们将文化馆的指导力量充分利用于文化礼堂的建设中，一方面继续指导群文团队，将“六个一”活动引入群文团队的日常指导之中，每个文化馆的业务人员都与一个以上的群文团队和乡镇社区结对，根据自身业务能力与专业特色，有侧重点、针对性地联系社区与民间群文团队，如声乐干部与岛城合唱团结对，器乐干部与浪花乐团结对，从而对其进行点对点式的指导，就对方单位的文化特色，对该社区、团队现存问题进行具体辅导与针对性的引领，从而大幅度提高团队的业务水平。另外，还结合该县传统渔俗文化，打造渔嫂锣鼓队、渔嫂剪纸队等具有渔村特色的文化团队，从而以之服务于该县文化礼堂的建设；另一方面立足本地区域特色，挖掘各乡镇的文化资源特色，为各乡镇、社区的文化确定一个最能体现当地特色的主题，如枸杞乡文化礼堂建设从“贻贝之乡”入手，嵊山镇文化礼堂建设从“百年渔场”入手，对县内现有的文化品牌进行资源整合，去粗存精，将海洋文化特色提炼出来，保留共性，突出特性，深入挖掘海洋文化资源，力求将文化品牌精心打造成具有该县特色的文化名片，将其注入于文化礼堂的建筑风格、展示内容、活动样式中，丰富礼堂的建设内容。同时统筹规划示范点，通过对渔村人文气象、各乡镇村容村貌、非遗文化传承、群文活动集锦等方面进行分块、分功能的展示，为文化礼堂注入活力，增加文化礼堂的人文气息与文化底蕴。在各乡镇礼堂中形成不同的文化亮点，突出各分区培训学习、村务管理、文化传承、道德教化的功能性，并使群众对各乡镇的“一乡一品”主题产生认同感，对文化礼堂产生归属感。通过各乡镇文化礼堂的打造，集中提高该县文化礼堂的总体建设水平，从而建成布局合理、功能完备、管理有序的渔农村文化综合体。

二是加强本土文化传承人才的培养力度，多方式开展文化交流，丰沃文化礼堂建设土壤。一方面树立人才是第一资源的观念，在基层加强本土文化传承宣传力度，建立健全人才培养机制，充分发挥文化馆的指导作用，针对当下文化人才的专业知识缺口与业务能力的不足之处，通过培训、辅导，举办讲座等方式，从专业对口培训与综合素质培训这两方面入手，关注群文队伍的文化传承，注重与专业院校对接，提高文化礼堂的利用率，培养一支适应社会主义市场经济体制、符合社会主义精神文明建设规律的实用文化人才队伍，从而更好地服务于渔村文化礼堂与美丽海岛建设。另一方面通过开展文化走亲、文化同城等活动，从出外走亲与入嵊泗交流两个角度入手，进一步增强该县海洋文化内涵的丰富性与特殊性，拉近海岛与大陆、海岛与海岛之间的文化距离，在不同地区间的文化交流互动中，促进不同地区的艺术碰撞、艺术感染，提升本土文化礼堂的水平，打造多层次、多方面、多效果的文化交流平台。

三是加强文化礼堂建设群众参与度，将传统渔俗文化的创新与现今嵊泗海洋文化的融合创新注入文化礼堂建设。在现今的文化礼堂建设中，我们要认识到群众既是文化活动的参与者，又是文化活动的组织者和推动者。一方面，充分把握加强文化礼堂建设力度的重要性，坚持政府主导、群众共建共享的建设原则，使群众从单纯的观众变成观演结合的文化礼堂流动主体，在参与的同时充分享受到文化发展的成果，弘扬了海岛特色渔俗文化内涵，又突显群众精神文化家园功能定位；另一方面，将传统渔俗文化的内容，如嵊泗文化四张名片——嵊泗渔歌、渔民画、海洋剪纸、风光摄影，以及被称为“最坚固的活结”的渔用绳索结等注入文化礼堂建设，利用礼堂的场所设施，用展览、非遗活动等作为活动载体，用渔俗文化吸引社区群众，用层出不穷、形式内容丰富的活动传承全县本土文化，在县域内营造渔俗文化氛围，进一步提升礼堂文化活动质量，丰富礼堂底蕴。同时，与时俱进把握时代脉搏，突出思想引导、道德教化、礼仪培养、文化熏陶，在“4廊+1馆”模式的基础上，合理布局，发挥想象力，从海洋文化内涵入手，融合传统渔俗文化与现代文明，注重主流文化与渔俗特色文化的交融，在艺术形式、具体活动方面进行一定的创新，着力在文化礼堂的建筑风格、展示内容、活动样式等方面形成亮点，从而更进一步加强公共文化服务体系建设，拓展文化礼堂的发展思路，打造嵊泗倚水宜家的和谐生活。

总之，农村文化礼堂是群众的文化礼堂，是群众的精神家园，在建设文化礼堂的时候，要结合本地特色，了解群众文化需求，以生活空间搭建文化空间，以文化空间搭建生活空间，集文化传承、休闲娱乐、道德建设、知识普及等效用为一体，这样才能在引领与培养社会健康风尚的同时，让文化礼堂成为嵊泗的文化地标、特色地标，从而真正起到惠民、便民、乐民的效能作用，成为一块块培育群文艺术的丰沃土壤。

（作者单位：嵊泗县文化馆）

队伍建设篇

公共文化服务队伍建设谈

邵碧霞

加强村级文化服务体系建设，让农村群众广泛享有基本公共文化服务，是贯彻落实科学发展观、提高全民族素质、推进我国文化建设与经济社会协调发展的迫切需要，也是发展文化事业的基本途径。

村级文化建设，要建立长效机制，实现从“送文化”向“种文化”“育文化”转化，除了完善政策保障机制、加强基层文化基础设施建设外，公共服务队伍建设是非常重要的。根据富阳区村级文化建设与基层公共文化服务队伍建设实际，笔者谈点粗浅认识。

因地制宜开展村级文化活动，有利于文化服务队伍建设。村级文化活动是以群众为主体组织开展的文化群体活动。由于活动地区和参加对象的不同，以及逐渐形成的习惯和爱好，从而出现本乡甚至本村独特的民间文化艺术，这些文化活动来自民间、扎根民间，为群众所喜闻乐见，以至长期以来能够流传，盛行不衰，说明它有很强的生命力。因此，因地制宜开展村级文化活动，有利于文化服务队伍的建设。

尊重群众的喜好开展活动，广大村民乐意参与。以富阳区为例，富阳自秦朝置县，至今已有两千两百多年历史，先人的文化，得到一代又一代人的传承。十里不同俗，各乡各村都有自己的文化娱乐活动。如灵桥镇，20世纪六七十年代，制作绘画书法工艺品的富阳工艺美术总厂在该镇灵岩寺，有一大批书画家，因此，使灵桥镇群众喜爱上了书画；偏僻的湖源乡窈口村，金萧支队曾作为根据地，随队的文工队常常为村民表演节目，还有意识地挖掘和培养村内的文艺爱好者。金萧支队撒下的文艺种子，在这块土地上发芽成长，70多年来，这“文艺香火”从不间断。还有灵桥镇灵岩书画院、湖源乡窈口村越剧团、受降镇梓树村舞龙队等，因为有一定的群众基础，文化服务队伍得到壮大，活动开展得有声有色。

加强培训，提高文化服务骨干的业务能力和综合素质。把建设社会主义新农村的任务落到实处，加强农村基层文化队伍建设非常重要，这就必须有一支政治素质高、业务过硬的队伍。富阳区委出台了《关于加强全市宣传文化队伍建设的实施意见》，把村级文化服务队伍建设作为推动农村公共文化服务体系建设的一项重点工程。

2011年始，经过广泛发动，利用自荐、组织推荐等报名方式，通过笔试、面试、考察、公示等层层筛选，选用了一批思想政治素质好，热心农村文化建设，扎根基层，有文化、有知识、有一定组织管理能力和文艺爱好的村级专职文化员，承担村里的文化宣传工作。这些来自基层，活跃在基层的专职宣传文化员，肩负着推动全市文化大繁荣大发展的历史使命。

架起惠民桥梁，推动农村文化繁荣发展。加强村级文化服务队伍建设，架起了文化惠民的桥梁，引导农民大力发展乡村文化，以积极向上的文化氛围鼓舞人，促进了农村文化快速发展，推进新农村建设。广大农民也和城里人一样，在农闲时走出家门，参加村里举办的各项文化活动。2011年，富阳区文化部门组织举办各类文化活动1350余场，参与人数5万多人次，观众达60余万人次；组建12支电影放映队，放映电影3452场，遍及全市650多个放映点，累计观众99万人次；194个行政村建立农家书屋，占全市行政村的70.3%，先后在春建乡徐家坞村等村建立图书流通点35个，配备图书2万余册，流通人数6万人次。在全市32个中心村和24个乡镇街道所在村配置图书8.8万册、音像制品4400种、报刊660份。对138个一般村配送图书16.5万册、音像制品1500种。活动的开展，都离不开村级文化骨干的组织安排和提供服务。

红火的文化活动，既丰富了群众的文化生活，又引领他们树立乡村文明新风尚，使村民的精神面貌发生了重大变化。村级文化建设，首先要抓好基层公共文化服务队伍建设，因为这支队伍直接面对广大农村群众，熟悉农村群众的文化需求，是推进农村基层公共文化服务体系建设的主要力量。抓好文化服务队伍建设，不但能活跃农民群众精神文化生活，还对加强农村文化市场管理、保护农村文化遗产、管理农村文化信息资源共享服务点、实现农民群众的基本文化权益等方面起到重要作用。

（作者单位：杭州市富阳区文化馆）

关于群文团队的梯队建设

黎志强

群众文艺团队队员的不稳定性，是导致群众文艺团队不能健康发展的一个重要原因，如何保证群众文艺团队的持续发展，做好群众文艺团队后续梯队力量的建设是至关重要的。

群众文艺团队的组成，就像商店里的商品，随时会从货架上离开，随时补充队员是一项关键的工作，做不好，文艺团队就很可能解散。做好群众文艺团队的梯队建设，随时为群众文艺团队补充新鲜血液，这是我们群众文化一项十分重要而又艰巨的工作。寿昌镇有五支舞龙队，分别在东门村、河南里村、西门村、城北村、城中村，刚好是东南西北中，对应五行木火金水土，称“五行龙”。从1998年开始组建至今，其中的队员更换了多次，最初组建时的六十位元老，如今已剩下不到一半。为了延续舞龙队的生命，我们想方设法，培养新生力量。

抓住节日活动，储备梯队力量。舞龙是群众文化的一项重要活动，老百姓对龙的崇拜由来已久，逢到重大的节日都有舞龙的习俗，特别是春节元宵，几乎到处都有龙的身影。群众对舞龙有着一种特别的情怀，热情高涨，急切盼望，龙灯到处，万众欢腾，许多精力旺盛的年轻人，跟随舞龙队伍，穿村走乡，紧追不舍，跃跃欲试，具有强烈的参与欲。根据这一现象，我们及时选中苗子，指定老队员传授技艺，并在舞龙活动中，让他们一试身手，一方面增强了他们的兴趣热情，另一方面能很快地让他们掌握舞龙技能。说一百遍不如亲手舞一遍，在实践活动中，能使新手很快地成长起来。每年的春节元宵舞龙活动，每支舞龙队都能发现培养二至三名储备队员，为舞龙队的发展生存，提供了很好的基础。

依托亲友关系，发展梯队成员。父传子，亲带亲，这是社会上生产技艺一种传统的传承方法。这除了某些生产技艺具有谋生手段的重要性秘不外传外，还有一种因素就是亲友的耳濡目染，从感性上来说，接受比较快。人的成长都会受到环境的影响，一个喜爱音乐的家庭，子女每天在音乐熏陶下，对旋律的感悟，对节奏的敏感，肯定会在无形中得到培养，兴趣也会更浓些，学起来也会更快些。舞龙技艺虽然说不上是什么秘不外传的技艺，但一个家庭有一个人参与舞龙，家里的其他成员多多少少会受到一些感染，而舞龙是一种社会公众活动，受万人注目，无形中这个家庭成员会产生一种满足感和自豪感。人的自豪感一旦形成，就会想办法去维护它，不想失去它。因此当参与舞龙的家庭成员因某种原因失去能力的时候，其他家庭成员就会想办法替补上去，或子替父，或弟代兄，维护这种社会自豪感。我们抓住这一社会心理，对舞龙队员的家庭关系相应地作了解，对具有替代对象的家庭成员，或有意无意地做些鼓励煽情的工作，让他们做好替代的准备。

依靠村委组织，做好梯队建设。村两委是一级行政组织，我们寿昌五支舞龙队分属五个村，由村委管理，村委负责人即舞龙队的领队，这给舞龙队的管理带来很大好处。村委说话具有一定的权威性和号召力，在人力调配安排上有相对多的主导权。我们紧紧依靠村委组织，及时了解舞龙队队员的动态，发现缺员，适时培养后备力量，在关键时刻不掉链子。村和村之间，队和队之间，加强联系，可互相补缺，形成一个人才流动圈，使舞龙队能正常地活动下去。

十五年来，由于我们重视抓舞龙队后续梯队力量的培养工作，使舞龙队能持续不断开展活动，其中因为年龄大而退下来的有十七人，因为劳动工作地变动或其他原因更换的有二十几人。我们本着一颗对群众文化工作的热心，对群众文艺团队的爱心，努力做好群众文艺队伍的梯队建设，使寿昌的舞龙队伍不断发展壮大，做到招之即来，来之能战。十五年来，每年元宵，市委四套班子领导都来参加我们的舞龙盛会，影响波及邻县。我们的舞龙队舞进了西湖博览会、上海世博会，2012年还在昆山中国舞龙大赛上一举夺得了金奖。

（作者单位：建德市寿昌镇综合文化站）

乡镇业余文艺团队管理漫谈

蔡锦荣

乡镇业余文艺团队是文艺爱好者通过一定的社会关系自愿结合形成的队伍，是农村群众文化活动的生力军。它已成为乡镇（街道）群众文化工作的骨干力量，在农村公共文化建设中发挥着不可替代的作用。加强乡镇业余文艺团队建设，是构建农村公共文化服务体系、保障农民群众基本文化权益的必然要求。

近年来，德清县新安镇建立了以普法文艺宣传队为核心的各类业余文艺团队6支，吸收文艺骨干及爱好者300余人，是一支农村文化工作的劲旅和文艺“轻骑兵”，为促进该镇的精神文明建设做出了较大贡献。

搭平台。充分发挥文艺“以文化人”作用，加强社会教育引导，努力化解社会矛盾纠纷，保障维护社会稳定，该镇积极搭建平台，探索文艺活动与法制宣传相结合的新途径，成立了新安镇普法文艺宣传队。每年结合普法活动主题，以小品、独角戏、歌舞等群众喜闻乐见的形式在各行政村（居）、企业开展巡回演出，使普法知识以最有效的途径送到农村各家各户，满足新时期人民群众的法律需求，有效地化解了矛盾纠纷，提高了群众法律意识、丰富了群众文化生活。如结合“矫正文化年”建设，将“现身说法”“矫正效果真不错”等几个自编自演的节目纳入文艺演出之中，受到了该村村民的广泛好评。其他还有涉及《道路交通安全法》《婚姻法》《计划生育法》《土地法》等的精彩节目，如小品《师徒说法》《近亲结婚危害大》引得现场观众掌声不断。

重培育。一是善于引导。善于引导就是多鼓劲、多鼓励，业余文艺团队活动对村风民风改善，对社会和谐、家庭和睦、健身健美都有好处。在文化活动形式上“求多”，凡是有利于群众健身、娱乐、休闲的项目都可以开展活动，体现“草根性”；在参与范围上“求广”，动员和吸收更多群众参与到活动中来，充分体现“全民性”；在开展文化活动形式上“求活”，做到不拘一格、灵活多样；在文化活动内容上“求新”，根据全镇经济社会发展形势，把群众喜闻乐见又贴近实际富有教育意义的艺术节目搬上舞台。二是善搭平台。有的业余文艺团队刚建立时，参加者存在着“不好意思，怕演不好难为情”等心理，如勾里村文艺宣传队成立之初也碰到类似问题，队长姚金林起先一家一户一个一个动员，还请了县文化馆老师来村辅导，从怕难为情到自信满怀，从第一个会唱，逐渐变成“一批会唱”，队伍很快壮大起来。有了节目，有了人才，我们千方百计创造条件，多搭平台，使之多演出、常演出。三是外地有邀请就去演，如喜庆开张，邻近乡镇办节等。四是多次参加乡镇、社区、县里“文化走亲”活动，受到一致好评。

给政策。一是中央、省、市、县下发的相关政策，精神要吃透、用足、用活政策。二是争取乡镇政府给予业余文艺团队的扶持政策，扶持业余文艺团队以全镇总人口的每人10元专项经费列入镇财政预算；着手制定新安镇业余文艺团队“星级评定”制度、奖励制度、长效机制等制度。如根据各团队成立时间、人员情况、团队特色、管理培训、主要成果、演出情况、群众评价等条件对团队进行星级划分，制定不同的补贴标准；建立团队奖励制度。对于活动正常、群众反响好的团队给予补助，对于参加各类演出、比赛获奖的团队按奖级分别予以奖励。要求各村、各单位从场地设施、音响、灯光设备、演出补贴、日常费用等方面统筹安排，建立长效机制。此外，还将农村文艺团队建设，列入年终村级主要干部业绩考核，对文化考核项目中业绩突出的，用以奖代补的形式予以补助。

新安镇业余文艺团队通过求知、求美、求乐活动，提高了参与者的综合素质，有效激励了群众的参与意识和进取精神，有效地宣传了党的方针政策和先进思想。下一步，还将加大扶持和培育力度，努力形成业余文艺团队“百花齐放”局面，为实现新安健康平安，助推德清新崛起贡献力量。

（作者单位：德清县新安镇文化站）

谈群文队伍的建设

陆小莉

湖州市南浔区菱湖自古便有“秀镇”之称，文艺之风长盛，群众参与文体活动热情极高，基层文化队伍呈现出良好的发展态势。近几年来，菱湖镇宣传文化中心在上级有关部门及镇党委、政府的关心和支持下，按照“文化大发展、大繁荣”目标，努力实践科学发展观，文体工作成绩瞩目。

开展群众文体工作应遵循：团队是基础、活动是生命、经费是保障，三者缺一不可。在这三个要素中，文化队伍建设有着举足轻重的作用，是群文事业的核心力量，对于提升当地民众的文化品位，推进文化创新，推动文艺繁荣，有着不可估量的作用。

群众文化队伍阵容强大。菱湖镇群众文化活动开展有声有色、丰富多彩，做到“天天有电影、周周有谜会、月月有活动，年年节日有庆典”。同时，承接了南浔区“文化、体育、卫生、计生”四下乡活动。该镇现有民间文艺团体组织2个，文艺团队共12支，体育团队15支。长期以来，他们通过加强文化人才选拔、培育等形式，集聚了一大批群众文体人才，造就了一支政治强、业务精、作风正的文艺创作和演出骨干队伍。还积极扶持民间艺术协会成长，如镇戏曲协会、镇彩灯制作协会等。

吸纳“新鲜血液”，充实丰富群文团队。首先，以广场文艺来挖掘“新人”。适时开展一系列适合青少年参与的各种形式的广场文艺活动，如“K歌王”“舞之风尚”等较大型的参与面较广的全民文艺活动。通过这样的活动发现不可多得的“优良种子”，鼓励其加入群众文艺团队。其次，以坚定的信念来感化“新人”。老年文艺骨干擅长越剧、京剧，他们组织建立了“戏迷票友俱乐部”，利用每周的双休日，积极鼓励喜欢戏曲的年轻人加入其中，感受戏曲强大的艺术震撼力，也让优秀的国粹得以传承。再次，以培训督导来提升“新人”。为新人提供有针对性的培训，提升他们的艺术才能与文化修养。

“重感情”，凝聚文艺骨干核心力量。文艺骨干是群众文化队伍的中坚力量，没有文艺骨干的齐心协力，群众文艺团队将会是一盘散沙。在经济能力有限的情况下，他们采取“以情动人”的文艺方针，注重以真情来感化文艺骨干，以活动来促进团结，形成平等、互助、合作的良好关系。此外，每年年初都举办新春文艺骨干茶话会，会上各个团队集思广益为全镇的群众文化活动出谋划策，制定下一年的活动计划，同时每年还组织文艺骨干外出采风，既提高了骨干的文艺素养，又增强了文艺骨干之间的凝聚力。

“一村一艺”种文化，打造新农村特色文艺团队。在开展群众文化的工作中，坚持创新的发展理念，努力实践科学发展观，把握好“送文化”与“种文化”的关系，积极响应国家对新时期群众文化工作的新要求，在“送文化”的同时“种文化”。菱湖镇目前正在实施开展“一村一艺”工程，根据各村不同的风俗习惯和产业特点，确定该村的文艺特色，根据节目的需要在村民中挑选出合适的演员进行排练和演出。如南商林村以菱为特色，踩街民俗舞《采菱船》正在排演中；陈邑村为著名的淡水鱼养殖村，计划编排民俗舞蹈《鱼灯舞》；六堡里村根据每年庙会有踩高跷活动的习俗，组建了一支民俗表演高跷队等。

文艺团队的发展需要硬件设施的完善。在重视群众文艺团队发展的同时，多方筹资添置演出设施设备，如2011年购置了200平方米的流动大舞台，2012年又在党委政府的重视下购买了大、中、小三个全套的音响设备，还有灯光等各类舞台设备。灯谜是该镇的传统民间文化习俗，更是以此被命名为“浙江省民间艺术之乡”，为保护、继承和发展优秀的文化遗产，2008年投资18万元的“菱湖灯谜艺术馆”成立并对公众开放。为提高青少年的文化素养，已于2009年投资25万元建成了菱湖青少年宫，是菱湖镇青少年培训、娱乐的主要场所。

同时，积极探索筹集活动经费的新路子。如龙湖书画院以“书画”养院，灯谜艺术馆以“灯”养馆，梦湖艺术团以“企”养团，走出了一条由全社会资助文化活动的新路子。

（作者单位：湖州市南浔区菱湖镇宣传文化中心）

“以人为本”是文体工作的本质与核心

王跃田

以人为本是科学发展观的本质与核心，也是我们党的根本宗旨和执政理念的集中体现，更是基层服务工作的重要组成部分，这个服务理念对我们工作的指导意义尤为重要，是社会基石稳定的可靠保障。

杭州市余杭区崇贤街道文体中心多年来一直秉承着用丰富多彩、健康向上的群众文化活动，吸引广大群众参与文化建设，倡导用先进的文化去指导人们的言行，为构建和谐社会、提高居民的文明素质而努力，取得了明显成效。归纳起来主要有以下三点：

努力为广大群众提供良好的文化活动场所。文体中心把弘扬民族文化作为精神文明建设的重要内容，列入工作总体规划，做到年初有计划、年终有总结，在总结的基础上提高。作为从事基层文化的工作者来说，基层的群众文体工作，就是要以社区为依托，以社会为双向交流对象，以文化活动为载体，以宣传党的路线、方针、政策为宗旨，发挥文化工作教育、知识、娱乐、美育的功能，提高全民政治觉悟和文化素质，从而大力推动文明建设。坚持以弘扬时代主旋律为文化工作目的，以人为本服务居民的思想为指导，以群文宣传为主题，通过健全组织、强化领导、连网络、扩队伍、建阵地、强化宣传、设计载体，深入开展喜闻乐见的群众文体活动，满足居民群众文化活动的需求，建立社区文化四站六室活动基地，充实完善社区阅览室，配备投影机，配齐电视机、VCD、电脑、传真机等器材设备，实现电化教学。同时，整合辖区资源，充分利用辖区内单位的文化活动设施及场所，开展共建活动。这些阵地和设施的开发利用，为广大群众提供了良好的文化活动场所，也使我们认识到开辟文化阵地是繁荣社区文化的基础和前提，营造了良好的社会氛围。

积极开展群众喜闻乐见的文化活动。文体中心为丰富居民群众文化生活，以辖区单位为依托，以服务居民强身健体为目的，以吸引居民、方便居民参与为切入点，围绕健康、文明、高尚的社区文化工作思路，通过深入发动，上下联系、协调，社区搭建舞台，以居民群众喜闻乐见、自编自导自演的文艺节目，宣传先进文化的重要性，满足居民上台展示自我的欲望。崇贤街道文体中心建有各种文体团队30余支，每年组织各类活动50余次，文艺演出20多场次。为了提高文体骨干技能，每年举办各类培训，同时组织社会体育指导员培训，近百名各级社会体育指导员起到了良好的带头作用，为更有力地推进群众文化工作向高层次、高水平发展打下良好基础。最大限度地满足广大居民群众日益增长的文化生活需求，满足群众求美、求健、求乐的心理与身心健康的渴望，把先进文化、精神文明建设送到千家万户，使居民群众的生活质量明显提高。

不断提高居民群众的精神生活质量。文体中心在开展丰富多彩的群众文体活动的同时，加强公民道德宣传、文物保护宣传，提高广大居民的思想素质。弘扬科学精神，抓科普、抓宣传，精心设计宣传活动载体，深入开展科学文化、科普知识进万家系列活动，举办各类形式的培训班、展览、电影、录像放映近百次，受到广大居民群众的普遍欢迎。同时，协助做好科普服务，把科普向社区、家庭延伸。通过开展文明社区、文明家庭评选活动，引导居民走出小家为大家，共育社区文明之花；通过宣传科学思想、传播科学方法，让广大群众崇尚科学，增强反迷信、反伪科学的鉴别能力和抵制邪教等，都起到了积极的作用。据不完全统计，辖区内有80%的居民群众参加了不同形式的社区文体活动，寓教于乐、丰富多彩的群众文化活动，让居民接触多了、走得近了，融洽了邻里亲情，增强了邻里团结，提高了居民群众精神生活质量，同时也换来了居民群众对社区工作的支持和更广泛的参与热情。

（作者单位：杭州市余杭区崇贤街道办事处）

创新农村休闲观光旅游品牌

冯小娟

在新农村建设中，农村休闲观光旅游已越来越引人入胜，为此，如何打造农村休闲观光旅游品牌显得格外重要。把农村休闲观光旅游同本地自然文化旅游资源整合起来，融入发展旅游经济的大潮中，已成为新农村建设重要课题。

休闲观光旅游业成为新农村建设的新增长点。新农村建设中的休闲观光旅游业，就是将乡村旅游开发与社会主义新农村建设有机结合起来，不断优化旅游发展的整体环境，完善旅游功能，提升旅游品质和综合竞争力，通过乡村旅游业的发展，为本地建设社会主义新农村做出贡献。近年来，休闲观光旅游业已成为新农村建设中的新增长点，原因有三。首先是农村休闲观光旅游业将农业生产和休闲游乐融于一体，不仅利用了本地的生物资源，而且还挖掘了本地的景点资源，既发展了第一产业，又兴办了第三产业，投资不大，但收益可观；同时，由于大量人流、物流和信息流的形成，为新农村本地引进了外地资源、技术和先进文化，从而刺激了本地消费，必将促进本地经济发展。其次是有利于调整本地的产业结构。农村休闲观光旅游业是一种新兴产业，它的合理开发将会使旅游业的范围更加宽广。同时，还能促进本地经济结构的调整，加强第一、第二、第三产业之间的互相渗透和共同发展，为本地经济社会发展增添新的动力。如杭州市余杭区的双溪竹海漂流就搞得非常成功，带动了径山镇一系列旅游业。

新农村建设必须抓住机遇迎接挑战。新农村建设中，机遇与挑战并存，这点毋庸置疑，不过，发展农村休闲观光旅游业是新农村建设中，抓住机遇迎接挑战的一个重要抓手，这点主要体现在以下三方面。第一，随着经济的发展和人民生活水平的提高，旅游已日益成为大众生活中必不可少的一部分内容，节假日旅游之风也刮得越来越盛，尤其是城市周边和近距离的“一日游”发展较快，如古镇塘栖，依托蓬勃发展的文体事业，近几年接待游客的人次正逐年增加。随着客源市场规模的不断增大和人民对生活品质追求的提高，消费者的口味已越来越趋向多元化与高品位，加之新农村建设加快和农村交通改善等，这些因素都成为开发农村休闲观光旅游面临的机遇和挑战。第二，城市居民渴望回归自然。进入21世纪后，城市居民由于对钢筋水泥建筑的厌倦及工作压力的增大，渴望回归自然的需求大增，放松身心拥抱自然已是当前众多城市居民的愿望，因此，生态旅游已成为当今世界上最为流行的旅游方式。第三，城市居民渴求新型的旅游方式，改变传统的度假旅游模式，如健康旅游等已越来越受到城市居民的欢迎。如余杭区的山沟沟景区，目前正以打造健康生态旅游为主抓手，利用得天独厚的自然环境，开发各色旅游景点。所以我们必须抓住一些机遇，接受挑战，使余杭区优良的生态环境及休闲观光旅游开发的后发优势显示出来，使之在不久的将来成为城市游客的新宠。

在竞争中树立独具本地特色的旅游品牌。发展新农村休闲观光旅游业，必须遵循市场经济运行规律，坚持经济效益、社会效益、生态效益兼顾原则，重点突出自然特色和生态环境两大优势，在竞争中树立起旅游品牌。结合余杭区的自然生态特点，我们觉得，首先是可以通过挖掘历史典故与传说内涵，将旅游景观或旅游项目体现出来。如余杭镇建起了杨乃武与小白菜文化园，而仓前镇则是将羊锅节搞得红红火火，运河镇举办鱼羊节，塘栖镇举办枇杷节，百丈镇举办竹笋节……需要注意的是，在挖掘旅游景点和项目的同时一定要不断创新发展，增加项目的可看性和参与性，巧妙地将历史文化内涵与旅游者的需求结合在一起，多多提供旅游者可以体验的项目。其次要做到区域定位、功能定位、形态定位，将旅游规划与城市旅游、城镇发展规划、农业现代化规划有机结合起来，体现农村旅游观光的特色，突出农村生活风貌和乡土文化内涵，挖掘农民的创造才智，引导农民积极参与其中，大力开发适合区域特色的旅游产业。

（作者单位：杭州市余杭区文化馆）

文化员引领基层文化繁荣发展

郦娃娜

自党的十七届六中全会向全党全国各族人民发出了兴起社会主义文化建设新高潮的号召以来，从中央到地方，都纷纷响应这一英明决策。特别是农村基层文化如沐春风，催生了新活力。

借文化建设的东风，诸暨乡村的文化建设也欣欣向荣。尤其是在现代农业科技设备提升，乡村民众基本上从繁重的体力劳动中解脱出来，空闲时间多了的情况下，乡村文化建设更有其非同一般的意义。而作为基层文化的专业工作人员，要发挥应有作用。

首先，基层文化员的工作要争取街道领导的充分支持。十七届六中全会向全党明确提出了"增强国家文化软实力，弘扬中华文化，努力建设社会主义文化强国"的战略任务，各级党政领导对文化建设的重要性有了新认识。所以，文化员要借文化建设的东风，利用自身的优势，主动积极向领导汇报与反映乡村文化工作中的问题与解决问题思路，争取领导的支持。其次，摸清文化乡情，对症下药采取措施。我们经过认真细致的调查发现，乡村文化建设其实大有可为。

基于乡村文化工作的现状，我们在街道领导的支持下，对症下药，采取了以下措施：

把各村文艺尖子的积极性调动起来。摸清并动员各村文艺尖子，组织开展各类活动。这样的动员因各文艺尖子的情况各有不同，有时要不厌其烦地对他们动员鼓励，工作重点是打消他们怕羞、怕闲话的顾虑。

组织活动主要是请他们到街道文化中心培训，请专业老师来为他们义务授课和技能指导，为他们搭建向公众展示的平台。我们举办了各种大赛，如打腰鼓比赛、交谊舞比赛、农民越剧大赛、书法大赛，甚至还有一些爱好者自发要求文化员组织国际拉丁舞比赛。活动重在活跃气氛，参与者人人有奖，尽管大多数人只获得一纸“优秀奖”的获奖证书，但这也是对他们能力的认可，能使他们觉得受到社会的尊重而增添自信心和自豪感，促进他们对文艺活动投入更大的热情。

以点带面，促进各村文艺队伍的建设。各村文艺尖子的积极性、自觉性调动起来后，我们进一步鼓励他们为创建村级文艺队伍而努力。我们除为村级文艺人员提供义务培训的条件外，还积极与村领导沟通协调。一般来说，村干部有的因为本身就是文娱爱好者，有的也在苦苦寻找村级文化发展的新路，他们对发展文艺队伍大都很支持。有了他们的支持，各村先后建立文艺娱乐厅和宽敞的露天活动场地，乡村文化活动既有骨干，也有了舞台，各种活动就自然而然地开展了起来，村子里充满勃勃生气，许多人也就集中到有益的文化活动上来。在这些基础上，力求村级文娱活动多元发展，我们根据实际情况，帮助村里组织了歌舞曲艺队、腰鼓队、戏曲队、书画协会。协助体育部门组织篮球队、足球队。以点带面，各村老中青群众各得其乐。

积极推动各村文艺队之间的交流竞争，促进文艺质量的提升。村级文艺队伍建立起来后，街道文化站将骨干人员安排到市文化馆义务培训班培训，这不仅能快速有效地提高他们的技能，更能进一步激发他们的信心。此后，又动员文艺队队员们互帮互学、互相取长补短，力求共同进步，并推动村与村之间文艺交流活动和竞赛活动，这既能营造文艺爱好者的联谊氛围，又能让街道文化站及时发现文艺新苗而加以重点培养。现在的村民，经济条件大多较好，他们参与各种文艺活动，都不计报酬，却有较强的好胜心，为提高个人技艺和本村文艺队的声誉，他们互帮互学已蔚然成风，甚至不惜自己出资聘请名师指导。

俗话说，砻糠搓绳起头难。在上级领导的大力支持下，经过文化站干部引领，街道的文化发展热潮越来越高涨。现在，村民们纷纷自觉地为民间文艺活动的发展和繁荣尽心尽力，他们不断壮大队伍，努力提高文艺技能，还主动要求文化站搭建交流展示的平台，创造显山露水的机会。如今，诸暨市暨阳街道村村欢声笑语、莺歌燕舞，处处沉浸在浓浓文化艺术熏陶的欢乐氛围中。

（作者单位：诸暨市暨阳街道文化站）

找准村级文化建设的着力点

章云燕

乡镇（街道）文化站是新农村文化活动的载体和组织者，直接影响新农村文化建设。如何加强新农村文化建设，笔者认为主要应从农村文化站建设着手。

深化认识，营造新农村文化工作的基本环境。群众文化是有中国特色社会主义文化的重要组成部分，发展和繁荣群众文化是贯彻落实“三个代表”重要思想，弘扬社会主义先进文化的必然要求，县乡镇政府部门要加大对群众文化工作的领导和管理力度，重视群众文化事业的发展，帮助解决工作中的问题和困难。各乡镇、街道应将文化工作纳入双文明建设目标管理范畴，改变那种说起来重要、做起来次要、要花钱宁可不要的现象，使农村文化走出“无事干、无人管、无所作为”的误区。

强化改革，建立农村文化良好的运行机制。机构改革是必然趋势，文化站无疑必须面对现实，迎接挑战。但无论怎么改，从事人民群众文化生活的机构不能撤，也不该撤，在改革中，文化站必须抓住机遇，理顺体制，开辟出一块属于自身的天地，使之成为农民群众文化生活的向往之所，也只有这样，才有其存在的必要。同时，可发挥文化广播、电视、体育等相关部门职能互补的优势，组成综合的乡镇、街道群众文化娱乐机构，增强其实力和发展后劲。

增加投入，建设新农村文化工作的基本阵地。阵地是舞台，是文化站生存和发展的空间，各乡镇党委、政府应该保证和改善文化站的基本办公条件，必须将现有的文化阵地和设备划归文化站统一管理和使用。同时，随着经济的发展，乡镇、街道财政应逐年增加对群众文化工作的投入，应将文化活动经费列入财政预算，逐步巩固和添置文化娱乐设施与设备，比如按上级要求建好一个基层党校、一个文化站、一个广播站、一个图书室、一个农科教中心、一个文体活动中心等。

提高素质，优化新农村文化工作的基本队伍。在当前乡镇、街道文化专干队伍中，整体素质偏低是导致专职不专、阵地丢失、文化活动少的重要因素。一方面党委、政府要重视文化专干队伍，确立“生存靠政府，发展靠自己”思路，文化专干基本工资应实行全额拨款，奖金福利由自身发展文化产业补足，以确保农村文化站业务骨干的稳定和自身“责任田”的耕种。另一方面，各级文化业务部门要加强对文化专干的教育和培训，通过举办培训班等形式，努力提高他们的政治和业务素质，使他们成为群众文化管理上的能手，群众文化活动辅导上的行家，逐步摆脱挂靠在政府，长期靠“打工”度日的模式，使之成为乡镇政府领导下丰富群众精神文化的新生儿。同时，文化站应转变观念，凭借自身所拥有的人才、地域、文化经济政策等优势，积极开发文化产业，达到社会效益和经济效益的最佳结合，弥补文化经费不足，壮大自身实力。

创新方式，将基层文化工作阵地不断前移。基层文化宣传工作不能只固守一堆过时的书、一批陈旧的文化活动器具，而是要走进村庄，到农民朋友中去了解他们的需求。现今，农民希望基层文化站是一个可以“流动”的文化站，使他们能够在家门口享受到文化娱乐，及时补充精神文化食粮。如台州市路桥区路北街道文化站和管前村联合举办农民艺术节，有民间传统故事会、邻里门球比赛、管前村发展研讨会、村文化俱乐部建设研讨会等10多场次的比赛活动，把文化大餐送到广大农民群众家门口。当地许多村民纷纷感叹说："农民艺术节是农民自己的节日，过这节我们很快乐！"这些让农民共同参与、喜闻乐见的趣味文化活动，极大地调动了他们的积极性，不但活跃了文化生活，而且还有利于保护当地传承民族民间文化，净化农村社会风气，促进农村社会的稳定。

面对新农村建设的光荣使命和繁重任务，当前的文化站工作者都必须直面现实，走出原有的怪圈，变"等、靠、要"的依赖性为发展才是硬道理的自觉性，变"求稳彷徨"的被动性为"无功就是过"的主动性，在国家群众文化政策的指导下，迎接挑战，走进属于自己的天地，从而繁荣新农村文化。

（作者单位：台州市路桥区文化馆）

挖掘地域文化　创作文化精品

沈戈非

海宁人才荟萃，代有名人；民间艺术，源远流长；钱江潮涌，天下奇观。这些形成了海宁特有的名人文化、灯文化、潮文化。近年又有海宁中国皮革城的崛起，形成了皮革服饰文化。如何充分利用地域文化资源，弘扬民俗传统文化，打造特色文化精品，来促进和推动海宁的经济与社会持续发展，是广大基层文化工作者面临的新课题。

近年来，海宁市委、市政府十分重视海宁地域特色文化工作的建设力度，出台了相关政策，给予政策支持和财力支撑，使海宁民俗文化、地域文化都取得了可喜的成绩。反映海宁著名诗人徐志摩的新编越剧《西天的云彩》参加浙江省第十届戏剧节比赛，荣获“剧目大奖”，还受邀到北京大学等高校演出，受到大学生的欢迎；《花灯舞》献礼北京奥运会，在奥运前夕代表浙江省非物质文化遗产优秀项目，赴北京进行现场表演，受到领导、专家的一致首肯和广大观众的欢迎；海宁硖石灯彩参加第三届中国（深圳）国际文化产业博览交易会，还多次走出国门，展现风采；海宁皮影戏后继有人，正在续接江南皮影戏曾经的辉煌……海宁的名人文化、灯文化、潮文化，正逢盛世，勃发生机，成绩喜人，令人鼓舞。但在看到这些成绩的同时，也要清醒地看到不足：一是反映地域文化特色艺术作品中精品不多，亟待提升地域文化作品的档次；二是还有许多积淀着名人文化、灯文化、潮文化的宝贵资源和题材有待开发挖掘；三是地域文化工作的管理人员、反映地域文化特色的艺术作品的创作人员文化素养还有待提高；四是反映展现地域文化特色的艺术平台建设还缺乏强有力的支撑。

为此，笔者认为应着重做好以下工作：

进一步解放思想、转变观念。一定地域内传统民俗文化往往具有独有的地方文化特色，凝聚了该地方优秀文化传统和人文精神。这是后人可利用的十分宝贵的资源，也是一个地方软实力的反映。地方民俗传统文化能陶冶人们的情操、激发人们的热情，也是一个地方对外有巨大吸引力的重要原因。

进一步挖掘传统民间文学艺术资源。要吸收传统文学艺术精髓，并充分利用积极创新。海宁历代文人著书甚丰，据《海宁州志稿·艺文志》记载，从晋至清，有著作者达1900人。至近现代，有著名学者王国维，诗人徐志摩，作家陈学昭、查良镛（金庸）等闻名于世。海宁在元、明时已有乐社、乐班等民间音乐组织和活动。海宁的民间音乐，包括皮影戏、花鼓戏等地方戏曲蕴藏量非常丰富；海宁民间舞蹈源远流长，东汉“三女堆”坟墓内已有女琴俑和舞俑，四周石壁雕有各种舞姿形象，海宁灯会、庙会中的民间舞蹈千姿百态、相沿成习；海宁灯彩，制作工艺精细无比；海宁戏剧古代即兴，剧作颇丰。这些宝贵的传统文学艺术资源，亟待我们积极去收集、整理、保护、继承、利用，在此基础上，通过丰富多彩的艺术形式将其中的精华向世人展示。

加强人才队伍建设。近几年来，海宁市政府和有关部门做了大量的工作，但总体而言传统民俗文化工作仍然存在着后继乏人、青黄不接的现象，硖石灯彩、海宁皮影戏两位年事已高的传承人被文化部公布为第一批国家级非物质文化遗产项目代表性传承人，说明国家十分重视传统地域文化的传承，也说明海宁有着深厚的传统民俗文化积淀。如何保护好、继承好、利用好老祖宗留下来的宝贵遗产，既要有忠于职守的管理者，有潜心研究的继承者，也要有推陈出新的创作者和演艺精湛的展示者。这需要全社会的参与来培养造就，机关、企业、学校、社区各司其职，共同努力。

加大财政投入力度，完善相关文化设施。传统民俗文化的传承与弘扬，功在千秋，政府要舍得投入。对传统民俗文化传承工作，要增加财政专项补贴额度，以鼓励大中专毕业生和社会人士从事这项工作；小学、初中应开设传统民俗文化的相关课程，职业高中、技校要开设相关专业，并予以经费保证；对海宁专业、业余艺术团体，要鼓励他们创作演出富有海宁传统民俗特色的文艺作品；对获得各级文艺会演、比赛奖项文艺作品的创作人员、演出人员要给予重奖。

（作者单位：海宁市文化馆）

要提高乡镇文化工作的创新水平

许东平

新生事物层出不穷，创新是一个民族进步的灵魂，是文化大发展不竭的动力，如何提升文化软实力，创新文化活动载体和活动内容，满足人民群众日益增长的对文化的多元化要求，是摆在我们乡镇文化工作者面前的一项重要任务。

群众文化是努力实现人人享有文化、保证文化公平的公益性文化。在社会主义市场经济条件下，发展不平衡，收入差距拉大，在短时间内不可避免，要靠政府宏观调控实现社会公平。要改变原来某些地方的文化建设因领导重视程度或人事调动变化而变化的局面，必须从完善文化建设体制机制上入手，从根本上确保文化的发展和群众的基本文化权益。杭州市萧山区浦阳镇党委、政府坚决贯彻中央文化大发展大繁荣的方针政策，结合本地实际，创新了文化发展体制和用人机制，制定了文体事业发展规划，列入党代会、人代会报告，购置了舞台音响灯光设备，成立了镇、村二级文体工作领导小组，积极开展文化活动。建立了投入保障机制，采取了“以奖代补”政策，做到有人管事，有人理事，有钱办事，充分调动了镇、村二级文化建设的积极性，现有各行政村、社区文化村，健身苑点，文化队伍建设普及率达到了100%，现有文体队伍20余支，镇里建起了文体活动中心、影剧院，文化广场、健身苑、灯光篮球场等文体设施，创建了浙江省东海文化明珠、省体育强镇。

如今乡镇文化站工作人员、场地、资金等问题虽解决了不少，但搞一些大的活动仍感到力不从心，怎么办呢？可以发挥学校、工、青、妇、厂矿企业等部门作用，利用他们的文体设施和文化骨干，调动全镇各方面力量为人民群众创造享受文化的机会，实现文化和社会发展互动。这方面我们尝试了新的做法，取得了很好效果，改变了过去搞活动文化站单打独斗、力量薄弱的状况。比如搞好横向联系，积极与有关部门联合举办各类活动，文艺演出、书法摄影美术类比赛与学校及各村、厂矿企业联合举办；一些科技致富、实用技术类培训活动与农办、成教等部门联合举办；计生卫生知识类活动则与妇联、卫生院等联系举办。这样整合了社会资源，大兵团作战，共建共享，各部门各取所需，争相“添砖加瓦”，妥善地解决了资金、人员、场地不足的矛盾，一石数鸟，一举数得。受此启发，我们和邻近乡镇搞起了跨乡镇文化活动，规模越搞越大，文化辐射力波及邻近乡村，从而让更多的人民群众享受到了美味的文化大餐。

随着社会的进步和科学技术的飞速发展，人民群众对文化的多元化要求不断提高，文化站如何改变观念，完善活动模式，使活动常办常新，满足不同人群对文化的新需求，已是乡镇文化工作人员必须面对和解决的问题。因此，我们首先要加强学习，了解掌握现代许多新的先进表现形式及传媒手段，还要深入实际走村访户，倾听群众呼声，知道群众最关心、最喜欢、最直接、最现实的文化需求是哪些，因地因人因时有的放矢地搞活动。只要善动脑筋，老活动也能搞出新花样，健身舞、腰鼓队、排舞等跳出了人们对生活的热爱和健美的追求。我们把普通人的生活和具有个性的节目搬上舞台放在镜头下，用新的信息技术和大众分享，大众对自己身边普通人的表演看得津津有味，在传承中创新，把传统文化与现代文化对接起来，才能使传统民间艺术鲜活起来。总之，创新群众文化活动载体和传媒手段，提高群众文化活动的艺术品位，节目要上广播电视，产品要走出国门，无形中给组织者和参与者增加了压力和动力，让大家有一种要上档次、做好它的强烈愿望，促使乡镇文化工作者提高自己的组织能力和专业水平，促进参与者除了满足自娱自乐、自我表现、体现自身价值的愿望外，更看到了山外有山天外有天，增强了勇攀高峰的信心和决心，促进群众文化的大发展大繁荣。

（作者单位：杭州市萧山区浦阳镇文化站）

努力创新农民“种文化”载体

钟晓生

农村文化有着深厚的群众基础，农民群众中蕴藏着无穷的文化生命力，农村文化建设需要依靠本土建设，需要农民群众的积极参与。

近年来，嘉善县西塘镇凸显文化建设特色，巩固文化阵地建设成果，加强文体队伍活动能力，丰富人民群众文化生活，积极探索农民“种文化”新载体，开展了“动感西塘更美丽”立体式农民“种文化”活动。

农村具有广阔的优秀文化生存的土壤，文化的种子本来就深埋在农村土壤之中，我们要做的就是起播撒阳光和雨露的作用，扶持和催生农村文化的种子，把它培育成真正乡土的、牢牢扎根基层的、和农民群众生产生活密不可分的农村文化，推动农村文化建设的可持续发展。

为此，我们始终突出农民这个参与主体，注重发挥农民的积极性、主动性和创造性。在活动内容和形式设计上，努力使农民群众从文化活动的旁观者变成参与者，从自己日常生产生活中挖掘和创作出具有乡土特色和独特魅力的文艺作品，让他们成为文化生活的主角，真正成为“种文化”活动的参与者和最大受益者，使农民在不知不觉间受到教育，文明素质得到有效提升，乡风更加文明、社会更加和谐。因此，严格按照“送文化”和“种文化”相结合原则，引导最广泛的群众参与到文化活动中来。

文体阵地天天有演练。近年来，西塘镇开展了“寻找原生态”农民“种文化”活动成果显著，镇、村（社区）都组建了民间文艺队伍和体育队伍，文体阵地建设也初具规模，为了使文体阵地得到高效利用和对文体队伍实行常效管理，镇、村（社区）文体阵地做到天天开放，组织民间文艺队伍演练、体育队伍集训、文体项目培训以及村（居）民自娱自乐的文艺活动和日常健身锻炼，以此来巩固文体阵地建设、加强文体队伍的活动能力。

旅游景区周周有展演。西塘古镇旅游是传播吴越文化的主要窗口，展示“善文化”的重要平台，更是农民“种文化”成果展演的大舞台。借助每年300多万的游客量来大力弘扬本土文化，利用两个水上舞台、“五姑娘”文化主题公园、西园、环秀亭、游船等旅游文化阵地，开展“社戏表演”“江南丝竹”“西塘宣卷”“嘉善田歌”“舞龙”“腰鼓”“走马灯”等具有江南特色的民间文艺表演，确保周周有展演，长假期间还要组织各种民间文艺表演队伍来景区演出，为静态的古镇美景营造动感的艺术美，让来自海内外的游客在这立体斑斓的文化空间中穿行，感受西塘“舟行碧波上，人在画中游”的诗情画意和独特的文化魅力。

乡村舞台月月有巡演。坚持“送文化”下乡演出活动，做到全镇每月有一至二次“送文化”巡演，以“五姑娘”艺术团为主，同时也要承接省、市、县的各种下乡演出任务，所到村（社区）落实好演出场地，组织好观众，做好后勤服务和安全保障工作，并尽量安排本村（社区）的文艺节目参演，把“送文化”和“种文化”结合起来，与外来演员同台献艺，在展示本地文艺成果的同时，搭建好演员之间相互交流切磋、提高演艺技能的桥梁和平台，促进文化交流，同时，通过月月巡演载体，加快推动乡村舞台建设。

广场节庆年年有会演。办好两个文化节会，即国际文化旅游节、顾锡东

“长三角”越剧票友节，两年一届交替举行；抓好三八妇女节、五一劳动节、五四青年节、国庆节等节庆活动；同时，挖掘春节、元宵、“七老爷庙会”、端午、中秋、重阳等传统节日的文化内涵，把传统节日活动做成“民俗，因相聚而传承”系列文体活动项目；组织全镇性的专题广场文艺汇演或体育赛事；开展村（社区）、企事业单位之间的联谊活动，鼓励“请进来，走出去”进行跨地区文体交流，来繁荣节庆文化。

这样，从纵向的天天、周周、月月、年年，到横向的文体阵地、旅游景区、乡村舞台、广场节庆，以及形式内容的演练、展演、巡演、会演，形成了时间空间纵横交错，多种形式内容交相辉映的立体式农民“种文化”。

（作者单位：嘉善县西塘镇人民政府）

文化站如何做好民俗文化传承工作

郎黎明

乡镇综合文化站是最基层、最直接与广大群众打交道的文化事业单位，它的特殊职能、地位、作用与民俗保护工作有许多契合之处。

民间习俗，是非物质文化遗产的重要组成部分，它的“草根性”决定了保护和传承的重心在民间、在农村。实现乡镇文化站非物质文化遗产保护工作前沿阵地的功能，不仅有利于工作的开展，而且能够有效地提升其价值，实现“非遗”保护工作与乡镇综合文化站内涵建设的双赢。

开展民间习俗的挖掘。笔者所在的富阳区新登镇，自三国黄武五年（226）置县至1958年撤县建镇，有近1800年历史，民俗沿革十分复杂。近年来，该镇经济发展迅猛，但传统习俗的消失速度也同样惊人。保护民俗文化，已刻不容缓。2007年，新登镇组织200余人，对全镇71个行政村、4个社区进行非物质文化遗产线索普查，抢救性地挖掘民俗文化。普查出与居民生活密切相关的民间习俗近千条。在此基础上，挖掘出人生礼俗郎氏婚礼，岁时节令娱乐习俗新登双龙、共和青狮、十番锣鼓、工尺谱等一批非物质文化遗产项目。这些项目已分别被列入杭州市或富阳区的非遗保护名录。

确立民间习俗的传承。民间习俗的流传保存，不同于有形的物质文化遗产，关键在于传承，这样才能真正保护其精神文化内涵。确定有地方特色的民间习俗，就要认真做好传承工作，当然，传承最主要的是人。注重人才的培养和阵地的建设，确保习俗“香火”不断。这就要做好两项工作。一是抓好队伍建设，访问、查找、挖掘传承人，在此基础上积极培养新一代传承人，使之后继有人。二是做好阵地建设，利用文化站、文化活动中心、老年活动中心为主的群众文化活动阵地，经常开展各种习俗演习，以及鼓励他们参加一些健康有益的习俗活动，确保民俗人才有展示自我的舞台。

新登镇双塔村郎氏家族，历来是礼仪之族，在喜庆与丧祭的传统习俗上，具有其独特的传承内容，在富阳区也颇具代表性。郎氏家族礼仪习俗的传承，也要比其他宗族到位得多，其传承历史已有1140多年，内容完善，乃是一项完整的非遗文化。70多岁的郎关洪，其家族从祖父辈就开始打理村里的婚丧仪式。郎关洪在父辈的熏陶下，对这一习俗的掌握更是青出于蓝而胜于蓝。确定他为郎氏婚礼习俗的代表性传承人，得到了大家的公认。另外，共和青狮、新登双龙、十番锣鼓、工尺谱等一些项目也都有了传承人。确定后，这几位传承人感到重任在肩，表示流传下来的习俗，决不在自己手中失传。

做好民间习俗的保护。随着现代化进程的加快以及生产、生活方式的变化，民间习俗面临着传统异化、资金短缺、人才匮乏、后继无人等一系列难题。民间习俗的保护，成为一项与时间赛跑的工程，需要多方共同努力。对乡镇文化站来说，有着不可推卸的责任和举足轻重的作用。

我们在认真分析各项民俗文化资源的内在价值、濒危情况后，有针对性地提出保护措施。对有保护价值的，积极扶持引导，开发利用。民间习俗文化内涵是无形的，只有在仪式中才能有形化，并有效传承。我们通过搭建文化展示舞台，唤起广大群众的保护意识和参与热情，吸引更多的人参加。其实，习俗保护精神鼓励也很重要。一些习俗的传承人，由于得到镇、村的支持，提高了他们对习俗文化保护的自觉意识和民族自信心，积极地为保护工作尽自己最大的努力。与此同时，我们把这些习俗通过文字、录音、录像、数字化多媒体等手段，进行真实全面的记录。以郎氏婚礼习俗为例，在我们的支持和帮助下，成立了双塔村郎氏婚庆文化小组，在操办婚事的同时，将这一习俗整理后以小册子的形式印刷，并把它记入家谱，使之得到更好的保护。

民间习俗是一种来自人民，传承于人民，规范于人民，又深藏在人民中的行为、语言和心理的宝贵精神文化财富。所以，对于处在一线的乡镇文化站，应该加强文化软实力建设，在弘扬、继承、保护民族传统文化中起到积极的作用。

（作者单位：杭州市富阳区新登镇人民政府）

提高乡镇综合文化站利用率的实践

钱茹欢

富阳区受降镇综合文化站于2010年6月正式迁址到该镇交通便利、人口密集的集镇区块。活动场所面积达1500平方米，设置有图书室、阅览室、培训室、电视室、书画创作室、非遗陈列室、多功能活动厅、乒乓球、台球室、健身室、展览长廊等，并配套了相应齐全的活动设施和设备。同年，该站被确定为富阳区一级综合文化站。

2011年9月底，杭州合大太阳能有限公司工会组织80多名工会会员在富阳区受降镇综合文化站多功能厅举办了“迎国庆”职工联欢会。这是该镇综合文化站与镇总工会签订“资源共享、文化惠民”协议书之后，下属企业工会在镇综合文化站举办的首次活动。

这样一个在富阳区名列前茅的发达乡镇的综合文化站，同样面临着管理难度大、利用率低的问题。为此，笔者就受降镇综合文化站建站近两年来，对于加强管理、提高利用率的一些探索和实践作一论析。

探索管理联动。受降镇综合文化站现有专职文化站长1名，专职管理人员1名。建站后面临人少事多的境地，每天光卫生工作就占了工作人员很大的工作量，还有图书借阅整理、器械出借、场地管理维护、各类活动承办等等的大量工作。针对这一现状，受降镇探索采用了“专+兼”“白+黑”“五+二”的联动管理模式：综合文化站专职人员1名加各村宣传文化指导员6名作为兼职人员共同参与管理；同时，专职人员主要负责白天的管理，各村宣传文化指导员利用指定日晚上的本村文化团队的排练时间进行兼职管理；此外，专职人员负责五个工作日的日常管理，各文化团队主要文艺骨干利用每周两个休息日安排的活动进行联合管理。通过这样的联动管理，一定程度上弥补了管理人员不足的问题。

探索资源共享。受降镇综合文化站共有室内活动面积约1500平方米，分动态活动区和静态活动区两大区域。为提高利用率，该镇将本镇成人文化学校、党员活动中心、青年之家、老年活动中心、工会职工活动点等统一设置在综合文化站。如镇成人文化学校借用综合文化站的两大培训室作为成人高中班、电脑班、英语班、技能班等的培训课堂；入党积极分子、党员的小班化培训教育也放在这里；综合文化站里约300平方米的多功能厅作为各文化团队平时的定期训练场地，还有各类文艺汇演、文体比赛的平时筛选排练等也都在这里容纳。同时，团员青年、工会职工、老年人平时的乒乓球、台球、书画创作、图书借阅等日常活动都在这里开展。这样有效地实现了资源共享与集约利用最大化。

探索活动联办。受降镇希望综合文化站切实做到物尽其用、人尽其用。每年年初，综合文化站牵头全镇各基层党组织、工会、团委、妇联及各协会组织、文化团队共同制订每年的文化活动计划，基本实现全镇性的文化活动月月有，单位小型文化活动常常有。近年来，相继在综合文化站举办过“美丽新农村”摄影作品展，“亚龙杯”雕塑作品展，非遗物品展、书画创作选拔赛，建党90周年、91周年文艺汇演选拔赛，喜迎十八大文艺汇演，妇女跳绳、飞镖、呼啦圈、乒乓球比赛，等等。本文前面提到的杭州合大太阳能有限公司工会的职工迎国庆活动就属于单位小型文化活动，只要综合文化站的场地安排得过来，这样的活动只要有单位需要来，文化站就会接；同时，积极配合单位做好策划、接待、服务等工作。在丰富活动内容，服务职工群众文化需求的同时，更体现出了该镇综合文化站作为全镇文化活动阵地与基点的积极作用。

（作者单位：杭州市富阳区受降镇综合文化站）

后 记

《浙里文荟》的每一篇文章，都是近年来全省文化和旅游系统广大基层工作者的精心思考的结果，是全省文化和旅游工作者勤于实践、善于总结、乐于思考的工作成果。这里的每一篇调研报告、思考体会和实践感悟，都是基于文化和旅游工作的基层实践的集思广益，其中不乏真知灼见和理性思辨。

《浙江文化和旅游》（月刊）至今已编辑出版229期。刊物在编辑过程中，得到了全省各级文化和旅游系统的领导、同人的关心、支持和帮助，刊物质量逐年提升，刊物的政策性、指导性和可读性得到了读者的认可。书中文章作者，是活跃基层文化阵地、丰富人民群众美好生活的担当者，是引领文化和旅游产业发展，为浙江“重要窗口”建设赋能的实践者，更是文化浙江、诗画浙江的美好蓝图的书写者。《浙里文荟》是他们用心思考、用行实践、用情书写、用爱担当的思想结晶，其中凝聚的不仅是基层文化和旅游工作者辛勤的劳动和汗水，也凝聚了数年来编辑部每一位工作人员的无私奉献和付出。

我们从200余期的刊物中精心挑选了110篇具有一定思想性、总结性和借鉴性的文章结集出版，汇编成册，目的是为更好地总结过去，开启新的时代新的发展阶段我省文化和旅游事业的新篇章。我们也期盼着有更多的作者加入我们的队伍中，将更好的思想和文字通过《浙江文化和旅游》呈献给热爱文化和旅游的思想者和实干家。

限于专业水平和业务能力，在选择篇目和汇编校正过程中难免存在不足之处，敬请大家批评指正。

编　者

2021年6月18日